FEMININO E MASCULINO

Rose Marie Muraro
Leonardo Boff

FEMININO E MASCULINO

Uma nova consciência para o encontro das diferenças

2ª edição

2023

CIP-Brasil. Catalogação-na-fonte
Sindicato Nacional dos Editores de Livros, RJ.

M946hf
2ª ed.

Muraro, Rose Marie, 1932-
  Feminino e masculino : uma nova consciência para o encontro das diferenças / Rose Marie Muraro, Leonardo Boff. – 2ª ed. – Rio de Janeiro : Record, 2023.

  ISBN 978-85-01-09068-3

  1. Relação homem-mulher. 2. Sexo – Diferenças (Psicologia). I. Boff, Leonardo, 1938-. II. Título. III. Título: Uma nova consciência para o encontro das diferenças.

10-3110

CDD: 306.7
CDU: 392.6

Copyright © Rose Marie Muraro, 2010
Copyright © Animus/Anima Produções Ltda., 2010

Capa: Adriana Miranda
Diagramação de miolo: editoriarte

Todos os direitos reservados. Proibida a reprodução, armazenamento ou transmissão de partes deste livro, através de quaisquer meios, sem prévia autorização por escrito.

Este livro foi revisado segundo o novo Acordo Ortográfico da Língua Portuguesa.

Direitos exclusivos de publicação em língua portuguesa para o Brasil adquiridos pela
EDITORA RECORD LTDA.
Rua Argentina 171 – Rio de Janeiro, RJ – 20921-380 – Tel.: (21) 2585-2000

Impresso no Brasil

ISBN 978-85-01-09068-3

Seja um leitor preferencial Record.
Cadastre-se em www.record.com.br e receba informações sobre nossos lançamentos e nossas promoções.

Atendimento e venda direta ao leitor:
sac@record.com.br

SUMÁRIO

Introdução   7

A nova consciência

1. O gênero na crise da cultura dominante e na emergência de um novo paradigma civilizacional   15
2. A memória sexual: base biológica da sexualidade humana   25
3. A construção histórico-social dos sexos: o gênero   43
4. Da diferença sexual à reciprocidade pessoal   59
5. A sexualidade como estrutura ontológica do ser humano   65
6. O homem, a mulher e Deus   83

Ponto de mutação

7. Os sistemas simbólicos   117
8. Vida e morte: o ser inacabado   121
9. O desejo imortal   129
10. As fases da libido: o nascimento do masculino e do feminino   135
11. A sexualidade masculina: como se fabrica uma alma   141
12. O mundo como projeção do corpo erógeno do homem   151
13. A sexualidade feminina: como se fabrica um corpo   157
14. O mundo como projeção do corpo erógeno da mulher   167
15. A incompatibilidade entre o homem e a mulher   177
16. A incompatibilidade entre a mulher e o homem   187
17. O corpo que sublima *versus* o corpo que goza   201
18. A fabricação do inconsciente   211
19. A fabricação da sexualidade   221

20. Sexualidade, saber e poder 229
21. Consciência e transformação 237
22. O andrógino 247
23. O fim da história 255
24. Enfim, por uma nova ordem simbólica 265

Conclusão 269

OUTRAS OBRAS DO AUTOR 284

INTRODUÇÃO

O masculino e o feminino na nova consciência

Por que este título, se há séculos existe um número incrível de obras sobre o masculino e o feminino? Porque a humanidade está num novo ponto de mutação, cuja origem é a aceleração tecnológica e com ela a aceleração histórica. E esses pontos de mutação são raros nas espécies biológicas.

Na espécie humana houve o primeiro ponto de mutação quando os hominídeos se separaram dos primatas há mais de dois milhões de anos, o que deu início à Pré-História. O lento despertar da animalidade para a humanidade levou mais de um milhão e meio de anos.

As primeiras culturas são as de coleta e, nelas, o primata/humano toma a posição ereta e começa o seu desenvolvimento do córtex cerebral com as suas primeiras conquistas tecnológicas. Um segundo "ponto de mutação" ocorreu aproximadamente há quinhentos mil anos, quando o ser humano inventou o machado de pedra lascada e introduziu as sociedades de caça, que criaram novas e diferentes estruturas psíquicas e coletivas. Um terceiro ponto há mais ou menos dez mil anos precipitou-se pela invenção dos métodos de fundir os metais e pela criação da agricultura, ocasionando o fim do estágio nômade e a formação das aldeias, dos estados e dos impérios no sentido antigo do termo.

Outra vez a espécie muda de patamar, formas mais elevadas de relação com o meio ambiente e entre os seres humanos se instauram e uma nova consciência brota.

O salto seguinte se deu há menos de trezentos anos com a emergência da civilização urbano/industrial, que provoca uma enorme aceleração dos inventos científicos e tecnológicos, uma organização social mais complexa e a individualização da consciência.

Em todas essas etapas emerge simultaneamente a espiritualidade, a capacidade de o ser humano entender-se no conjunto dos seres e decifrar o elo que o liga e religa ao universo e à Fonte originária de todo ser.

A nova consciência

Mas é só recentemente, no final do século XX e no início do século XXI, que podemos falar realmente da emergência de uma nova consciência. A aceleração histórica e a tecnológica se tornam incontroláveis e imprevisíveis. Mais de 90% de todas as grandes invenções da humanidade surgiram nos últimos cem anos. Assim, a humanidade caminhou de uma lenta escalada para uma aceleração explosiva, principalmente depois da invenção das tecnologias eletrônicas, das quais a mais importante é a do computador, que dá início à Segunda Revolução Industrial.

Estamos vivendo, portanto, mais um "ponto de mutação" da nossa espécie, criador de uma nova consciência e das novas estruturas humanas. Só que este é, talvez, o mais profundo de todos, tão radical quanto aquele que nos transformou de animais em seres humanos: nos primórdios integrados à natureza, os seres humanos também estavam integrados entre si.

As relações entre os grupos eram de solidariedade e partilha de bens e de vida. Com as sociedades de caça se instauram as primeiras relações de violência: os mais fortes começam a dominar e a ter privilégios e o masculino passa a ser o gênero predominante. Da consciência de solidariedade a humanidade passa à consciência da competição.

Mas é só quando se inicia o período histórico que a relação senhor/escravo se solidifica como rotina. Nessa hora é matar ou morrer, ou invadir ou ser invadido; ou se expandir ou perecer. E até hoje assim se faz a história e com ela as relações de violência com o meio ambiente.

Isto se acelera muitíssimo na Segunda Revolução Industrial: o aquecimento do clima, o derretimento das calotas polares, a predação dos recursos naturais, o esgotamento das fontes de energia não renovável, o desperdício da água, as inúmeras espécies em extinção, tudo gerado pela aceleração tecnológica dentro de uma consciência competitiva. Se essa tendência globalizada de violência e destruição não for revertida, é consenso entre os ecólogos que após o ano 2050 a humanidade terá ultrapassado o ponto de não retorno, o que tornará extremamente difícil reverter o processo de destruição.

Por isso estamos, como espécie, num novo limiar. Ou nos parimos como outra espécie humana, com outra consciência, ou pereceremos. Não há meio-termo. Nessa fase, se faz mais urgente que em outras uma espiritualidade que coloque no centro das suas preocupações a vida, na sua esplêndida diversidade, o futuro comum da Terra e da humanidade e, também, o cuidado para com tudo o que existe e vive. Deus emerge de dentro do processo cosmogênico como aquela energia misteriosa que, a partir do caos, tudo ordena, como aquele Espírito de ternura e de vigor que tudo faz convergir para formas cada vez mais complexas, conscientes e corresponsáveis.

Essa nova consciência precisa ter no seu âmago a noção de cuidado, de solidariedade, de compartilhamento de vida e dos bens da natureza, criando para isso novas estruturas socioeconômicas, políticas e espirituais.

Agora ela será uma verdadeira mutação humana. Porque terá de ser não individual ou coletiva apenas, mas também planetária. Não só tecnológica, social e cultural, mas profundamente espiritual. A esse respeito lembramos *2001, Uma odisseia no espaço*, de Stanley Kubrick. Na primeira cena do filme um primata toca um monólito vindo do espaço e se transforma em ser humano. E na última cena, um homem já velho e prestes a morrer repete o gesto e se transforma num feto cósmico. Essa intuição talvez seja a única que nos possa salvar.

O masculino e o feminino

Cada fase humana traz uma relação masculino/feminino específica. E, pelo que vimos, foi na maior fase, aquela que durou um milhão e meio de anos, que foram vividas as relações de harmonia e equilíbrio com a natureza e que ainda estão presentes — e para sempre — no nosso inconsciente. Diferentemente do que crê o pensamento patriarcal, a verdadeira adaptação da humanidade não foi pela violência e, sim, pela solidariedade. E a violência é bem recente na história evolutiva humana.

E tanto isto é verdade que o mais importante mito humano, que todas as religiões colocam ou no início ou depois da morte, é o Paraíso Perdido.

Naquela fase, homens e mulheres viviam integradamente. As relações eram igualitárias e a mulher, considerada mais próxima dos deuses porque dela dependia a reprodução da espécie. Os princípios feminino e masculino então — e por um milhão e meio de anos — governam o mundo juntos.

Nas sociedades de caça iniciam-se as relações de força, e o masculino, que passa a ser o gênero predominante, vem a se tornar hegemônico no período histórico — há oito mil anos —, quando destina a si o domínio público e à mulher, o privado. A relação homem/mulher passa a ser de dominação e a violência, doravante, é a base das relações entre os grupos e entre a espécie e a natureza. Então é o princípio masculino que governa o mundo sozinho.

No fim do século XX, com a Segunda Revolução Industrial, a mulher entra para o domínio público porque o sistema competitivo faz mais máquinas do que machos. No início do século XXI as mulheres são praticamente 50% da força de trabalho mundial, ou seja, para cada homem que trabalha, uma mulher também trabalha.

Ora, isto ao menos teoricamente está fechando um ciclo da história: o ciclo patriarcal. Este abriu-se no período histórico com a sociedade escravista, quando as mulheres foram reduzidas à sua função procriadora.

Hoje, elas trazem para o sistema produtivo e para o Estado algo radicalmente novo. Foi apenas o homem que se tornou competitivo, porque se destinou ao domínio público. A mulher no domínio privado conservou os valores de solidariedade e partilha. Milenarmente ela tem sido educada para o altruísmo e o cuidado, pois, se o bebê não tiver à sua disposição alguém completamente altruísta, ele não dura um dia sequer.

Atualmente, a mulher é quem traz os novos/arcaicos valores simbólicos de solidariedade da família para o sistema produtivo e para o Estado. Desta forma, a entrada da mulher no domínio público masculino é condição essencial para reverter o processo de destruição.

E isto já está tão claro na consciência coletiva que as Nações Unidas, por meio do Fundo das Nações Unidas para a População — FNUAp, assim começa o seu relatório oficial de 2001, o primeiro deste milênio: "A raça humana vem saqueando a Terra de forma insustentável e dar às mulheres maior poder de decisão sobre o seu futuro pode salvar o planeta da destruição."

Este livro é uma pequena colaboração neste sentido, já que o masculino e o feminino agora têm de se integrar em grande profundidade se quisermos sobreviver.

ROSE MARIE MURARO E LEONARDO BOFF

A NOVA CONSCIÊNCIA

LEONARDO BOFF

1. O gênero na crise da cultura dominante e na emergência de um novo paradigma civilizacional

A humanidade está passando inegavelmente por uma crise que atinge os fundamentos da sua subsistência na Terra. Em momentos assim sentimo-nos urgidos a somar forças e a identificar fontes de inspiração que nos possam salvar. Umas destas fontes é, sem dúvida, a questão de gênero, que deve ser revisitada com renovado interesse. Mas antes de iniciar a nossa reflexão, convém definirmos o que entendemos por gênero (*gender* em inglês). Essa categoria foi introduzida no século passado, a partir dos anos 80, especialmente pelas feministas da área anglo-saxã, como um avanço em relação às discussões anteriores que se firmavam sobre a diferença entre os sexos e os princípios masculino/feminino,[1] passando ao largo da questão de poder que subjaz do foco masculino – androcentrismo – de quase todas as formulações teóricas e das iniciativas práticas concernentes ao tema homem/mulher. Não basta constatar as diferenças. É imprescindível considerar como elas foram construídas social e culturalmente. Em particular, como se estabeleceram as relações de dominação entre os sexos e os conflitos que suscitam; a forma como se elaboraram os distintos papéis, as expectativas, a divisão social e sexual do trabalho; como foram projetadas as subjetividades pessoais e coletivas. Como podemos ver, o conceito de gênero compreende questões que vão além do feminino/masculino e do sexo biológico, tomados em si.

Convém, também, desde o início declararmos explicitamente os limites e o alcance das reflexões aqui propostas. Falo como homem, branco, cristão, filósofo e teólogo que por mais de duas dezenas de anos teve uma vida monacal e celibatária e que agora vive em família. O fato de estar, há muito tempo, atento às questões de gênero e de procurar pensar holisticamente não supera as limitações intrínsecas do meu lugar social e sexual. Entretanto, sinto-me à vontade de falar sobre o feminino, pois esse não é monopólio das mulheres, mas um princípio constituidor — junto ao masculino — da minha identidade própria.

Falar de gênero é "falar a partir de um modo particular de ser no mundo, fundado, de um lado, no caráter biológico do nosso ser, e, de outro, no fato da cultura, da história, da sociedade, da ideologia e da religião desse caráter biológico".[2] Nesse sentido o gênero possui uma função analítica semelhante àquela de classe social; ambas as categorias atravessam as sociedades históricas, trazem à luz os conflitos entre homens e mulheres e definem formas de representar a realidade social e de intervir nela.

O desafio atual consiste em vermos como devem ser redefinidas as relações de gênero para que, junto a outras forças, nos ajudem a construir uma alternativa salvadora para a humanidade e para a própria Terra.

Crise das instituições do patriarcado

A crise global afeta radicalmente as principais categorias de pensamento e instituições originadas pelo patriarcado: da razão instrumental-analítica fundada no paradigma que separa sujeito-objeto, base do projeto da tecnociência, e que reduz o complexo ao simples e instaura o domínio do homem – entenda-se o varão – sobre os processos da natureza, até a instituição do poder exercido como dominação ou hegemonia do mais forte. A crise global afeta inclusive o Estado como uma das maiores construções sociais da humanidade, mas organizado no interesse da lógica dos homens, assim como as formas de educação geralmente reprodutoras e legitimadoras do poder patriarcal. Outras instituições importantes também afetadas são as religiões com as suas divindades predominantemente masculinas – se Deus é masculino, o masculino não é Deus? –, consagradoras, na maioria das vezes, dos privilégios dos homens, agravando os preconceitos contra as mulheres. Por fim, o antropocentrismo, que, de fato, é androcentrismo – centrado no varão –, por colocar o homem no centro do universo e todas as demais coisas ao seu serviço. Esse complexo processo provocou uma ruptura em todos os campos – Deus/mundo, espírito/matéria, feminino/masculino, sexo/amor, público/privado –, instaurou a perda de pertença à totalidade cósmica e o consequente abandono do sentimento de veneração e de respeito em face da majestade do universo e do mistério da própria existência.

O "destino manifesto" do patriarcado já há quatro mil anos foi sempre este: buscar o *dominium mundi,* assenhorear-se dos segredos da natureza para submetê-los aos interesses humanos e fazer-se "mestre e possuidor de todas as coisas" (Descartes). Nos últimos cinquenta anos, munido de imenso aparato tecnocientífico, o homem, mais que a mulher, levou até as últimas consequências este seu propósito. Isto gerou um impasse fundamental para o próprio futuro e para a vida do nosso planeta. Devastou a Terra, explorou até o limite da exaustão quase todos os recursos dos ecossistemas, ameaçou de extinção milhares de espécies de vida, degradou a qualidade global da vida, mercantilizou praticamente todas as relações sociais e naturais e, culminando, construiu o perigoso princípio de autodestruição.

Pela primeira vez na sua história projetou os meios eficazes que podem pôr fim à aventura da espécie *Homo sapiens* e *demens* sobre a Terra e ferir profundamente toda a biosfera, ressuscitando os mitos da destruição da espécie.[3]

Em face dessa dramática situação, é urgente elaborarmos estratégias de salvamento, pois o tempo corre contra nós. Importa implementarmos alternativas que partam do resgate do feminino, no homem e na mulher, e que, simultaneamente, incorporem as conquistas do patriarcado que beneficiam toda a humanidade. Urge resgatarmos o melhor de ambas as tradições, a do matriarcado e a do patriarcado, seja como instituições históricas e culturais, seja como arquétipos e valores. Importa inseri-las num novo paradigma no qual os princípios masculino e feminino, os homens e as mulheres juntos, inaugurem uma nova aliança de valorização da alteridade, apreço da reciprocidade e da potenciação das convergências em vista da salvaguarda da integridade do criado e da garantia de um futuro esperançoso para a humanidade e para o planeta Terra.

Tendências da pesquisa sobre gênero

Para facilitar a compreensão e as discussões implícitas no nosso texto, é necessário inventariarmos as grandes linhas da pesquisa sobre o gênero e sobre o princípio feminino/masculino.[4]

A primeira corrente afirma que o homem e a mulher possuem memória sexual própria, fundada no longo processo de evolução da vida. Esse fator dá origem a comportamentos distintos com características psicológicas próprias. Concede-se importância à aprendizagem e aos processos de socialização, mas tais realidades serão sempre moldadas pelas matrizes biológicas prévias. O tipo de relação entre os sexos – igualitárias, hierarquizadas ou opressoras – e as formas de poder que a partir daí se exerceram e ainda se exercem vêm também condicionados pela base biológica diferencial dos sexos. Especialmente os grupos feministas têm enfatizado a singularidade da mulher elementar, da mulher selvagem, originária, autogeradora, que se metamorfoseia nas várias figuras das deusas ou da bruxa primeva, mulher que deu o salto do androcentrismo e falocentrismo para a plena liberdade feminina.[5]

A segunda corrente sustenta que as diferenças sexuais, de personalidade, de papéis e de exercício de poder resultam de condicionamentos sociais. O homem e a mulher concretos não existiriam *in natura*. Seriam construídos social e culturalmente. Essa posição enfatiza o fato de vigorar, no nascimento, uma clara neutralidade psicossexual. Por isso, a fisiologia e a psicologia, tomadas isoladamente, se revelariam insuficientes para explicar a divisão política e econômica entre os sexos. Por esta interpretação importa sempre situarmos a questão do gênero no âmbito da cultura, das relações de poder e da sua inserção no processo produtivo. A sexualidade originária constitui, segundo isso, um dado de tal forma plasmável que, mediante a socialização, pode ser moldado em qualquer direção. Essa corrente nega que existam traços masculinos e femininos definidos. Homens e mulheres podem ser construídos igualmente em seres agressivos, dependentes, passivos ou cooperadores, criativos e pacíficos. E afirma que tudo depende do tipo de construção social operada.

De todas as formas, o desafio atual consiste em desmontar a dominação dos homens sobre as mulheres, que desumanizou a ambos, mas principalmente as mulheres, mediante símbolos, linguagens, formas de exercício de poder, instituições, visões de mundo, valores e religiões que levam a marca do antifeminismo e da continuada exclusão da mulher nos processos de decisão.

A terceira vertente esforça-se para recolher o momento de verdade em cada uma das posições anteriores e procura dialetizá-las. O ser humano não comparece apenas como a espécie mais complexa do gênero dos mamíferos. Ele possui também uma característica própria e só dele. Por um lado, é parte e parcela da natureza com o seu capital biológico-sexual próprio. Por outro, se coloca numa posição de distanciamento que lhe permite intervir na natureza e trabalhá-la no sentido dos seus propósitos. Como ainda veremos, eles são distintos no homem e na mulher.

Tal singularidade humana torna complexa a interação entre fatores biológicos e socioculturais na construção concreta do gênero. Portanto, precisamos ver como se elaboraram socialmente os dados biológicos referentes à mulher em relação ao homem, em vez de mantê-los como causas paralelas, sem dialetizá-los. Inegavelmente as relações causais entre socialização e biologia, pela própria natureza, nunca são claras. De todas as formas, devemos superar a substanciação ou a dicotomização arbitrária de ambas. As diferenças sexuais são dadas e, simultaneamente, construídas. Por isso, importa sempre considerá-las em conjunto para fazermos justiça a essa realidade dialética.

O comportamento sexual, com as harmonizações e os conflitos que comporta, se forma e se desenvolve à medida que o ser sexuado, dotado de determinadas características genéticas, entra em interação com o meio sociocultural específico e seus estímulos singulares. Alguns comportamentos benfazejos se instauram porque ocorre uma sintonia entre equipamento genético e o meio, e outros são conflitivos pela falta de adequação e harmonização entre um fator e outro.

A nossa reflexão se filia a essa terceira vertente. A hipótese que nos acompanhará ao longo da nossa exposição insistirá em que as diferenças biológicas se ordenam à reciprocidade e à complementaridade. E que os conflitos surgem quando rompemos esse equilíbrio dinâmico, um polo prevalecendo sobre o outro, dominando-o ou subalternizando-o, como historicamente sempre ocorreu.[6]

Essas distorções marcam a história das relações de gênero, como uma via-sacra de sofrimentos para as mulheres. Elas só serão superadas e curadas à medida que fizermos valer, teórica e praticamente, a referência valorativa básica da reciprocidade, da parceria, da cooperação, da vivência democrática e da convergência nas diferenças.

O nosso texto quer ser entendido em radical oposição à banalização a que está submetido hoje o tema da sexualidade. A exploração sexual – que vai da prostituição infantil ao comércio mundial da pornografia e da renovada reapropriação do corpo da mulher por parte do machismo midiático – e o patriarcalismo virtual como veículo de propaganda comercial representam uma das perversões mais radicais da sexualidade humana. Apresenta-se um sexo mutilado, das partes – e não do todo humano –, dos traseiros, dos seios, das vaginas, matando o sexo natural em nome do sexo virtual via internet, sexo sem doação e sem secreção.

No nosso ensaio nos propomos, em primeiro lugar, situar a questão de gênero no imenso processo biogênico e antropogênico, pois assim mostraremos melhor a sagrada unidade da vida e o lugar que nela ocupam a sexualidade e as relações de gênero.

Em segundo lugar, inserir o princípio masculino/feminino, subjacente à questão do gênero, dentro da realidade humana, sempre tensa e conflitiva. Aqui surge a questão ontológica: o que é, afinal, o ser humano, qual a sua natureza, para além das diferenças sexuais?

Em terceiro lugar, enfatizar a dimensão espiritual e teológica, colocando as perguntas: qual é o quadro final e escatológico do homem e da mulher? Qual é a sua relação com a Fonte originária de todo ser? A que, finalmente, homem e mulher são chamados? Todas estas reflexões podem se constituir em fonte de grande sentido humano e de motivações poderosas para novos padrões de relacionamento e de integração do passado sombrio da guerra dos sexos.

E, por fim, nos propomos à discussão das tarefas culturais conjuntas que se impõem para fundar, em base consistente, a nova aliança entre os gêneros e dos gêneros com a natureza, no sentido de um novo paradigma civilizacional capaz de superar a pesada herança do passado. Só assim conseguiremos salvaguardar o criado e gestar um futuro comum à humanidade e à Terra, casa viva de todos os viventes.

Notas

1. Para essa questão de gênero veja alguns títulos de referência: Scott, W., "Gender: an Useful Category of Historical Analysis", em *Gender and the Politics of History,* N.York: Columbia University Press, 1989, pp. 28-50; ou em português, *Gênero: uma categoria útil para a análise histórica,* Recife: S.O.S. Corpo, 1996; Schacht, S. e Ewing, D., *Feminism and Men,* N. York/Londres: New York University Press, 1998; Eccles, J. S., "Gender Roles and Achievement Patterns", em Reinisch, J. M. e outros, *Masculinity/Femenility: Basic Perspectives,* N. York: Oxford University Press, 1987, pp. 240-280; Hoyenga, K. B. e Hoyenga, Kermit T., *Gender-Related Differences: Origins and Outcomes,* Boston: Allyn & Bacon, 1993; Weedon, C., "The Production and Subversion of Gender: Postmodern Approches", em *Feminism, Theory and the Politics of Difference,* Oxford/Malden: Blackwell, 1999; Irigaray, L., *Le temps de la différence: Pour une révolution pacifique,* Paris: Biblio Essais, 1989; Héritier, F., *Masculin/Féminin: La pensée de la différence,* Paris: Odile Jacob, 1996; Laqueur, T.; *La fabrique du sexe: Essai sur le corps et le genre en Occident,* Paris: Gallimard, 1992; Giroud, F. e Lévy, B.-F., *Os homens e as mulheres,*

Rio de Janeiro: Rosa dos Tempos, 1993; Silva, T. T. (org.), *Identidade e diferença*, Petrópolis: Vozes, 2000; Oliveira, L. S., *Masculinidade, feminilidade e androginia*, Rio de Janeiro: Achiamé, 1983; Rocha-Coutinho, M. L., *Tecendo por trás dos panos: a mulher brasileira nas relações familiares*, Rio de Janeiro: Rocco, 1994, pp. 48-65; Nolasco, S. (org.), *A desconstrução do masculino*, Rio de Janeiro: Rocco, 1995; Biehl, J. G., *De igual para igual*, Petrópolis: Vozes, 1987; Grossi, M. P., "Identidade de gênero e sexualidade. Antropologia em primeira mão", Caderno n° 24, Florianópolis: UFSC/PPGAS, 1999; Montenegro, A., *Ser ou não ser feminista*, Recife: Guararapes, 1981.

2. Gebara, Y., *Rompendo o silêncio*, Petrópolis: Vozes, 2000, p. 107; Brunelli, D., "Teologia e gênero", em Susin, L. C. (org.), *Sarça ardente. Teologia na América Latina: prospectivas*, São Paulo: Paulinas/Soter, 2000, pp. 209-218.

3. Cf. o meu próprio trabalho, Boff, L., *Ecologia: grito da Terra, grito dos pobres*, São Paulo: Ática, 1995; id., *Saber cuidar: ética da vida e compaixão pela Terra*, Petrópolis: Vozes, 1999; id., *Ética da vida*, Brasília: Letraviva, 1999; Muraro, R. M., *Textos da fogueira*, Brasília: Letraviva, 2000, pp. 21-56.

4. Veja um bom resumo no dicionário de referência: *The Icon Critical Dictionary of Feminism and Postfeminism*, ed. por Sarah Gamble, Cambridge: Icon Books, 1999; Fuss, D., *Essentially Speaking: Feminism, Nature & Difference*, N. York: Routledge, 1989; Cavarero, A., "Die Perspektive der Geschlechtsdifferenz", em Ute Gerhard e outros (orgs.), *Differenz und Gleichheit: Menschentechte haben kein Geschlecht*, Frankfurt a. M.: Ulrike Helmer, 1990, pp. 95-111.

5. Cf. o livro muito difundido de Clarissa Pinkola Estés, *Mulheres que correm com lobos: mitos e histórias do arquétipo da mulher selvagem*, Rio de Janeiro: Rocco, 1994.

6. Veja as reflexões críticas de Arthur Kroker e David Cook, *The Postmodern Scene, Excremental Culture and Hyper-Aesthetics*, Montreal: New World Perspectives, 1986, especialmente pp. 20-23 ("Panic Sex: Processed Feminism") e pp. 23-24 ("Sex without Secretions").

2. A memória sexual: base biológica da sexualidade humana

Para compreendermos em profundidade a questão do gênero é preciso dialetizar todos os fatores. Tal diligência implica ultrapassar uma visão antropocêntrica, sociocêntrica e sexocêntrica. O sexo subjacente às questões de gênero e o princípio masculino/feminino que perpassa todo o humano não podem ser entendidos neles mesmos — sexocentrismo — ou estudados apenas como fenômeno humano — antropocentrismo — ou como construção histórico-social, matriarcal ou patriarcal — sociocentrismo. Estas dimensões não existem isoladas, mas representam momentos de um processo maior, do biogênico. No entanto, importa reconhecermos que tais abordagens isoladas enriqueceram incomensuravelmente os nossos conhecimentos, desconstruíram falsas representações e deslegitimaram preconceitos sociais muito arraigados.

O processo da biogênese

A nova cosmologia nos habituou a considerar cada realidade singular dentro do todo que vem sendo urdido já há 15 bilhões de anos e, em especial, a vida gerada há 3,8 bilhões de anos.[1] As realidades singulares — elementos físico-químicos, micro-organismos, rochas, plantas, animais e seres humanos — não se justapõem umas às outras, mas se entrelaçam com as redes de inter-retroconexões inclusivas, constituindo uma totalidade orgânica única, complexa e diversa.

Assim, a sexualidade emergiu há 1 bilhão de anos como um momento avançado da vida. Depois da decifração do código genético por Crick e colaboradores em 1950, sabemos hoje, comprovadamente, que vigora a unidade da cadeia da vida: algas, cogumelos, árvores, bactérias, fungos, peixes, animais e humanos, somos todos irmãos e irmãs, porque descendemos de uma única forma originária de vida. A recente decodificação do genoma humano, em fevereiro de 2000, mostrou o profundo parentesco existente entre todos os organismos vivos, mesmo entre aqueles que, numa compreensão superficial e ideológica, parecem mais humildes, como os vermes, as moscas, os camundongos e as ervas daninhas. Temos, por exemplo, 2.758 genes iguais aos da mosca e 2.031 idênticos aos do verme.

Mosca, verme, ser humano, possuímos uma irmandade fundamental baseada em 1.523 genes iguais. Esse dado se explica pelo fato de que todos, sem exceção, somos construídos a partir de vinte proteínas básicas combinadas a quatro ácidos nucleicos — adenina, timina, citosina e guanina. Todos descendemos de um antepassado ancestral comum que se desenvolveu, originando a ramificação progressiva da árvore da vida. Cada célula do nosso corpo, mesmo a mais epidérmica, contém a informação básica de toda vida que conhecemos. Há, pois, uma memória biológica inscrita no código genético de todo organismo vivo. A sexualidade representa um momento importante nesse processo. Assim como existe a memória genética, existe também a memória sexual que se faz presente na nossa sexualidade humana.

Precisamos levar em conta esses dados quando abordarmos a nossa sexualidade humana singular.

O processo da sexogênese

Consideremos sucintamente alguns passos que desembocaram nas células sexuais e no sexo humano.

O antepassado comum de todos os seres vivos foi, muito provavelmente, uma bactéria, tecnicamente chamada de procarionte, que significa um organismo unicelular, sem núcleo e com uma organização interna rudimentar. Ao se multiplicar rapidamente por divisão celular, denominada mitose — uma célula-mãe se divide em duas células-filhas idênticas —, surgiram colônias de bactérias. Reinaram, sozinhas, durante quase 2 bilhões de anos, caracterizadas por uma vontade espantosa de viver e de se expandir. Para termos uma ideia da força de expansão da vida nascente, basta considerar que uma única célula bacteriana, se deixada em livre curso e com nutrientes suficientes, cobriria toda a Terra em dois dias. Mesmo hoje, ao lado de outros seres vivos, muito mais complexos, elas cobrem realmente toda a superfície da Terra e constituem a maior parte do mundo vivo. Teoricamente, a reprodução por mitose confere imortalidade às células, pois seus descendentes são idênticos, sem mutações genéticas.

Há 2 bilhões de anos, aproximadamente, ocorreu um importante fenômeno para a evolução posterior, somente suplantado pelo surgimento da própria vida: a irrupção de uma célula com membrana e dois núcleos. Dentro deles se encontram os cromossomos — material genético — nos quais o DNA se combina com proteínas especiais. Tecnicamente é chamada de eucarionte (*karyon*, em grego, quer dizer "núcleo") ou também célula diploide (*douplos*, em grego, significa "duplo"), isto é, célula com núcleo duplo.

Qual a importância dessa célula binucleada para o nosso tema? É o fato de nela se encontrar a origem do sexo. Na sua forma mais originária e primitiva o sexo significava a troca de núcleos inteiros entre células binucleadas, chegando à fusão num único núcleo diploide, contendo todos os cromossomos em pares. Até aqui as células se multiplicavam sozinhas por mitose (divisão), perpetuando o mesmo genoma. A forma eucariota de sexo, que se dá pelo encontro de duas células diferentes, permite uma troca fantástica de informações contidas nos respectivos núcleos. Isso origina uma enorme biodiversidade. Surge, pois, um novo ser vivo, a célula que se reproduz sexualmente a partir do encontro com outra célula. Tal fato já aponta para o sentido profundo de toda sexualidade: a troca que enriquece e a fusão que cria paradoxalmente a diversidade. Esse processo envolve riscos, mas também oportunidades, já que a margem de imperfeição, inexistente na mitose, favorece mutações, adaptações e patamares novos de evolução.

A sexualidade revela a presença da simbiose — composição de diferentes elementos —, que, junto à seleção natural, representa a força mais importante da evolução. Tal fato vem carregado de consequências filosóficas. A vida é tecida de cooperação, de trocas, de simbioses, muito mais que de luta competitiva pela sobrevivência. A evolução chegou até o estágio atual graças a essa lógica cooperativa e à teia de inter-retrorrelacionamentos que todos mantemos com todos. A sexualidade é o evento biológico em que esta lei universal da evolução se mostra mais explicitamente.

Do que foi exposto, concluímos que a árvore da vida possui duas grandes ramificações básicas, existentes até os dias de hoje: os organismos unicelulares sem núcleo com reprodução por divisão interna — mitose, como nas bactérias — e os celulares com núcleo com reprodução por sexo. Todos os organismos vivos maiores e nós, humanos, somos representantes desta segunda ramificação.

Inicialmente todos esses processos vitais ocorreram nos oceanos, pois lá se encontravam as condições ecológicas favoráveis à vida. Nos oceanos se passaram e ainda se passam 90% da história da vida. Nos primeiros 2 bilhões de anos de vida não existiam órgãos sexuais específicos. Havia, diríamos, uma existência feminina generalizada que no grande útero dos oceanos, lagos e rios produzia vidas.

Nesse sentido podemos dizer que o princípio feminino é primordial e originário. Depois, lentamente, com o evoluir das espécies que deixaram os oceanos e ganharam a terra firme, as condições presentes nos mares, com todos os seus nutrientes, no caso humano, passaram para o corpo da mulher. A menstruação recorda ainda o ritmo lunar, um dos fatores que provocam as marés. É especialmente em função da reprodução em terra e de seres complexos que surge o pênis, propriamente dito, há 200 milhões de anos, na época dos répteis.

Na evolução, tudo o que existe, de certa forma, preexiste. Tudo é preparado para irromper num certo momento de acumulação de energia e de informação. Assim ocorreu também com a sexualidade. Ela foi preparada pelos filamentos finos e longos, que se encontram em algumas células bacterianas já na primeira ramificação, há 2,5 bilhões de anos. São chamados *pili* (em latim significa "pelos". Tais estruturas, do tamanho da própria célula, não estabilizam apenas as células, mas funcionam como meios pelos quais elas se tocam entre si. Algumas células possuem *pili* e funcionam como machos; as que não os têm, como fêmeas. Quando as células se tocam, os *pili* atuam como pênis molecular para realizar uma conjunção – que não é ainda o intercurso sexual –, passando à célula fêmea parte do seu DNA, onde estão os genes. Essa combinação de genes forma cromossomos híbridos que complexificam o jogo evolutivo, que só se completará, efetivamente, com a fusão sexual dos núcleos, isto é, com a sexualidade eucariota plenamente estabelecida.

Seja como for, retenhamos a afirmação cientificamente assegurada do primado do feminino na geração e expansão da vida ancestral.[2]

Outro momento importante no processo biogênico se deu após a mais dramática extinção em massa ocorrida no período geológico do Parmeniano — que se estende de 286 a 250 milhões de anos — por ocasião do surgimento de Pangeia, em que as terras se conglomeravam formando um único continente. Mais da metade das famílias marinhas e entre 75-95% das espécies terrestres desapareceram e a Terra mergulhou na Idade do Gelo mais rigorosa da sua história.

A memória genética das antigas comunidades de vida, entretanto, não se perdeu com estas ou outras catástrofes. Por isso, a biogênese pôde continuar, até com mais vigor. As plantas sobreviventes, em reação à nova situação, substituíram, como forma de disseminação, os esporos pelas sementes. Christian de Duve, Prêmio Nobel de Biologia de 1974, assevera que essa transição "sinalizou a emancipação feminina".[3] As flores são polinizadas pelos insetos ou pelo vento e produzem os frutos com sementes. Essas sementes são óvulos fecundados e, uma vez caídos ao chão, reproduzem a vida da planta.

E também outro momento decisivo para a evolução da vida e da sexualidade ocorreu há mais ou menos 370 milhões de anos com o aparecimento dos vertebrados. Os répteis inventaram o ovo cheio de líquido — ovo amniótico — e consolidaram a reprodução em terra firme. Os dinossauros, que por quase 100 milhões de anos constituíram a forma prevalente dos vertebrados até a sua extinção em massa há aproximadamente 67 milhões de anos, se reproduziam mediante os ovos amnióticos. Eram animais societários, locomoviam-se e caçavam em grupos. Desenvolveram um comportamento novo, ausente do mundo dos répteis, do cuidado parental. Enterravam com cuidado os seus ovos e assistiam os seus filhotes até conseguirem a independência. Esse dado é fundamental para a sexualidade, pois ela envolve sentimento e cuidado.

A sexualidade como enternecimento e cuidado

Há mais ou menos 125 milhões de anos surgiram os mamíferos e, com eles, foram elaboradas características típicas de toda essa espécie, inclusive os humanos: a emoção, o carinho e o cuidado. A intimidade corporal durante a gravidez, a amamentação depois do nascimento dos filhotes, o cuidado até a sua autonomia, os jogos, as trocas de carícias constituem as bases para o futuro psicológico da sexualidade. Subjacente à nossa capacidade de enternecimento e de cuidado trabalham mais de 100 milhões de anos de história biológica.

Os mamíferos levaram uma existência modesta por milhões de anos. Como eram pequenos, não maiores que um coelho, podiam passar despercebidos pelos devoradores dinossauros.

Do ramo dos mamíferos de placenta, há aproximadamente 70 milhões de anos, emergiu um primata arborícola. Morava no alto das árvores, onde encontrava segurança e farto alimento, especialmente de tubérculos e flores.

Por um processo singular, esse recém-chegado num mundo habitado por insetos e pássaros e, também, colorido pelas flores – ele surgiu concomitantemente com as flores que sobressaíam no verde uniforme da clorofila das florestas – evoluiu até adquirir braços longos, dedos fortes como garras e olhos voltados para a frente. Isso lhe permitia uma visão estereoscópica do ambiente. Eis o primata, o nosso ancestral primevo. Ele se ramificou nos símios superiores, como nos chimpanzés e orangotangos. E um ramo deu origem aos antropoides e aos humanos que somos cada um de nós.

A sexualidade humana como parceria e amorosidade

Há uns 30 milhões de anos, ao ficar isolado numa floresta inóspita da África, o destino deste primata mudou. Para enfrentar os desafios ambientais, seus descendentes desenvolveram músculos e maior sagacidade cerebral — numa capacidade craniana de 150 cm^3. Da África passaram para a Europa e deram origem aos gibões e aos orangotangos do Sudeste Asiático e, mais tarde, aos gorilas e chimpanzés da África Central, os nossos mais imediatos antepassados hominídeos — 99% dos nossos genes são comuns.

Finalmente, há uns 7 milhões de anos, ocorreu uma grande convulsão geológica: o vale africano do Rift desmoronou. Algumas das suas bordas se elevaram, formando, pouco a pouco, uma verdadeira parede. Surgiu uma falha tão grande, que ainda hoje pode ser vista da Lua, percorrendo todo o Leste da África até o Mar Vermelho, passando pelo Jordão e terminando no Mediterrâneo, num total de 6 mil quilômetros. Essas convulsões geológicas e climáticas fizeram as florestas recuarem e darem origem à savana da África Oriental.

Grupos de primatas, aparentados com os chimpanzés, tiveram de se adaptar a essa nova ecologia. São os Australopitecos, os Homínidas. Nessas regiões secas escasseavam os alimentos e aumentavam os perigos. Por isso, esses nossos ancestrais tiveram de se desenvolver, andar eretos, aumentar de tamanho — na época passaram a medir mais de 1 metro —, se tornar onívoros — comiam de tudo, frutos, sementes, tubérculos e outros animais — e acelerar as suas atividades cerebrais. Dessa linhagem veio a espécie *homo erectus, habilis* e *sapiens* que somos nós. Isso provavelmente a partir de 6 milhões de anos, na África Oriental, como o comprovam as ossadas de Lucy, o esqueleto de uma mulher, o mais completo já descoberto, em 1977, na região de Afar, na Etiópia.

Se olharmos para trás na trajetória da evolução verificamos muitas conexões surpreendentes. Se não tivessem ocorrido vários processos, a energia não teria se condensado em matéria; não se teriam formado os materiais pesados no interior das grandes estrelas vermelhas que, uma vez explodidas, se espalharam por todo o universo, dando origem a galáxias, estrelas e planetas; não se teria complexificado a matéria a ponto de produzir a vida; não se daria a formação das células; não teria surgido a sexualidade nem nós estaríamos aqui para nos referirmos a tudo isso.

O universo conhece bifurcações e é um sistema aberto, carregado de surpresas. Mas há também nele aquilo que cosmólogos chamam de a Seta do Tempo. Trata-se de um sentido de direção apontando sempre para a frente e para cima, construindo ordens cada vez mais complexas e impregnadas de espírito. O ser humano constitui um dos focos, não o único, para onde aponta essa seta.

Os nossos primevos eram seres sociais, desde o início dotados de espírito de cooperação. Caçavam, levavam o produto para os seus semelhantes e o distribuíam entre si. Os grandes macacos, os nossos parentes pré-humanos, comem eles próprios as suas presas. Ao contrário, os humanos praticam a partilha. Citando novamente Duve: "Os genes mais especificamente humanos abriram a mente à inovação, à comunicação, à intencionalidade e à escolha, ajudando assim a libertar as populações humanas da camisa de força social imposta pela seleção natural."[4]

Vamos nos ocupar, agora, mais especificamente da sexualidade humana. Ela herda toda a informação concernente a si própria, em especial, a dos mamíferos. Mas confere-lhe uma marca singular, a característica humana. Vejamos algumas expressões dessa sexualidade.

O sexo genético-celular

Considerando-se o número dos cromossomos nas células, constatamos o seguinte quadro: o equipamento cromossomático da mulher se caracteriza por 22 pares de cromossomos somáticos mais dois cromossomos X (XX); já o do homem é também de 22 pares, mas com apenas um cromossomo X e outro Y (XY). Donde se depreende que o sexo-base é feminino (XX), sendo o masculino (XY) uma diferenciação dele, por um único cromossomo (Y). Não há pois um sexo absoluto, mas apenas dominante. Em cada ser humano, homem e mulher, existe "um segundo sexo".

O sexo genitogonodal

Essa similitude se manifesta também no desenvolvimento do embrião. Nas primeiras oito semanas, o embrião apresenta-se andrógino, quer dizer, possui ambas as possibilidades sexuais, feminina e masculina. Na oitava semana, se um cromossomo masculino Y penetrar no óvulo feminino, o desenvolvimento, mediante o hormônio androgênio, terá uma definição sexual masculina. Se nada ocorrer, com a ausência do androgênio, o desenvolvimento se fará potenciando a base comum, a característica feminina.

Com referência ao surgimento dos órgãos sexuais internos e externos, constatamos também que o embrião nos estágios iniciais contém os precursores de ambos os sexos: os tubos de Falópio e os ovários, por parte da mulher, ou os condutores do esperma, por parte do homem. Com a ausência ou a presença do androgênio, um se desenvolve e o outro se atrofia. A partir do mesmo precursor, os órgãos sexuais masculinos e femininos seguem linhas divergentes. Isso significa que, efetivamente, o clitóris da mulher e o pênis do homem são o mesmo órgão, formados do mesmo tecido. Os grandes lábios da vagina da mulher e a bolsa escrotal do homem tornam-se indiscerníveis nas primeiras fases do embrião. Na presença do androgênio, os dois lábios ficam maiores, se dobram sobre si pela linha do centro e formam a bolsa escrotal.

Concluindo essa segunda expressão de sexualidade, podemos dizer: o caminho feminino é básico e primordial; na origem somos todos biologicamente femininos. A partir desse feminino, tudo o mais no campo sexual se desenvolve, fato que desautoriza o fantasioso "princípio de Adão". A rota do masculino é uma modificação da matriz feminina, rota induzida por intermédio da secreção do androgênio feita pelos testículos.[5]

O sexo hormonal

Todas as glândulas genitais no homem e na mulher — verdadeira rede de informação e comunicação — são comandadas pela hipófise, que é sexualmente neutra, e pelo hipotálamo — estrutura nervosa, vizinha à hipófise —, que é sexuado. Estas glândulas secretam simultaneamente hormônios masculinos — androgênio — e femininos — estrogênio —, mas em proporções diferentes, dando origem às características secundárias da sexualidade. Importa ressaltar que cada um, homem e mulher, secreta ambos os hormônios. Se ocorrer uma impregnação maior ou de hormônios femininos ou de masculinos sobre as estruturas nervosas do hipotálamo, essa impregnação fará a hipófise funcionar sob o modo feminino ou masculino, respectivamente. A predominância de um ou de outro produzirá um comportamento com características femininas ou masculinas. Por causa dos hormônios, o próprio cérebro é configurado diferentemente no homem e na mulher. Há um dimorfismo no modo do funcionamento fisiológico e no do comportamento, correspondendo a modalidades estruturais precisas no sistema nervoso central, diferente em cada sexo.[6]

O sexo ontológico

Por fim, cabe enfatizar que essa base biológica sustenta a dimensão ontológica da sexualidade, isto é, a dimensão de ser. Sexo não é algo que o ser humano possui. Ele é sexuado em todas as suas dimensões corporais, mentais e espirituais. Este fato convida a uma reflexão mais aprofundada sobre a natureza do ser humano nas suas diferenças como homem e como mulher. Retomaremos com mais detalhes essa temática quando a abordarmos filosófica e teologicamente.

O diferencial da sexualidade humana

A sexualidade humana, embasada num bilhão de anos de sexogênese, possui algo singular: o instinto se transforma em liberdade, a sexualidade desabrocha no amor.[7]

No âmbito dos invertebrados a sexualidade é apenas horizontal, unindo macho e fêmea. Os filhotes nascem adultos e não precisam da afetividade e do cuidado dos pais, que se mostram indiferentes a eles, que sabem arranjar-se sozinhos. Com os mamíferos, além de horizontal, a sexualidade também pode se fazer vertical. Surge uma relação afetiva e vital entre mãe e filhos.

Os filhotes do tuiuiú, da águia, das focas e das leoas, por exemplo, dependem afetivamente das mães — às vezes também dos pais —, pois nascem imaturos. Precisam dessa assistência para se tornarem autônomos. Não é que os pais lhes transmitam conhecimentos — isso é singular nos humanos —, mas lhes criam condições de vida para que o instinto possa desabrochar e assim garantir a sobrevivência. O tempo da amamentação e da convivência faz emergir o cuidado e a intimidade afetiva, a mais bela floração da sexualidade.

Nos seres humanos ocorre o mesmo processo, mas com uma singularidade: a sexualidade humana não está sujeita ao ritmo biológico da reprodução. O ser humano se encontra sempre disponível para a relação sexual, porque esta não se ordena apenas à reprodução da espécie, mas também à satisfação de uma pulsão e principalmente à manifestação do afeto entre os parceiros. Entre outras formas de relação, a que é feita de frente permite uma interação dos parceiros face a face, pelo olhar, pela boca, pela palavra e pela consciência. Instaura-se uma relação de comunicação, de atração e de desejo que se chama amor — amor-a-dois. Ele vem impregnado de prazer, tanto mais profundo e realizador quanto nascido de uma harmonização prévia, do sentimento de mútua entrega e de comunhão. O amor reorienta a lógica natural da sexualidade como instinto de reprodução; por esta procura-se o prazer individual centrando-se em si próprio. O amor faz com que a sexualidade se descentre de si para se concentrar no outro a fim de fazê-lo feliz e juntos viverem um encontro. Vigora um altruísmo fundamental, imprescindível para o amor-a-dois. Quando ocorre a abertura dos parceiros, um em direção ao outro, aí emerge o amor, revigorado pela força vulcânica da sexualidade instintiva.[8]

O amor torna os parceiros preciosos uns para os outros, únicos no universo, fonte de admiração, de enamoramento e de paixão. O que se opõe a esse amor não é o ódio — já que este vive da mesma pulsão que o amor, apenas com sinal invertido –, mas a indiferença e a insensibilidade. Quando estas se instauram, esvai-se a aura da relação e o amor fenece. A relação mantida a golpes de vontade pode representar interesses comuns ou apenas de uma das partes, mas jamais expressa amor, pois morreu a aura sem a qual o amor não vive. É por causa dessa aura – do caráter precioso e único da pessoa amada – que o amor se revela como o estágio de suprema realização e felicidade humanas ou, na sua ausência, de infelicidade e de tragédia, da guerra dos sexos, das relações de gênero impregnadas de vontade de poder-dominação-submetimento.

O amor-a-dois é fecundo. Com o nascimento da criança surge a família na qual pai-mãe-criança se envolvem afetivamente. A família é o refúgio natural para a sobrevivência. A dependência que se cria é vivida com alegria, porque carregada de afeto e de amor. Junto ao amor-paixão-prazer emerge o amor-responsabilidade coletiva pelo bem-estar da célula social mínima, a família, na qual o ser humano vive o seu *ethos,* quer dizer, a sua casa, a parte personalizada e segura do universo, no sentido originário de *ethos* em grego clássico.

Esse amor-a-dois e a três (filhos) é uma arte e um aprendizado. Esse aprendizado marca o diferencial do ser humano. Os animais se orientam pelo instinto e não precisam aprender. Têm as instruções inscritas no seu código genético como as abelhas, as formigas e os castores. O ser humano, diferentemente, aprende e precisa aprender a amar e transmite o seu aprendizado aos demais. Cada um, além da força instintiva que sente em si, sente também a necessidade de canalizar, sublimar e orientar essa força instintiva. Quer ser amado não por imposição, mas por liberdade e espontaneidade. Sem essa liberdade de quem dá e de quem recebe, não existe amor. É a liberdade e a capacidade de amorização que constroem as formas de amor que humanizam o ser humano e lhe abrem perspectivas espirituais que ultrapassam em muito as demandas do instinto.

Ao termo desse percurso, podemos tirar algumas conclusões importantes – que colocaremos a seguir – para o sentido profundo da sexualidade humana.

A sexualidade é responsável pela biodiversidade da natureza. Até a emergência da sexualidade, o mundo é dos mesmos e dos idênticos. Eles se multiplicam por clonagem, reproduzindo sempre o mesmo ser vivo. Há diferentes espécies procariontes, mas não diferentes indivíduos dentro das espécies.

O surgimento da sexualidade faz irromper a diferença e, assim, maior sustentabilidade dos organismos vivos eucariontes.

A diferença se ordena à relação. São diferentes para poderem se inter-relacionar e estabelecer laços de "con-vivência", de "co-operação" e de "sin-ergia" entre eles. Com isso potencializamos a lei básica do universo que é exatamente a relação de todos com todos e a cooperação de uns com os outros.

O surgimento dos mamíferos, que geram o filhote dentro dos seus corpos, faz surgir a subjetivação da sexualidade e, com isso, a complexificação das relações. A convivência mãe-cria permite o surgimento da relação de afeto, de enternecimento e de cuidado. Os seres se fazem importantes uns para os outros, pois se protegem e se defendem entre si.

O aparecimento da sexualidade nos humanos faz aparecer o amor como relação de liberdade, gratuidade e mútua doação entre os parceiros. A sexualidade-amor é a força mais poderosa de modelagem das existências e de geração de sentido para a vida que historicamente conhecemos.

Notas

1. Para essa parte veja os textos principais: Swimme, B. e Berry T., *The Universe Story: From Primordial Flaring Forth to the Ecozoic Era – A Celebration of the Unfolding of the Cosmos*, São Francisco: Harper San Francisco, 1992; Duve, C.; *Poeira vital: a vida como imperativo cósmico*, São Paulo: Campus, 1997; Capra, F., *A teia da vida: uma nova compreensão científica dos sistemas vivos*, São Paulo: Cultrix, 1997; Frei Betto, *A obra do artista: uma visão holística do universo*, São Paulo: Ática, 1995; Ehrlich, P. R., *O mecanismo da natureza: o mundo vivo à nossa volta e como funciona*, São Paulo: Campus, 1993; Hawing, S., *Breve história do tempo*, Rio de Janeiro: Nova Fronteira, 1992; Jacob, E., *A lógica da vida: uma história da hereditariedade*, Rio de Janeiro: Nova Fronteira, 1983; Reeves, H. e outros, *A mais bela história do mundo: os segredos de nossas origens*, Petrópolis: Vozes, 1998; Rosnay, J., *A história da vida*, Petrópolis: Vozes, 1998; Steiger, A., *Compreender a história da vida: do átomo ao pensamento humano*, São Paulo: Paulus, 1998; Bruschi, L. C., *A origem da vida e o destino da matéria*, Londrina: Editora UEL, 1999; Kingsley, B., *An Evolutionary View of Women at Work*, Londres: Weidenfeld & Nicholson, 1998; Symons, D., *The Evolution of Human Sexuality*, N. York: Oxford University Press, 1979; Ridley, M., *The Red Queen: Sex and the Evolution of Human Nature*, Penguin Books, 1993; Gregersen, E., *Sexual Practices: The Story of Human Sexuality*, N. York: E. Watts, 1982; Sherfey, M. J., *The Nature and Evolution of Female Sexuality*, N.York: Vintage Books, 1973.
2. Cf. Sjöö, M. e Mor, B., "In the Beginning We Were All Created Female", em *The Great Cosmic Mother*, São Francisco: Harper San Francisco, 1991, p. 2.
3. Duve, C., *Poeira vital*, op. cit., p. 238.
4. Id., pp. 346.
5. Cf. Bishof, N., "De la signification biologique du bisexualisme", em Sullert, E. e outros, *Le fait féminin*, Paris: Fayard, 1978, pp. 34-49.

6. Cf. Erhardt, A. e Baker, S., "Fetal Androgens, Human Central Nervous System Differentiation and Behavior Sex Differences", em *Sex Differences in Behavior,* N. York: New York University Press, 1974.
7. Cf. Jeannière, J., *Antropologia sexual,* São Paulo: Paulinas, 1965.
8. Cf. Metzke, E., "Anthropologie des sexes", em *Lumière et Vie 43* (1959), pp. 27-52, um dos estudos mais penetrantes sobre o tema.

3. A construção histórico-social dos sexos: o gênero

Desde os primórdios, a racionalidade, a linguagem e a espiritualidade são fatores determinantes na construção do ser humano. Esta construção se incrementou poderosamente com a emergência há 2,6 milhões de anos do *homo habilis*, aquele nosso ancestral que já começa a usar instrumentos rudimentares. A partir de então é historizado; o biológico é "culturizado" e a cultura "biologizada"; as forças que constroem sua existência concreta, como homem e mulher, se inter-retrorrelacionam sobre a base ancestral dos processos biogênico e sexogênico.[1]

A diferença dentro da unidade: macho e fêmea

O que expusemos até agora mostrou que no ser humano há continuidade e descontinuidade. Esta última é a principal responsável pelas diferenças. O ser humano comparece concretamente na diferença homem/mulher. A humanidade não é simples, é complexa e biforme.

Para onde quer que orientemos a análise, vemos a diferença dentro da unidade. Os estudos transculturais de fenomenologia sexual, de antropologia cultural, de psicologia diferencial e outros levantam um sem-número de dados a esse respeito.[2] Em todos eles, o ser humano aparece sexuado masculina e femininamente, seja no seu corpo que jamais é uma coisa, mas uma situação no mundo com os outros e diante dos outros, seja fenomenologicamente emergindo como ser-homem e ser-mulher — duas maneiras não exclusivas de ser dentro da realidade. Uma maneira de ser aparece como trabalho, agressão e transformação — atribuída ao masculino, mas pertencendo também ao feminino —, e outra, como cuidado, coexistência e comunhão com a realidade — referida ao feminino, mas fazendo parte também do masculino.[3]

Todas as diferenças remetem sempre a uma constante antropológica, comum a homens e mulheres. A diferença resulta da elaboração sociocultural desta base comum. Jamais o ser humano sexuado apresenta-se isolado do seu meio ecológico, social e histórico. Em consequência disso, todo esforço de dicotomizar a complexa realidade humana em segmentos só se justifica como objetivo de análise. Mas nunca devemos perder a consciência de que o segmento é parte de um todo. Na análise, por mais distinto que seja o enfoque, deve aparecer continuamente que a existência humana se articula sob duas formas, a feminina e a masculina. Tanto o homem quanto a mulher projetam, ao seu modo, a existência, têm as suas maneiras próprias de tecer as relações, de costurar as rupturas existenciais e sociais e de elaborar um horizonte utópico.

A dialética entre o biológico e o sociocultural

Sendo o substrato biológico-sexual o mais ancestral e com mais memória acumulada — aproximadamente 1 bilhão de anos

—, é natural também que seja um fator muito influente no engendramento concreto da sexualidade humana. Esse dado deve ser tomado em alta consideração, por mais que a pesquisa contemporânea — geralmente, esquecendo a perspectiva biogênica e sexogênica —, tente minimizá-lo em favor da construção social do gênero.[4] Basta referirmos, rapidamente, a história da elaboração genética do nosso cérebro, o repositório principal da memória vital, para detectarmos caminhos de evolução que afetam a sexualidade como fenômeno complexo.

Há três estágios cerebrais, surgidos sucessivamente ao longo da evolução, mas sempre imbricados uns com os outros de forma dialética.[5] Eles também se fazem presentes no cérebro humano.

O primeiro é o cérebro reptiliano, emergido há duzentos milhões de anos, quando do aparecimento dos répteis. Esse cérebro ancestral responde pela fisiologia da subsistência, pois organiza as reações mais espontâneas da nossa vida, sempre instintivas e pré-reflexas, desde a sexualidade reprodutiva até os movimentos digestórios e nervosos de defesa diante de ameaças.

O segundo é o cérebro límbico, surgido há 125 milhões de anos, com os mamíferos. É o cérebro dos sentimentos, da relação afetiva, do cuidado com a prole, da comunicação oral. Esse teve a mais longa duração temporal e estrutura fundamentalmente a profundidade humana, feita de *pathos* ("sentimento") e *eros* ("afeto"). É o cérebro da dimensão de *anima* em todos os seres superiores.

Por fim, há o cérebro neocortical que irrompeu com a consciência reflexa há 3 milhões de anos. Este é o mais recente e o que menos memória genética possui, quando comparado com os seus predecessores. Ele responde pelo pensamento, pela fala e pela capacidade de abstração e de ordenação do ser humano. É fundamentalmente responsável pela dimensão de *animus* nos seres humanos, homens e mulheres.

A sexualidade e o amor têm as suas raízes profundas no cérebro límbico. Este, de certa forma, é o mais importante no ser humano, porque por detrás de toda produção neocortical se escondem emoções do cérebro límbico. Há uma ressonância límbica em todo o aparato consciente, pois os conteúdos neocorticais são imbuídos de *pathos*, conferindo-lhes relevância e valor. Só o que se passou por uma emoção e uma experiência marca indelevelmente a pessoa e permanece mentalmente como capital significativo e orientativo pelo resto da vida.

Todos esses dados da biogênese influenciam poderosamente a organização da sexualidade humana. Tomemos, a título de exemplo particular, os hormônios e a sua importância na diferenciação sexual. [6]

Sabemos que os hormônios, especificamente andrógenos pré-natais, operam uma diferenciação masculina e feminina de algumas porções do sistema nervoso central. Mulheres que sofreram, por exemplo, uma androgenização fetal parecem resistir a uma socialização (considerada) feminina e mostram interesses e graus diversos de atividade creditados como adequados aos homens. Homens que sofrem de insensibilidade congênita aos andrógenos pré-natais assumem características comportamentais tidas nitidamente como femininas, e se opõem a uma socialização (dita) masculina.

É próprio do androgênio potenciar a agressão, enquanto o estrogênio a inibe. Os homens, produtores de maior quantidade de androgênio, por isso mesmo são muito predispostos à agressão, possuem uma massa muscular maior e um coração e os pulmões de proporções mais avantajadas.

A elaboração sociocultural dessa diferença fez com que, por exemplo, fossem atribuídas aos homens as tarefas mais ligadas ao perigo físico, à conquista territorial, à dominação e ao jogo do poder sobre os outros. É isto que os estudos transculturais geralmente têm mostrado.

Da mesma forma, a estrutura biológico-hormonal da mulher a predispôs a tarefas ligadas à produção, conservação e desenvolvimento da vida. O seu investimento parental — isso se revela também nas fêmeas animais — é muito maior que o do homem. Enquanto este possui uma sexualidade regionalizada, a mulher é um corpo integralmente saturado de sexualidade (M. Foucault). Esta diferença levou, no âmbito sociocultural, a outras formas de diferenciação que caracterizam transculturalmente homens e mulheres.

Assim, por exemplo, as mulheres estão muito mais ligadas a pessoas que a objetos. Mesmo quando têm a ver com os objetos, facilmente os transformam em símbolos, e os atos em ritos. Isto porque as mulheres são mais centradas na teia de relações pessoais, entregues ao cuidado da vida, sensíveis ao universo simbólico e espiritual, capazes de empatia e comunhão com o diferente.

O homem, por sua vez, está mais ligado a objetos que a pessoas e, no processo de produção, tende a tratar as pessoas como objetos, como "material humano". Mais ainda: os homens são inclinados a correr riscos, a conquistar *status* e poder com as suas iniciativas e a afirmar-se individualisticamente, se possível, no topo da hierarquia.

Nas relações sexuais, a mulher procura antes a fusão que o prazer, mais o carinho que o intercurso sexual. Na sua grande maioria precisa amar para fazer sexo, por não dissociar amor de sexo. O homem, por sua vez, dissocia facilmente amor de sexo, busca antes o prazer que o encontro profundo. O homem dá, a mulher é dom. A vestimenta na mulher é um comentário da sua própria beleza. O que coloca no seu corpo se transforma em objeto de contemplação para si e para os outros. Para o homem a vestimenta cumpre sobretudo uma função objetiva de cobrir o seu corpo e de qualificar o seu *status* social nem sempre associando-os à expressão estética.

Evidentemente, não se trata, convém repetirmos, de uma dicotomia de comportamentos, mas de diferença de frequência e de intensidade nesses comportamentos que podem ser identificados em ambos os sexos. Nesse sentido, a variável do meio sociocultural tem de ser considerada atentamente, em particular no que diz respeito à distribuição do poder e das formas de participação, campo altamente conflitivo e, na história, organizado pelos homens em detrimento das mulheres.[7]

Não podemos falar, propriamente, de uma programação genética fixa, própria para cada sexo — visão essencialista —, mas de matrizes diferentes no homem e na mulher a partir das quais se opera a síntese com o meio sociocultural, o construtivismo. Tanto as matrizes quanto o meio agem como cocausas. Podemos, no entanto, agir sobre cada um desses polos, especialmente o sociocultural. Assim, por exemplo, se um meio sociocultural favorece a competitividade aberta, podemos supor que nela o homem domine em quase todos os setores, marginalizando a mulher. A nossa sociedade de corte capitalista e altamente competitiva oprime estruturalmente a mulher. Nas sociedades em que a competitividade é reduzida e a cooperação é favorecida, as condições de gratificar mais a mulher e menos o homem se consolidam. Num meio igualitário, os papéis sexuais são geralmente mais igualitários, fraternais e sororais. Uma divisão social do trabalho, menos binária, produz também diferenças menores entre os sexos: os homens podem apresentar comportamentos mais femininos — marcados pela dimensão de *anima* — e as mulheres mais masculinos — marcados pela dimensão do *animus*. Investigações transculturais confirmam esse tipo de hipótese baseada na interação dialética entre o biológico e o cultural.

O experimento moderno dos *kibbutz* israelenses é paradigmático para esse problema.[8] Neles, partia-se de uma crítica severa à distribuição rígida dos papéis sexuais do sistema patriarcal vigente e de uma afirmação corajosa da igualdade entre os sexos. Os diferentes papéis eram considerados como meros artefatos socioculturais. Mas o desenvolvimento concreto das relações interpessoais fez com que se revertessem os papéis, antes considerados tradicionais, não porque a igualdade dos sexos fosse negada – ela continua sendo afirmada –, mas porque viam nesses papéis maneiras de maior realização pessoal e de plenificação seja para homens seja para mulheres. Concretamente, uma mulher sente-se mais realizada cuidando de crianças que manejando tratores, e homens sentem mais plenitude construindo casas que entretendo crianças num jardim de infância. Como se vê, as diferenças acabaram por se impor sem negar a igualdade de base entre homem e mulher.

Outro fator de diferenciação encontra-se no excedente de energia sexual que o ser humano mostra.[9] Nele, em distinção dos animais, não há periodicidade, mas a presença constante do impulso. Essa situação biológica pode gerar um pansexualismo ou demanda uma orientação desse excedente energético para formas transfiguradas não diretamente sexuais. É então que surgem formas históricas, criações artísticas, caminhos espirituais, instituições e normas que ordenam as relações entre homem e mulher. Daí deriva a grande plasticidade e as diferenciações nos vários papéis que o homem e a mulher irão desempenhar.

Podemos razoavelmente supor que em épocas ancestrais, em meio hostil, a espécie humana teve de lutar pela sobrevivência mediante a predominância dos homens, dotados de mais agressividade e força. Em outras eras, em meio mais domesticado e menos ameaçador da sobrevivência, podiam florescer dimensões mais femininas, atmosfera propícia à predominância da mulher.

Mas a história tem mostrado que o sexo serviu de suporte para a organização social e para a elaboração de valores. C. L. Strauss mostrou na sua monumental obra *As estruturas elementares do parentesco*,[10] que a mulher aparece ligada, fundamentalmente, ao primeiro momento da passagem da natureza à cultura. A proibição do incesto consiste, positivamente, em estabelecer, entre os homens, um vínculo sem o qual não poderia elevar-se acima da organização biológica para atingir a organização social. As mulheres — os bens mais excelentes do grupo social — entram num circuito de circulação contínua. Elas são o dom por excelência, mediante o qual se realiza a troca que garante a subsistência do grupo como grupo. A mulher funciona, na regra social, como um sinal, semelhante à linguagem, sinal que realiza a sociabilidade.

Embora fosse instrumentalizada e, de certa forma, objetivada para fins superiores aos individuais, ela continuava a manter, como pessoa, o seu valor. Ela é sinal, mas também produtora de sinais, e há inclusive a percepção de que a mulher, de certa forma, além de servir de objeto para a sociabilidade, não deixa de continuar sujeito. Transformada em objeto, é ofendida e diminuída. Daí se entenderem muitos mitos, segundo os quais, no além, as mulheres não seriam mais trocadas e instrumentalizadas, porque então já viveremos "a doçura, eternamente negada ao homem social, de um mundo no qual se poderia viver entre si".[11]

O matriarcado e o patriarcado como instituições

Num estágio posterior, já no avançado processo civilizatório, as mulheres comparecem como as principais produtoras de cultura. Há pelo menos trinta mil anos, dependendo das regiões, florescia em todos os continentes o matriarcado.[12] Segundo a pesquisadora do matriarcado Heide Göttner-Abendroth,[13] as grandes culturas das cidades — a partir de 10000 a.C. — eram matriarcais, ligadas à introdução de um novo modo de produção, o agrícola, mediante o cultivo de plantas e a domesticação de animais. É o tempo das grandes deusas que inspiraram organizações sociais marcadas pela cooperação, pela reverência em face da vida e dos seus mistérios. As mulheres detinham a hegemonia política: mediavam e solucionavam os conflitos e organizavam as sociedades. Eram responsáveis pelo bem comum do clã na vida e na morte. Por que também na morte? Porque, nessa cultura, a morte não é sentida como negação da vida, mas como um evento pertencente à vida. A morte não é um fim, mas uma viagem na qual o falecido se transforma e volta ao clã pelo renascimento que acontece através das mulheres. Elas garantem a continuidade da vida, quando esta morre, pelo retorno à vida, concebendo e dando à luz vidas que haviam morrido.

A natureza não é vista como um meio a ser conquistado, mas como uma totalidade da qual cada ser humano é parte e parcela e com a qual deve viver em harmonia, no respeito e na veneração. As instituições do matriarcado, caracterizadas por grande força integradora, foram tão significativas que se transformaram em arquétipos e em valores e, como tais, deixaram incisões na memória genética até os dias de hoje. Esses arquétipos e valores não pairam num imaginário vazio, mas são calcados sobre fatos históricos e políticos que esclarecem a consistência guardada por eles até o presente.

A própria linguagem estaria associada ao trabalho civilizador das mulheres: "Faz sentido que as mulheres, que deram à luz a vida mediante a boca sexual ou vaginal, tenham também dado à luz a linguagem humana através da boca social ou facial."[14]

O fim do matriarcado é situado, atualmente, por volta de 2000 a.C., variando nas datas de região para região. É fato histórico que a partir de então o mundo começou a pertencer aos homens, fundando-se o patriarcado, base do machismo e da ditadura cultural do masculinismo.[15] São obscuras as razões dessa passagem que demorou quase mil anos para se impor, perdurando ainda até os dias atuais. Provavelmente a vontade de dominar a natureza levou o homem a dominar a mulher, identificada com a natureza pelo fato de estar mais próxima aos processos naturais da gestação e do cuidado com a vida. O grave é que os homens conseguiram "naturalizar" essa dominação histórica e introjetá-la nas mulheres, a ponto de muitas aceitarem esta situação como normal. Simone de Beauvoir fez desse acontecimento histórico-cultural a crítica mais radical. A mulher representaria um caso particular da dialética imposta pelos homens – dialética do senhor-escravo –, impedindo que ela expressasse a sua diferença e elaborasse a sua identidade.[16] O homem fez da mulher a encarnação do outro, no qual se permite descobrir, confirmar e projetar o seu próprio eu. Todas as formas de antifeminismo antigas e modernas se baseiam nesta dominação do homem sobre a mulher. Suas expressões perpassam todos os níveis sociais, e até religiosos, como o cristianismo,[17] constituindo o patriarcado como realidade histórico-social e como categoria analítica.

Como categoria de análise, o patriarcado não pode ser entendido apenas como dominação binária macho-fêmea, mas como uma complexa estrutura política piramidal de dominação e hierarquização, estrutura estratificada por gênero, raça, classe, religião e outras formas de dominação de uma parte sobre a outra.[18] Essa dominação plurifacetada construiu relações de gênero altamente conflitivas e desumanizadoras para o homem e principalmente para a mulher.

A título de exemplo, vejamos o que relata Schüsser-Fiorenza:

> Um inquérito das Nações Unidas de 1980 abrangendo 86 nações, incluindo os Estados Unidos, descobriu que as mulheres e as meninas, embora perfaçam metade da população mundial, realizam dois terços das horas de trabalho do mundo e recebem um décimo de renda mundial, sendo proprietárias de menos de uma centésima parte da propriedade mundial. De três analfabetos no mundo, dois são mulheres. A importação da tecnologia e do "desenvolvimento" ocidental não melhorou o status econômico da mulher. Diferentemente, solapa os seus

recursos econômicos tradicionais e a sua influência junto ao público. O sistema patriarcal econômico é, além do mais, estigmatizado pelo racismo. Todas as estatísticas demonstram, consistentemente, que as mulheres de cor ganham menos que as suas irmãs brancas. Sofrem pela opressão patriarcal três vezes mais, pois o racismo e a pobreza são economicamente aprovados pelo sexismo, uma vez que todos os homens americanos ganham mais que todas as mulheres americanas.[19]

Já Matt Ridley conta que a política chinesa de um filho só leva à morte 17% dos embriões femininos, pois aquela sociedade prefere homens. Num hospital da Índia, mulheres testemunharam que 97% de abortos são de meninas, enquanto os meninos nascem na proporção de 100%.[20]

Assim, as relações de gênero, particularmente no seio da família, vêm marcadas pela guerra surda e, não raro, gritante dos sexos. Ela marcou os dispositivos psicológicos do relacionamento, minando a singeleza das relações e carregando-as de tensão, disputa e vontade de poder. Estes conflitos de gênero são de tal monta que dificilmente podem ser resolvidos por um casal, por exemplo, pois subjacente a eles trabalha uma pré-história de sofrimento, de dominação e de tensões com milhares de anos de persistência. Só é possível a convivência minimamente harmoniosa do casal não só através de uma atitude vigilante de autocrítica, de uma capacidade de aceitação dos limites de um e de outro, de uma ética transparente de benevolência e compaixão, mas também — e não menos importante — da espiritualidade como fonte permanentemente inspiradora de sublimações e de novas motivações. É por esta última dimensão da profundeza humana — não é monopólio das religiões — que o ser humano reforça o seu lado luminoso e melhor, capaz de integrar e curar o seu lado sombrio e menor.

A nova consciência, instaurada há mais de um século pelo feminismo, carrega dentro de si um potencial crítico e construtivo da maior importância. O feminismo clássico e o pós-feminismo — que incluem na tarefa da libertação não só as mulheres mas também os homens — criaram o âmbito das utopias mais promissoras para a humanidade dentro de um novo pacto sociocósmico, com uma democracia participativa e aberta, com uma relação mais equilibrada entre os gêneros e com uma integração benfazeja com a Terra.

Notas

1. Cf. Ohno, S., "La base biologique des différences sexuelles", em Soullerot e outros, em *Le fait féminin,* Paris: Fayard, 1978, pp. 57-68; Ridley, M., "Genetic Mutiny and Gender", em *The Red Quem: Sex and the Evolution of Human Nature,* N. York: Penguin Books, 1993, pp. 87-112.
2. Cf. Muraro, R. M., *A mulher no Terceiro Milênio,* Rio de Janeiro: Rosa dos Tempos, 1992; id., *Os seis meses em que fui homem,* Rio de Janeiro: Rosa dos Tempos/Record, 1990, pp. 35-80; Seabra, Z. e Muskat, M., *Identidade feminina,* Petrópolis: Vozes, 1985. D'Andrade, R. G., "Sex Differencies and Cultural Institutions", em *Development of Sex Differences,* Stanford: 1966; Diamond, M. A., "A Critical Evaluation of the Ontogeny of Human Sexual Behavior", em *Quart. Review of Biology* 40 (1965), pp. 147-175; Weedon, C., *Feminism, Theory and the Politics of Difference,* Oxford/Malden: Blackwell, 1999, pp. 26-50; McMahon, A., *Taking Care of Men: Sexual Politics in the Public Mind,* Cambridge: Cambridge University Press, 1999, pp. 11-61; Braidotti, R., *Nomadic Subjects: Embodiment and Sexual Difference in the Contemporary Feminist Theory,* N. York: Columbia University Press, 1994, pp. 146-204.
3. Cf. Buytendijk, F. Z. J., *La femme: Ses modes d'être, de paraître, d'exister;* Paris: Desclée de Brouwer, 1967, permanece ainda um clássico no assunto.

4. Boa apresentação do atual estágio das pesquisas se encontra em Kingsley, B., *An Evolutionary View of Women at Work*, Londres: Weidenfeld & Nicholson, 1998, pp. 27-36; cf. em favor dessa tese Sayers, J., *Biological Politics: Feminist and Anti-Feminist Perspectives*, Londres: Tavistock Publications, 1982.
5. Veja alguns títulos orientativos: Calvin, W., *The Cerebral Symphony*, N. York: Bantan Books, 1990; Dennet, D., *Kinds of Minds*, N. York: Basic Books, 1996, em português, *Tipos de mentes*, Rio de Janeiro: Rocco, 1997; Mundale, J., *How do You Know a Brain Area when You See One? A Philosophical Approach to the Problem of Mapping the Brain and Its Implications for the Philosophy of Mind Cognitive Science*, St. Louis, MO: Washington University Press, 1997; Teixeira, J. F., *Cérebros, máquinas e consciência*, São Carlos: EDUFUSCAR, 1996; id., *Mente, cérebro e cognição*, Petrópolis: Vozes, 2000.
6. Cf. Reinisch, J. M. e outros, "Hormonal Contributions to Sexual Dimorphic Behavioral Developments in Humans", em *Psychoneuroendocrinology 16* (1991), pp. 213-278.
7. Cf. Guitton, J., *Feminine Fulfillment*, N. York: Paulist Press Deus Books, 1965, pp. 3-8.
8. Tiger, L. e Shepher J., *Women in the Kibbutz*, N. York: Harcourt Brace Jovanovich, 1975.
9. Cf. Plomin, R., *Nature and Nurture: An Introduction to Human Behavioral Genetics*, Pacific Grove, CA: Brooks/Cole, 1990.
10. Strauss, C. L., *As estruturas elementares do parentesco*, Petrópolis: Vozes, 1976.
11. Id., ibid, p. 537.
12. O clássico livro sobre o matriarcado é do antropólogo e historiador suíço Johan Jakob Bachofen, de 1861, *Das Mutterrecht;* importantes são as contribuições a partir de 1986 da Academia para a pesquisa crítica e para a experiência do matriarcado, publicadas por Heide Göttner-Abendroth, *Das Matriarchat I e II*, Stuttgart: 1988 e 1991; para bom resumo da pesquisa, veja o artigo dessa autora, "Matriarchatsforschung heute. Herausforde-rungen an beide Geschlechter", em Moltmann-Wendel, E. (org.), *Frau und Man:Alte*

Rollen – Neue Wege, Düsseldorf: Patmos, 1991, pp. 103-115; Sjöö, M. e Mor, B., *The Great Cosmic Mother: Rediscovering the Religion and the Earth,* São Francisco: Harper San Francisco, 1991; Walker, B. G., *Restoring the Goddess: Equal Rites for Modern Women,* N. York: Prometheus Books, 2000; Rae, E., *Women, the Earth, the Divine,* N.York: Orbis Books, 1994; Daly, M., *Beyond God the Father: Toward a Philosophy of Women's Liberation,* Boston: Beacon Press, 1978; Easlea, B., *Science and Sexual Oppression: Patriarchy's Confrontation with Woman and Nature,* Londres: Weidenfeld & Nicholson, 1981; veja o belíssimo livro de Harvey, A. e Baring A., *The Divine Feminine: Exploring the Feminine Face of God around the World,* Berkeley, CA: Conari Press, 1996.

13. Veja a referência bibliográfica na nota anterior.
14. Sjöö, M., *The Great Cosmic Mothet,* op. cit., p. 39.
15. Veja Lerner, G., *The Origin of Patriachy,* N. York: New York University Press, 1986; Muraro, R. M., *Homem/mulher – Início de uma nova era: uma introdução ao pós-patriarcado,* Rio de Janeiro: Artes e Contos, 1994; e ainda os verbetes com bibliografia atualizada de *The Icon Critical Dictionary of Feminism and Postfeminism,* editado por Sarah Gamble, Kent: Icon Books, 1999; Schaef, A. W., *Weibliche Wirklichkeit: Frauen in der Mannerwelt,* Munique: 1991, Wilhelm Heyne Verlag, 1991, pp. 103-149; Gutiérrez, R., *O feminismo é um humanismo,* Rio de Janeiro: Antares-Nobel, 1985, pp. 41-85; Montenegro, A., *Ser ou não ser feminista,* Recife: Guararapes, 1981, pp. 11-18; Muraro, R. M., *Textos da fogueira,* Brasília: Letraviva, 2000, toda a primeira e a segunda parte.
16. Cf. a coleção de preconceitos sobre a mulher, em Starr, T., *A voz do dono: cinco mil anos de machismo e misoginia,* São Paulo: Ática, 1994; Schacht, S. e Ewing, O., *Feminism and Men,* N. York: New York University Press, 1999; veja o convincente livro de Angier, N., *Mulher: uma geografia íntima,* Rio de Janeiro: Rocco, 2000, onde a autora mostra como as mulheres são mais fortes, mais impregnadas de sensualidade, mais empreendedoras e com mais capacidade de se adaptar às mutações. Belo exemplo de uma feminilidade bem inte-

grada que inclui a masculinidade encontramos na figura singular de Lou Andreas-Salomé, que fascinou gênios como Nietzsche, Rilke e Freud; veja o excelente livro de Gonçalves Ferreira, L., *Humana, demasiado humana,* Rio de Janeiro: Rocco, 2000.
17. Ruether, R. M., *Gaia and God: An Ecofeminist Theology of Earth Healing,* São Francisco: Harper San Francisco, 1992; id., *Women Healing Earth, Third World Women on Ecology, Feminism and Religion,* N. York: Orbis Books, 1996; Bingemer, M. C., *O segredo feminino do mistério,* Petrópolis: Vozes, 1992; Tepedino, A. M., *As discípulas de Jesus,* Petrópolis: Vozes, 1993, e toda a obra de I. Gebara, especialmente *Rompendo o silêncio,* Petrópolis: Vozes, 2000, entre outras, bem como toda a produção teórica, de grande consistência, de Elizabeth Schüsser-Fiorenza, citada em vários lugares no nosso ensaio.
18. Veja as diferenciadas reflexões de E. Schüsser-Fiorenza: "O patriarcado: pirâmide de opressões multiplicativas", em *Pero ella dijo,* Madri: Editorial Trotta, 1996, pp. 151-159.
19. Schüsser-Fiorenza, em "As estruturas do patriarcado e o discipulado de iguais", no seu livro *Pero ella dijo,* op. cit., p. 243.
20. Cf. *The Red Queen,* op. cit., p. 122; veja também Moreira Alves, B., *Ideologia e feminismo,* Petrópolis: Vozes, 1980.

4. Da diferença sexual à reciprocidade pessoal

O fenômeno humano da sexualidade só é captado na sua integralidade se junto à diferença incluirmos a reciprocidade. Diríamos, sem maiores mediações, que a diferença se ordena à reciprocidade. Os humanos, homem e mulher, são diferentes para poderem estar unidos pela relação recíproca e pela mutualidade.[1] Esse sentido já identificávamos no processo sexogênico, referido anteriormente.

A reciprocidade na sexualidade

A reciprocidade se instaura no seio mesmo da sexualidade. Desde o surgimento dos eucariontes assistimos ao encontro sexual de dois seres distintos mas afins uns aos outros. No caso humano, a sexualidade traduz o face a face do homem e da mulher pela mediação do corpo sexuado que os coloca frente a frente e juntos no mundo.

Simone de Beauvoir cunhou uma expressão que, mantida na sua circularidade dialética, expressa grande verdade: a mulher só se torna mulher sob o olhar do homem; o homem só se torna homem sob o olhar da mulher.[2] O que isto expressa é exatamente a reciprocidade dos sexos. É mediante a reciprocidade que um se descobre por meio do outro. É por essa mesma reciprocidade que cada um se descobre sexuado em todos os estágios da relação homem/mulher.

O ser humano não tem sexo, é um ser sexuado da cabeça à ponta dos pés. Sendo sexuado, sente-se para além de si, dimensionado para o outro até nas determinações corporais. A anatomia dos sexos possui uma indicação: a mulher é aquela que recebe, acolhe e interioriza; o homem, aquele que emite, projeta e exterioriza.[3] Estas características incidem sobre a autocompreensão, sobre a psicologia diferencial e sobre a construção do estar-no-mundo com outros.

O encontrar-se face a face é um dado irredutível, originário, constituindo uma estrutura antropológica de base. Equivale a dizer pessoa – um ser de relação – aberta ao outro e ao mundo. Querer tomar o homem e a mulher, separados um do outro, por causa das diferenças ou, o que é pior, negando a diferença ou reduzindo-a como um apêndice do outro é perdê-los a ambos na sua compreensão real. Implica desrealizá-los. Com pertinência dizia um filósofo: "Primeiro é o encontro e este encontro não é o de duas consciências neutras e desencarnadas; nem o encontro de dois temperamentos, nem de dois corpos, nem o de dois espíritos, mas o encontro do homem com a mulher e da mulher com o homem, encontro que se realiza numa história e numa cultura, sem as quais o encontro não se realizaria."[4]

Essa ordenação dos sexos um ao outro desautoriza toda e qualquer hierarquia sexual, pretensamente fundada na natureza, privilegiando os homens, como no mito de Adão. A natureza é profundamente igualitária: embora diferentes, homem e mulher se encontram no mesmo patamar humano e vivem, a partir daí, o seu cara a cara. A relação que surge é dialogal, circular e autoimplicativa. Um representa uma "pro-posta" ao outro, que sente a necessidade de dar uma "res-posta". Deste jogo autoimplicativo entre "pro-posta" e "res-posta" nasce a responsabilidade de um para com o outro e o cuidado da relação recíproca.

A diferença não é deficiência

Paira, entretanto, uma tragédia sobre a diferença e a reciprocidade. Historicamente, homens da lucidez de um Aristóteles e de um Tomás de Aquino interpretaram a diferença como deficiência ou como desigualdade. Esta distorção serviu para subordinar a mulher ao homem, coisificá-la como um dos bens que ele possui, fazê-la objeto do seu desejo, máquina vivente, produtora de descendentes, ou, então, excluí-la da visibilidade social, reservada aos homens.[5] Nestas condições é impossível a reciprocidade. Predominam relações dissimétricas, injustas e desumanizadoras para ambas as partes.

Juntamente com a dominação masculina surgiu uma cultura androcêntrica, com linguagens androformes, estruturas e práticas patriarcais e antifeministas. Um fino pensador russo,[6] Paul Evdokimov, e mesmo o rigoroso Gaston Bachelard denunciaram com razão o transfundo masculinizante e antifeminista de todo projeto da tecnociência, do ateísmo moderno, do desespero e da angústia do século XX e das doutrinas rigoristas entre os cristãos como, entre outras, o jansenismo e a doutrina da predestinação eterna.[7]

Ora, a reciprocidade supõe a independência e a capacidade de relação de cada parceiro. Independência, para que cada qual tenha a sua identidade. Relação, para que haja a troca a ser feita sempre em duas mãos e em base igualitária. Diferentes mas equivalentes.

Cada um é inteiro mas inacabado

Também reciprocidade não é sinônimo de complementaridade. A complementaridade supõe que cada um seja em si incompleto e só se complete na relação. Este fato denunciaria a falta de independência de um em face do outro. Importa enfatizar então o fato, cheio de consequências, de que cada ser humano, homem e mulher, é inteiro em si. Possui tudo em si. Porém, como veremos ainda, embora inteiro, ele, contudo, é inacabado, por estar ainda em processo de gênese e de "autofazimento".

A estrutura humana é dialogal e sempre interpessoal. Essa dimensão interpessoal não é um resultado posterior. Está na origem e é por ela que cada um se descobre como homem e mulher mutuamente implicados e relacionados.

Se cada um fosse incompleto e, por isso, eventual complemento do outro, a verdadeira alteridade seria degradada. Ela se realizaria de forma exteriorística como duas peças que se encaixam. O modo de ser humano é singular, diferente dos demais. E, por mais que um se sinta atraído pelo outro, numa espécie de manifestação humana da lei universal da gravidade, segundo a qual todos os seres se atraem mutuamente, este encontro, entretanto, só ocorre na liberdade. O encontro forçado ou sutilmente maquinado destrói a humanidade da relação, porque não respeita a identidade que possibilita a reciprocidade.

A expressão reciprocidade tem a vantagem de afirmar, desde o início, a mútua abertura de um ao outro. Dois inteiros, mas inacabados — e sempre se fazendo —, se encontram na atração mútua e na liberdade da entrega.

A importância do encontro sexual

Como se dá esse encontro de reciprocidade? Cremos que de forma fenomenológica podemos representá-lo assim: um homem e uma mulher estão um na frente do outro. Abrem-se mutuamente. No primeiro instante há estranhamento, mas ao mesmo tempo um transfundo de semelhanças, pois ambos são, finalmente, humanos. Acolhem-se como pessoas, diferentes mas abertas uma à outra. Se a relação ultrapassa o estranhamento, isto permite a proximidade. Desta pode surgir mútuo interesse, amizade, enamoramento e até amor.

Com a frequência da relação, uma história, que os entrelaça e os faz responsáveis um pelo outro, é criada passo a passo. Nesta história ocorrem tanto momentos de profunda união quanto de distanciamento e, até, de enfrentamento. Toda uma gama de sentimentos, comandados pelo cérebro límbico, pode surgir: confiança, reticências, entrega e recusa. Enfim, a construção conjunta de um caminho imprevisível que marca a trajetória da vida das pessoas, que as faz felizes ou trágicas. Só o ser humano pode se tornar um ser trágico, pois, somente ele é capaz de fazer a experiência do poeta: "A maior dor é não poder dar amor a quem se ama" (Tiago de Mello), porque não há correspondência no amor.

Não obstante os encontros, os eventuais mal-entendidos, diálogos, fechamentos e experiências de intimidade, o ser humano faz a experiência de algo que é sempre anterior, que não é objeto de escolha, que não se resume na subjetividade de um "eu" ou de um "tu", mas que é algo dado e transpessoal: o modo originário do ser humano enquanto homem e enquanto mulher, que vivem um no outro, pelo outro, com o outro e para o outro no cuidado e na relação.[8]

Essas reflexões demandam um aprofundamento, pois colocam questões de ordem filosófica: que é, enfim, o ser humano que sempre aparece nesse diformismo masculino/feminino? Como o gênero se insere na própria natureza humana?

Notas

1. Veja alguns títulos ligados ao tema: Verhelts, T., *O direito à diferença*, Petrópolis: Vozes, 1992; Weedon, C., *Feminism, Theory and the Politics of Difference*, Malden/Oxford: Blackwell, 1999; Di Stefano, C., "Dilemmas of Difference, Modernity and Postmodernism", em Nicholson, L. (org.), *Feminism/Postmodernism*, N. York/Londres: Routledge, 1990, pp. 63-82; Eisenstein, H. e Jardine, A. (org.), *The Future of Difference*, New Brunswick e Londres: Rutgers University Press, 1985; Irigaray, L., *This Sex which Is not One*, N. York: Cornell University Press, 1985; Héritier, F., *Masculin/Féminin: La pensée de la différence*, Paris: Editions Odile Jacob, 1996.
2. Beauvoir, S., *Le deuxième sexe*, Paris: Seuil, 1949.
3. Cf. Steiger, A., *Compreender a história da vida: do átomo ao pensamento humano*, São Paulo: Paulus, 1998, p. 87.
4. Jeannière, A., *Antropologia sexual*, São Paulo: 1965, p. 154.
5. Metzke, E., "Anthropologie des sexes", em *Lumière et Vie 43* (1959), p. 50.
6. Entre nós continua a manter plena validade o corajoso texto de Heloneida Studart, *Mulher, objeto de cama e mesa*, Petrópolis: Vozes, 1974.
7. *La femme et le salut du monde*, Paris: Seuil, 1958, pp. 148-151; a mesma observação fez L. Irigaray, em *Speculum: L'altra donna*, Milão: Einaudi, 1975, referindo-se especialmente a Freud, Hegel, Platão e outros.
8. Cf. Eisler, R., "Sex, Gender and Transformation: from Scoring to Caring", em Schacht, S. e Ewing, W. D., *Feminism and Men*, N. York: New York University Press, 1998, pp. 237-264; veja todo o número 238 da revista internacional *Concilium* (1991), "Mulher-Mulher", publicada pela editora Vozes de Petrópolis, dedicado à análise da diferença e da reciprocidade.

5. A sexualidade como estrutura ontológica do ser humano

Até o momento nos entregamos a uma análise da questão do gênero, invocando distintos saberes para enriquecer os nossos conhecimentos acerca da sexualidade no processo biogênico e antropogênico. Consideramos também as formas históricas de relacionamento de gênero no matriarcado, no patriarcado e, atualmente, no tramontar da cultura patriarcal rumo a um novo paradigma civilizacional. Concluímos que o homem e a mulher fundam dois modos diferentes e relacionados de sermos humanos.

A tarefa da filosofia: pensar o que sabemos

Importa pensar até o fim — e radicalmente — o que sabemos: esta é a tarefa a que se propõe a filosofia.[1] Ela não dispõe de mais dados que aqueles das ciências nem tem acesso a um saber que se subtrai ao discurso científico. Mas, acolhendo o dito das ciências, a filosofia lembra sempre que existe um não dito no dito e um silenciado no falado.

A filosofia possui uma eminente função crítica ao recordar o alcance e o limite de todo conhecimento. Por mais que estejamos mergulhados na realidade e até, por intuição e comunhão, nos sentirmos fundidos nela, nunca somos a realidade que conhecemos. Acedemos a ela por modelos, representações e projeções que colhem as suas dimensões reais da realidade – eis o seu alcance –, mas ela mesma nos desborda e ultrapassa – eis o seu limite. É ilusório identificar o pensamento com o pensado, o modelo construído com o real. Toda teoria não representa diretamente a realidade, mas a reconstrói consoante condicionamentos histórico-sociais e expectativas culturais.

Aplicado ao nosso tema do gênero, revela a diferença entre o que os vários saberes dizem do homem, da mulher e das suas relações de poder e a realidade mesma deste homem e desta mulher. A realidade é sempre transbordante e se retrai atrás de cada interpretação e de cada teoria construída. Daí ser o caráter do nosso conhecimento sempre parcial e aproximativo, e a nossa melhor atitude sempre de humildade e de abertura a novas dimensões ainda não percebidas pelos saberes atuais. É tarefa da filosofia sempre recordar a potencialidade e o limite do esforço de compreensão humana. Todo saber crítico incorpora essa perspectiva filosofante. Uma perspectiva que impede de cairmos numa leitura meramente construtivista da feminilidade e da masculinidade – tendência dominante nas pesquisas atuais. Ela nos permite entender que, lamentavelmente, apesar de todo androcentrismo e falocentrismo havido na história, a mulher não pode ser totalmente apagada nem poderá jamais ser, pois o ser-mulher é algo essencial que sempre está aí. Ela pode ser eclipsada, subordinada e tornada publicamente invisível, mas nunca destruída. Caso contrário, não seria essencial.

Sexualidade como ontologia

Ademais, pertence à atitude filosófica colocar a questão ontológica, quer dizer, a questão do ser e, no caso, do ser singular que é o ser humano: finalmente, que é o ser humano? Sabemos cada vez mais sobre o homem e a mulher no seu largo evoluir e na sua construção histórico-social. O que é dito sobre a mulher tem a ver com o homem e vice-versa. E o que sabemos de ambos diz respeito à humanidade. Mesmo assim, tal saber não esgota as nossas inquirições, apenas radicaliza a questão essencial: que é o ser humano? Que é a humanidade? Qual é a natureza humana?

As ciências não nos respondem pelo ser humano, mas por ambas as concreções dele que aí estão: o homem e a mulher. O ser humano não existe como existem o homem-aí e a mulher-aí. Ninguém jamais viu um ser humano andando de cá para lá. O que anda não é o ser humano, mas um homem ou uma mulher concretos. E, contudo, dizemos com razão: tanto é ser humano o homem quanto é ser humano a mulher. Ambos formam a humanidade. Que é essa humanidade, presente de forma diferente e mutuamente recíproca em cada um deles? Responder a isso é fazer filosofia, é praticar uma reflexão ontológica, é ver a unidade na diferença e a diferença na unidade.[2]

Quando falamos de ontologia, queremos dizer que a sexualidade tem a ver com o ser real e profundo do ser humano. Ela não é algo agregado que lhe pode faltar nem algo meramente histórico-social que, como foi um dia socialmente construído, pode ser também desconstruído. O ontológico diz respeito à essência mesma do ser humano. Essa essência não é simples, mas complexa, por isso se dá a conhecer sob duas aparições reais e distintas. Nelas se revela, também se vela, se trai e também se retrai sob aquilo que chamamos humanidade ou natureza humana concretizada em dois modos de ser, masculino e feminino.

O que significam o modo de ser homem e o modo de ser mulher?

O que significa isso? Retomemos a questão suscitada anteriormente. Significa que cada um, tomado em si, é incompleto e que, para ser completo, necessita se unir ao outro? Seria como uma fechadura que para ser completa precisa da chave? E a chave, para ser completa, precisa da fechadura, porque chave sem fechadura não tem sentido algum? O modo comum de falarmos sobre o homem e a mulher nos sugere, efetivamente, semelhante compreensão. Mas esse é o modo de ser das coisas. O ser humano, homem e mulher, como ser de liberdade e de relação, possui um modo de ser próprio, irredutível a outro modo de ser, como o da fechadura-chave.

A reflexão filosófica está atenta a essa diferença nos modos de ser. Ela nos impede de acolhermos representações fáceis, mas que falseiam a compreensão do homem e da mulher e da sua reciprocidade.

Como é o modo de ser humano? Homem e mulher serão duas realidades diferentes, num frente a frente fundamental, distintas, mas que se abrem umas às outras? Se assim é, como haveremos de entender essa abertura?

Descartamos já a compreensão de dois incompletos que juntos se fazem completos. Estimamos que a correta representação vai na seguinte direção: um dentro do outro, o feminino dentro do masculino e o masculino dentro do feminino. Não é essa compreensão que nos vem sugerida pela profunda igualdade do capital genético de base? Efetivamente, o homem tem dentro de si a dimensão mulher e a mulher tem dentro de si a dimensão homem.

Os dados analíticos levantados anteriormente nos confirmam a justeza desta forma de compreender o modo de ser humano. A reciprocidade se dá a partir de dentro de cada um. A mulher dialoga, acolhe e se relaciona com a porção homem que carrega dentro de si e, a partir daí, com o homem concreto que encontra em seu caminho. Da mesma forma ocorre com o homem, que inclui em si a porção mulher que lhe abre o caminho para encontrar a mulher real na sua vida.

Em consequência desta compreensão devemos, então, admitir que cada um é homem e mulher simultaneamente? Não seríamos, portanto, andróginos? Sim e não.

Sim, porque carregamos um capital genético, gonodal e hormonal que basicamente é idêntico.

Não, porque cada um não é da mesma forma homem e mulher simultaneamente. O homem possui a mulher dentro de si, mas é homem e não mulher. A mulher carrega dentro de si o homem, mas não é homem, é mulher.

Por que essa diferença? Porque no homem predomina a masculinidade, embora este inclua em si também a feminilidade. Por isso é homem e não mulher. Na mulher predomina a feminilidade, embora esta inclua em si a masculinidade, e por isso é mulher e não homem.

Em razão desta constatação, em vez de falarmos que homem e mulher são mutuamente incompletos, preferimos dizer que são inteiros e relativamente completos. Cada um possui tudo, mas não na mesma proporção nem da mesma forma. Pelo fato de ser inteiro e relativamente completo, cada um está dimensionado para a relação e para a reciprocidade que permitem a ambos crescerem juntos e se enriquecerem com a diferença das proporções. E isso dentro dos horizontes da liberdade e da criatividade que propiciam todo tipo de relação em todas as suas formas de intensidade.

O que acabamos de referir pode ser bem expresso pelas categorias masculino/feminino. Elas nos ajudam a entender a complexidade do ser humano.

O princípio masculino e o princípio feminino

O masculino e o feminino não são entidades em si ou partes de um todo maior. São princípios. Como princípios, filosoficamente falando, estão aquém das coisas; antes, dão origem a elas. Por isso, princípios são relações originais que, atuando e se exercendo, permitem surgir os seres nas suas mais diversas expressões. Masculino e feminino, como princípios, significam um jogo de relações que continuamente constroem o humano como homem e mulher. Estes são resultados destes princípios anteriores e subjacentes. Mais ainda, pensando na sexogênese, a que antes nos referimos, são forças construtoras e organizadoras da vida. Por todas as partes na natureza, principalmente nos processos de reprodução, encontramos o masculino e o feminino. Mesmo na homo, na hetero e na autossexualidade está em ação o *yin* e o *yang*, o masculino e o feminino.[3] Essas relações ou forças originárias, pelo fato de serem princípios, nunca aparecem em si próprias, mas sempre nas concretizações originadas por elas. Elas também sempre se traem e se retraem. No âmbito humano, essas determinações são compreendidas melhor se as contemplarmos a partir da estruturação básica de cada ser humano.

Todo ser humano nasce inteiro mas não está pronto. E não está pronto porque se encontra ainda em gênese. Ele não é imperfeito, é inacabado. Ele precisa acabar de nascer. O fato de ser inacabado não é um defeito, mas um modo de ser: não é uma falta, mas uma marca. Biologicamente não possui nenhum órgão especializado. Por isso, para sobreviver e se desenvolver precisa abrir-se aos outros e ao mundo, intervir no meio, trabalhar e fazer cultura. Mas não está aberto apenas a isso e àquilo, está aberto à totalidade.

Entretanto, a experiência que vive é que nada do que encontra no seu vagar pela realidade o preenche e satisfaz. Ele é um ser desejante. A estrutura do desejo é a ilimitação e a negação de todo o interdito. O ser humano como ser desejante não encontra no mundo nenhum objeto que lhe satisfaça totalmente o desejo. Por isso, se recusa a aceitar o mundo assim como o encontra. Tentando saciar o seu desejo, molda, pela liberdade, a si e ao que o cerca e vai construindo a sua existência, feita e sempre por fazer.

Apesar da nossa estrutura desejante, somos seres de enraizamento e de abertura. Cada um se encontra enraizado numa carga biológica herdada, inserido numa cultura determinada, caracterizado por uma definição sexual, por uma língua, por uma classe social, por uma profissão, por uma inscrição ideológica ou religiosa e assim por diante. É o seu arranjo existencial, a sua profunda imanência. Ao mesmo tempo vem marcado por uma abertura em totalidade e por um desejo que lhe permite romper todos os limites e violar todos os interditos. É a sua radical transcendência. No termo, aparece para si como um projeto infinito.[4]

Numa metáfora conhecida, ele comparece simultaneamente como galinha que vive nos limites do seu galinheiro e como águia que voa nas alturas e na liberdade dos espaços sem fim.[5] É capaz do infinito. Isso se deixa perceber pela consciência da sua fragilidade e pela precariedade da existência que sabemos suspensa entre um abismo e outro. Ele é um ser e um poder-ser. É um dado que está aí, destrinchado pelos muitos saberes, e, ao mesmo tempo, é um ser utópico que ainda não nasceu. Ele é, portanto, o claro, o conhecido, o pensamento, a palavra, a ordem e o sistema. Mas não só. Ele é simultaneamente o silêncio que contém a palavra, o escuro do qual brota a luz, o caos de onde vem o cosmo, o mistério que desafia a vontade de conhecer.

A unidade dialética destas dimensões – águia e galinha, finito e infinito, mistério e conhecimento – constitui o ser humano nos modos homem e mulher. O fato de aparecer sob o modo de homem e mulher significa que cada um permite uma outra visão da realidade — nem pior nem melhor, apenas diferente — não como um espelho que reproduz sempre a mesma imagem, mas como uma janela que mostra outra paisagem do ser humano, outra possibilidade de ser.

Quando falamos de masculino e feminino queremos com estas palavras sinalizar a estrutura de base do ser humano acima mostrada. Masculino e feminino existem em cada ser humano, homem e mulher, como forças produtoras de identidade e de diferenças. Mas não só. Realizam-se nas muitas dimensões da realidade total. Por exemplo, o feminino não pode ser cristalizado apenas na mulher, pois, se concretiza também na Terra e no Divino.

Formalizando, o feminino no homem e na mulher é aquele momento de mistério, integralidade, profundidade abissal, capacidade de pensar com o próprio corpo, decifrar mensagens escondidas sob sinais e símbolos, interioridade, sentimento pertença a um todo maior, receptividade, guardar no coração, poder gerador e nutridor, vitalidade e espiritualidade.[6] O masculino na mulher e no homem exprime o outro polo do ser humano, de razão, de objetividade, de ordenação, de poder, de materialidade e, até, de agressividade.

Pertence ao masculino da mulher e do homem o movimento para a transformação, para o trabalho, para a agressão, para a clareza que distingue, separa e ordena. Pertence ao feminino do homem e da mulher a capacidade de repouso, de cuidado, de conservação, de entender símbolos e mensagens inscritas nos fatos, de cultivar o espaço do mistério que desafia sempre a curiosidade e a vontade de conhecer.

O feminino no homem e na mulher constitui a fonte originária de toda vida; e o masculino, a vida já formada e evoluída. No feminino reside o poder de plenitude interior; no masculino, o poder de organização exterior. No feminino, o cuidado e a conservação; no masculino, a conquista e a apropriação. No feminino, o combate defensivo; no masculino, o combate ofensivo. No feminino – sempre no homem e na mulher –, a viagem para dentro, para o coração; no masculino, a viagem para fora, para o universo. No feminino, a reverência em face do mistério da vida e de Deus; no masculino, a vontade de conhecer e decifrar todos os mistérios... e por aí vamos.

Observemos atentamente: não dizemos que o homem realiza tudo o que comporta o masculino, e a mulher, tudo o que expressa o feminino. Trata-se aqui de princípios presentes em cada um, estruturadores da identidade pessoal do homem e da mulher. O drama da cultura patriarcal reside no fato de ela ter usurpado o princípio masculino somente para o homem, fazendo com que este se julgasse o único detentor da racionalidade, do mando e da construção da sociedade, relegando para a privacidade e para as tarefas de dependência a mulher, não raro considerada um apêndice, objeto de adorno e de satisfação. Ao não integrar o feminino em si, o homem se enrijeceu e se desumanizou. Por outra parte, o patriarcado identificou o feminino com a mulher, impedindo-a de uma realização mais completa, com a inserção do masculino e dos seus valores no seu processo de personalização e socialização. Ambos se depauperaram antropologicamente e mutilaram a construção da figura do ser humano uno e diverso, recíproco e igualitário. Mas muito mais padeceram as mulheres sob a opressão dos homens e as suas formas de crueldade inimagináveis, que persistem ainda hoje em algumas culturas androcêntricas em várias partes do globo.

A superação deste obstáculo cultural é a primeira condição para um relacionamento de gênero mais integrador e justo para cada uma das partes.

Pertence ao processo de individuação a integração dinâmica e sempre difícil do masculino e do feminino. Podem ocorrer exacerbações e, então, aparecem as realizações patológicas. Alguém pode tematizar desproporcionalmente o masculino da sua personalidade e, assim, tornar-se racionalista, calculista, frio e objetivista. É luz, mas sem calor. Como pode também exacerbar a feminilidade a ponto de dar livre trânsito ao irracional, ao passional e ao subjetivo. É calor, mas sem luz. Só na combinação de ambos aparece a vida na sua dinâmica, na sua ternura e no seu vigor. Não porque se dissolveram as tensões, pois estas sempre continuam, mas porque se alcançou uma síntese cheia de tensões, que se sustenta, se renova e se aprofunda cada vez mais personalizando o homem e a mulher. Caso contrário, resulta um homem efeminado ou uma mulher masculinizada, irrupção de violência ou manifestação de excessiva fragilidade.

O movimento feminista mundial, por um lado, colocou em xeque o projeto do patriarcado e desconstruiu as relações de gênero, organizadas sob o signo da opressão e da dependência, e, por outro, inaugurou relações mais simétricas entre os gêneros. Estes avanços nos deixam entrever o surgir de uma virada no eixo cultural da humanidade. Esboça-se por todas as partes um novo tipo de manifestação do feminino e do masculino em termos de parcerias, de colaboração e de solidariedade, nas quais homens e mulheres se acolhem nas suas diferenças no horizonte de uma profunda igualdade pessoal, de origem e de destino, de tarefa e de compromisso na construção de mais benevolência para com a vida e a Terra e de formas sociais mais participativas e democráticas entre os gêneros.

A sabedoria ancestral dos mitos

Com o masculino/feminino temos a ver com realidades-limite. Por mais que os conceitos se cansem em procurar apreendê-las, sempre aparecem como inadequados, pois a linguagem é formal, própria do cérebro neocortical, ao passo que o fenômeno masculino/feminino mergulha profundamente no cérebro límbico, feito de emoções e grandes significados. Com acerto reconhecia-o o filósofo Paul Ricoeur: "A sexualidade, em seu fundo, permanece talvez impermeável à reflexão e inacessível ao domínio humano; talvez seja esta opacidade que faz com que ela não possa ser reabsorvida nem numa ética nem numa técnica, porém somente representada simbolicamente graças ao que de mítico resta em nós."[7]

O mítico em nós não significa uma categoria do passado, mas do presente cultural e psíquico.[8] São as ressonâncias límbicas da mais antiga memória da biogênese que se expressam melhor pela linguagem colorida dos símbolos e das narrativas. No mito se conserva a sabedoria ancestral da humanidade. O processo antropogênico, as eras matriarcal e patriarcal e as memórias genética e sexual não representam apenas grandezas arqueológicas do tempo histórico, mas constituem realidades psíquicas poderosas da nossa arqueologia interior, ainda vivas e atuantes no nosso presente. São arquétipos que continuamente renovam o seu conteúdo emocional, vindo da mais alta ancestralidade, em contato com as realidades que nos compete viver pessoal e coletivamente.

A realização de cada pessoa e mesmo a nossa própria saúde integral dependem muitíssimo da forma como trabalhamos interiormente tais realidades e como o consciente reage em face dos conteúdos do inconsciente, seja acolhendo-os, depurando-os e integrando-os, seja confrontando-os, hostilizando-os e recalcando-os.

Assim, a unidade polar masculino/feminino vem representada por grandes narrativas, símbolos e figuras nas antigas mitologias e cosmogonias religiosas. A tradição do Tao refere-se ao masculino/feminino como um círculo composto de duas partes iguais, de luz e de sombra (*yin-yang*).[9] As civilizações babilônicas e egípcias afirmam o caráter andrógino de toda a realidade, pois esta foi criada por um mesmo princípio masculino/feminino, *Ischtar*. O caos, a terra e a noite são referidos ao princípio feminino; a ordem, o dia e o ar, ao masculino. Platão no Simpósio narra o mito do surgimento do homem e da mulher. Nos primórdios, Zeus criara seres andróginos, com dois rostos, quatro orelhas, quatro mãos e dois sexos. Como tais seres quisessem com a sua força medir-se com os deuses – a famosa *hybris* (confiança excessiva chegando à arrogância) –, Zeus os cortou em dois, "como se divide uma fruta ou um ovo com a crina de um cavalo", como diz o texto platônico. Separados, masculino e feminino, buscam, insaciavelmente, reencontrar a unidade perdida pelo Eros que os atrai e apaixona, sem contudo, jamais consegui-lo totalmente. Um antigo *midrash* (relato explicativo em hebraico) reproduz a mesma intuição. Inicialmente o ser humano era andrógino, possuía um só corpo, mas dois rostos e dois sexos. Por causa do pecado, Deus os separou: agora cada qual tem as suas costas e o seu sexo, mas por uma força inata buscam a antiga unidade para serem novamente uma só carne – e sempre encontram o caminho fechado. O Gênese (1, 27) representa a criação da humanidade como una e única, mas concretizada na diferença de homem e mulher, nas palavras hebraicas como *ish* (varão) e *ishá* (varoa).

Esta ideia da unidade plural e polar de cada ser humano, masculino/feminino, expressa a memória ancestral da sexualidade que no seu processo, como vimos, apresenta o diformismo como derivação de um profundo monismo sexual originário. Os estudos da escola de C. G. Jung, especialmente de E. Neumann com as suas investigações do feminino e as suas variações arquetípicas,[10] vêm confirmar a verdade dos antigos mitos.

A verdade representada plasticamente nestes mitos é a mesma surpreendida pela reflexão filosófica: o ser humano concreto é sempre dual, masculino e feminino. Ele não é simples como os deuses. Mas essa polaridade é sempre remetida a uma unidade de base que se realiza somente nas diferenças, num permanente processo que vai da unidade para a diferença e da diferença para a unidade. O masculino e feminino em cada ser humano dão conta desta unidade polar.

Radicalizando a questão: que é, finalmente, o masculino/feminino? Em si, não sabemos. O que sabemos é o que se tem mostrado na história da antropogênese, que sobrevive atuante no imenso receptáculo das experiências bem ou malsucedidas da humanidade, isto é, na memória genética e no inconsciente pessoal e coletivo. O que sabemos é o que a humanidade, na sua vontade de compreensão, acumulou acerca deste tema não apenas na sua produção teórica, mas também imaginária, nas artes e nas religiões. Todas estas formas não esgotam as virtualidades do masculino/feminino. A história não é repetitiva nem volta atrás, pois a Seta do Tempo irreversível aponta sempre para a frente e para cima, criando possibilidades para o novo ainda não experimentado. O masculino/feminino se abrem assim à dimensão indecifrável do futuro, cujas historizações, quem sabe, podemos entrever, mas que escapam à nossa capacidade de manipulação. Podemos, sim, preparar o seu advento para que, ao chegar, não nos encontre distraídos e assim o percamos.

Nesta expectativa, que possui inegavelmente uma aura utópica, não podemos perder o realismo histórico em face do sonho de uma reconciliação possível dos gêneros. Historicamente vigora uma permanente tensão entre eles. Houve e ainda continua havendo a guerra de sexos que deixou distorções perversas nas instituições, especialmente nas religiosas, e dolorosas cicatrizes na biografia das pessoas. As harmonizações na linha da colaboração/solidariedade são sempre possíveis, embora ainda frágeis.

Em último termo, o masculino e o feminino pertencem ao âmbito do mistério existencial, que não é o limite da compreensão, mas o ilimitado da compreensão. Sempre podemos nos acercar deles, acumular dados e mais dados, mas eles sempre se retraem. Por isso, o ser humano não é um problema, mas um mistério. Encontrada a solução para o problema, este desaparece. O mistério não tem solução. Sempre é retomado e sempre emerge novamente como novo e desafiador. Como mistério, o ser humano não tem solução. Isso não é um defeito, mas o seu modo de ser singular. A sua realidade é sempre uma "real-ização" de virtualidades ilimitadas que estão nele. Em cada "real-ização" ele revela a sua dimensão de inacabado e esconde outras virtualidades em aberto. Embora recíprocos, homem e mulher não se plenificam, pois a sede de infinito que os devora transcende a eles mesmos.

Neste sentido, o ser humano é um ser trágico e, ontologicamente, infeliz. Não há psicanálise que o possa curar. É um errante, irrequieto buscador de uma plenitude que lhe é negada em todas as partes. Todos os seres possuem o seu *habitat* e aí vivem numa espécie de sesta biológica. O ser humano, homem e mulher, não. Ele está a caminho de uma casa que ainda não acabou de construir ou que sequer encontrou. Ele é um grito lancinante lançado ao infinito. Esse seu grito não é, porventura, eco de uma Voz maior, que ressoa dentro dele e que o chama para se superar a si? Quem preencherá o vazio do seu ser inacabado?

A filosofia nasce dessa questão e no seu termo honradamente emudece. O máximo que poderá sensatamente dizer é que o masculino e o feminino representam a versão antropológica das questões fundamentais de toda filosofia: por que, além do ser, existem os entes? Por que o ser se diferencia internamente? Por que a identidade só se dá na diferença? Por que o ser humano só se revela e se realiza como homem e como mulher? Por que não é um ser simples, mas complexo?

Estes questionamentos convidam para um outro exercício da racionalidade, aquela da teologia. Ela balbucia uma resposta reverente à angústia do ser inacabado. Ele sente-se acabado, seja como homem, seja como mulher, somente quando se encontra com quem o pode, efetivamente, plenificar. E essa não é a Realidade suprema? Não encontra ele aí mais que um eco do infinito, mas o próprio Infinito, adequado à sua sede infinita?

Isso não é uma ilusão, como pensava Freud, uma ilusão no sentido psicanalítico que tem sempre futuro, porque sempre vem posta e nunca é plenamente respondida. Os testemunhos mais ancestrais da humanidade, pelo menos a partir de há cem mil anos – pois daquele tempo são os sinais arqueológicos ligados aos ritos funerais[11] –, afirmam a possibilidade deste encontro. Conferem-lhe mil nomes, cujos sentidos se escondem sob o signo Deus. Por isso santo Agostinho tem mais razão que Freud ao afirmar: "Irrequieto estará o meu coração enquanto não repousar em Ti, Senhor." O *cor inquietum* nos convida a uma abordagem teológica do masculino/feminino e do gênero.

Notas

1. Veja o meu estudo "Masculino e feminino: o que é? Fragmentos de uma ontologia", em *Revista de Cultura Vozes 68* (1974), pp. 677-690; e também Demo, P., *Saber pensar,* São Paulo: Cortez Editora, 2000, pp. 39-46.
2. Veja alguns estudos nessa área: Pena, J. R., *As novas antropologias,* São Paulo: Loyola, 1975; Ullmann, R. A., *Antropologia: o homem e a cultura,* Petrópolis: Vozes, 1991; Guilluy, P., "Filosofia de la sexualidad", em *Estudios de sexologia,* Barcelona: 1968; Lersch, Ph., *Von Wesen der Ceschlechter;* Munique: 1947; Del Valle, B., "Versão masculina e versão feminina do humano", em *Filosofia do homem,* São Paulo: Loyola, 1975; Cavarero, A., "L'elaborazione filosofica della differenza sessuale", em Marcuzzo, M. C. e Rossi-Doria, A., *La ricerca delle donne,* Torino: Rosenberg, 1987, pp. 173-187; Badinter, E., *L'un est l'autre: Des relations entre hommes et femmes,* Paris:

Éditions Odile Jacob, 1986; Williams, P. J., "Meditations on Masculinity", em Berger, M. e outros (orgs.), *Constructing Masculinity*, N. York/Londres: Routledge, 1995, pp. 250-266; id., "Feminism and Masculinity: Reconceptualizing the Dichtomy of Reason and Emotion", em Schacht, S. e Ewing, D. W, *Feminism and Men*, N. York: New York University Press, 1998, pp. 183-201; Braidoti, R., "The Politics of Ontological Difference", em *Nomadic Subjetcts*, N. York: Columbia University Press, 1994, pp. 173-190; Tanesi, A., "Feminism and 'Malestream' Epistemology", em *An Introduction to Feminist Epistemologies*, Malden/Oxford: Blackwelll, 1999, pp. 38-65.
3. Veja as reflexões à base dos mitos de Edwards, C. M., *The Storyteller's Goddess*, N. York: Marlowe & Company, 1991, pp. 115-117.
4. Cf. Boff, L., *Tempo de transcendência: o ser humano como projeto infinito*, Rio de Janeiro: Sextante, 2000.
5. Cf. Boff, L., *A águia e a galinha: uma metáfora da condição humana*, Petrópolis: Vozes, 1998.
6. Cf. as reflexões da junguiana Luke, H. M., *Woman, Earth and the Spirit*, N. York: Crossroad, 1981, p. 3; Barz, H., "Feminismus und Jungsche Psychologie", em Moltmann-Wendel, E. (org.), *Frau und Mann: Alte Rollen – Neue Werte*, Düsseldorf: Patmos, 1991, pp. 116-150.
7. Ricoeur, P., "A maravilha, o descaminho e o enigma", em *Revista Paz e Terra 5* (1979), p. 36.
8. Cf. Walker, B., G., *The Woman's Dictionary of Symbols and Sacred Objects*, São Francisco: Harper San Francisco, 1988; Campbell, J., *As transformações do mito através do tempo*, São Paulo: Cultrix, 1993; Patai, C. S., *O mito e o homem moderno*, São Paulo: Cultrix, 1974; e o clássico livro de Cassirer, E., *Linguagem e mito*, São Paulo: Perspectiva, 1992; Edwards, C. M., *Storryteller's Goddes*, N. York: Marlowe & Company, 1991; Bolen, J. S., *As deusas e a mulher*, São Paulo: Paulus, 1990; Woolger, J. B. e Wollger, R. J., *A deusa interior: um guia para os eternos mitos femininos que moldam nossas vidas*, São Paulo: Cultrix, 1997; Pearson, C. S., *O despertar do herói interior*, São Paulo: Cultrix, 1974.

9. Veja o famoso e enigmático texto do ancestral Tao Te King: "O Espírito do Vazio nunca morre. Nele reside a mulher escura e à porta da mulher escura encontra-se a raiz do universo" (VI, Editora de Brasília, 1978, p. 40).
10. Neumann, E., *Die grosse Mutter: Der Archetyp des grossen Weiblichen*, Zurique: 1965; id., *Ein Beitrag zur seelischen Entwicklung des Weiblichen*, Zurique, 1952.
11. Morin, E., *L'homme et la mort,* Paris: Seuil, 1970; id., *Le paradigme perdu: la nature humaine,* Paris: Seuil, 1974.

6. O homem, a mulher e Deus

O ser inteiro, mas inacabado, busca acabamento e completude. Nesta busca encontra Deus. Deus é o nome para simbolizar aquela terníssima Realidade e aquele Sentido amoroso, capaz de realizar infinitamente o ser humano. Portanto, Deus só tem sentido se irromper da própria estrutura desejante do ser humano.

Despatriarcalização do imaginário e da linguagem

Ocorre, entretanto, o fato cultural de essa suprema Realidade – o *Reale realissimum* dos pensadores medievais – ter-se expressado no contexto do patriarcado. Deus comparece como masculino. Em consequência, todas as grandes religiões históricas que estruturaram no código patriarcal a sua experiência originária do Divino são reducionistas e nos transmitem uma tradução parcial. O mesmo aconteceu com as instituições religiosas. O imaginário, a linguagem, os símbolos, os ritos e os textos fundadores destas instituições trazem a marca da cultura masculina.[1] Por isso, essas linguagens devem ser não apenas desmitologizadas, mas, fundamentalmente, precisam ser despatriarcalizadas. Só desta forma podem hoje ainda se legitimar e manter o seu extraordinário valor.

Tal postulado desencadeia um processo de crise e de purificação dolorosa, embora salutar, em todas as religiões, igrejas e hierarquias. Ou se reconstroem sobre bases transexistas, com larga participação das mulheres e com a assunção decidida do princípio feminino, ou se enrijecem nos seus tradicionalismo, antifeminismo e patriarcalismo.

Neste esforço representa grande estímulo a descoberta da tradição do matriarcado e das divindades femininas. Foi mérito do feminismo resgatar essa tradição ancestral e fazê-la valer na cultura e no interior da reflexão religiosa e teológica.[2] Hoje só fazemos justiça à nossa experiência do Divino se a traduzirmos em termos masculinos e simultaneamente femininos. Deus emerge como Pai e como Mãe ou, numa linguagem inclusiva que supera as justaposições, como Pai maternal e como Mãe paternal. Mais radicalmente ainda, muitas feministas falam do Deus e da Deusa. Ou para mostrar a unidade de Deus — que não se divide, como nos seres humanos, em macho e fêmea —, escrevem-no da seguinte forma: Deus/a. Entretanto, tal formulação só é compreensível na escrita, não, porém, no uso linguístico e litúrgico. Mas ambas as expressões remetem a uma realidade que ultrapassa as determinações sexuais, próprias da criação (homem/mulher), recolhendo, no entanto, os valores positivos presentes nesta forma de nomear Deus. A Deusa ressuscita nas mulheres e nos homens que integraram a sua dimensão de *anima* novas experiências e forças inauditas de regeneração, de enternecimento e de integração.

Embora em nome de Deus se tivessem cometido crimes inacreditáveis ao longo da história, vitimando, por séculos, as mulheres, somos de opinião que não se pode renunciar à palavra Deus.

Deus é necessariamente identificado com o masculino, não pelo menos numa visão teológica que deixa para trás a compreensão usual das palavras. Tem, sim, a ver com uma categoria-limite que transcende todas as categorizações. É a palavra mais alta da linguagem humana para significar a Fonte de onde tudo procede e o Útero que tudo acolhe. Esta Realidade suprema é expressa tanto pelo feminino quanto pelo masculino. Melhor seria se lográssemos expressá-la com as virtudes de ambos os princípios. Quem sabe, escrever e dizer Deus-Ele ou Deus-Ela? Mas, a rigor, isso não melhora a nossa compreensão. Mais avisado seria manter a palavra Deus com o rico significado semântico que lhe advém do sânscrito (*di*) e do grego (*theós*): a luminosidade que se irradia na nossa vida o significado de *di* em sânscrito; ou a solicitude e o enternecimento com todos os seres, queimando com a sua bondade toda malícia, qual fogo purificador – o sentido originário de *theós* em grego.[3]

Finalmente, cumpre, na medida do possível em teologia, buscar o rigor epistemológico e termos presente que, com referência a Deus, se trata sempre de metáforas limitadas e redutoras que jamais colhem o Mistério que tudo circunda e penetra e, diante do qual, melhor faríamos silenciar que falar.

Mas o mais importante foi a tarefa que as mulheres se impuseram: como pensar o Divino, a revelação, a salvação, a graça, o pecado, os símbolos e as festas a partir da sua própria experiência e, mais vastamente, a partir do feminino.[4] No contexto da Teologia da Libertação, a questão se coloca dessa forma: como pensar Deus e a sua graça a partir da mulher pobre, oprimida e excluída?

Nesse campo houve contribuições notáveis. Primeiro, as mulheres mostraram o quanto é patriarcal e masculinista o discurso, dito normal e oficial, que penetrou seja na socialização infantil e nos discursos oficiais, seja nas elaborações mais intrincadas da teologia erudita.[5] Raramente os teólogos-homens conscientizaram o seu lugar social-sexual-patriarcal. A grande maioria estima que a teologia produzida pela comunidade pensante masculina seja a teologia pura e simples. Mas não, ela é parcial. Representa apenas a elaboração que os homens fazem do Sagrado a partir da sua experiência de homens, bem diversa daquela projetada pelas mulheres. Normalmente a teologia masculina é discursiva, racional, objetivista e sistêmica, em distinção da teologia feminina, que se apresenta mais narrativa, biográfica, aberta e perpassada de emoção e de experiência espiritual.

Ao nomear o Divino a partir da sua experiência de mulheres — de mulheres oprimidas —, elas puderam revelar dimensões teológicas insuspeitadas, somente possíveis porque elaboradas e ditas por elas mesmas. Com isso o discurso religioso e teológico enriqueceu-se enormemente, propiciando aos professantes da fé uma experiência mais completa e global de Deus e dos mistérios divinos.

Uma coisa é dizermos Deus-Pai. Nessa palavra ressoam arquétipos ancestrais ligados à ordem, ao poder, à justiça, a um plano divino. A moralidade se estrutura ao redor do bem e do mal, do prêmio e do castigo, do céu e do inferno. Outra coisa é dizer Deus-Mãe. Nessa invocação emergem experiências originárias e desejos arcaicos de aconchego, de útero acolhedor, de misericórdia e de amor incondicional. A moralidade se funda não a partir de um sujeito moral abstrato ou em leis e separações, mas em inclusões e na teia de relações que tudo conecta e ordena com cuidado e respeito. Assumimos, pois, os seres humanos existentes nas suas relações reais de subordinação, dependência, opressão e que clamam por libertação concreta. A moral, na perspectiva feminista, é um processo de resgate da vida à medida que todos têm acesso igualitário e legítimo aos meios de subsistência e às condições que permitem o florescimento das potencialidades humanas.

Deus-Mãe reconduz todos os seus filhos e filhas, por mais dispersos que estejam, quais ovelhas ao seu redil. Onde a religião do Pai introduz o inferno, a religião da Mãe faz valer o perdão irrestrito que abre caminho para uma absoluta realização do Reino de todos e para todos. Não sem razão, sentimentos de reconciliação são associados à mãe, enquanto sentimentos de dissociação, ao pai. Isso vale também na experiência com a Realidade última e transcendente.

Onde está a questão teológica

Queremos agora nos voltar, diretamente, à questão teológica.[6] A teologia como saber específico que fala de Deus, a Deus e sobre todas as coisas a partir de Deus coloca as seguintes questões: em que medida o feminino e o masculino são caminhos da humanidade para Deus? E em que medida o feminino e o masculino são caminhos de Deus para a humanidade? Em termos mais simples: em que medida o feminino/masculino revela Deus e em que medida Deus se revela no feminino/masculino?

Evidentemente, estas questões são relevantes para as pessoas e grupos que colocam a questão de Deus. Entretanto, não são introduzidas de fora. Emergem da própria radicalidade do pensamento sobre o masculino/feminino. Recordemos o que afirmávamos anteriormente: o feminino/masculino, enquanto princípio, transcende qualquer conceituação e entra na dimensão do mistério. Há, portanto, certa afinidade entre a realidade Deus e a realidade feminino/masculino, embora Deus sempre desborde de qualquer aproximação e analogia.

Se o feminino e o masculino representam perfeições, então podemos afirmar que eles, em último termo, se ancoram em Deus. Deus tem dimensões masculinas e femininas. Se assim é, então o feminino e o masculino possuem dimensões divinas, perdem-se para dentro de Deus. Estas afirmações são coerentes e possuem consistência mesmo quando não definimos os seus conteúdos concretos.

A teologia projeta ainda uma questão radical: qual é o quadro derradeiro do feminino e do masculino? Ou melhor: qual é a utopia terminal do feminino e do masculino? No dito cristão: a que são chamados, no plano último de Deus, o feminino e o masculino? Esta questão, no âmbito da teologia, é irrenunciável.[7] Embora o seu tratamento na teologia convencional e manualística não ganhe muito espaço — talvez num escólio, isto é, questão menor e marginal —, ela deve ser colocada, especialmente, com referência à mulher, tornada invisível em quase todos os aspectos.

As respostas variam de acordo com as religiões e as culturas e não é o caso de aqui compendiarmos sequer as suas linhas dominantes.[8] Numa formulação extremamente abstrata e generalista, mas verdadeira, podemos dizer que todas as religiões, por caminhos os mais diversos e com representações as mais diferentes, prometem uma plenitude e uma eternização da existência humana masculino-feminina para além desta história que nos toca viver, em comunhão e fusão com a Realidade última.

A nossa reflexão, no entanto, se atém ao discurso cristão com o qual estamos mais familiarizados, porquanto aí a questão, na reflexão ecumênica dos homens, mas principalmente das mulheres, foi projetada de forma consciente e explícita. Vejamos antes de mais nada como nas fontes judaico-cristã — os textos do Primeiro e do Segundo Testamento — emerge a questão do gênero.[9]

As escrituras patriarcais falam do feminino

Fundamentalmente importa reconhecermos que a tradição espiritual judaico-cristã vem expressa predominantemente no código patriarcal. O Deus do Primeiro Testamento é vivido mais como o Deus dos Pais, Abraão, Isaac e Jacó, e menos como o Deus de Sara, de Rebeca e de Miriam. No Segundo Testamento, Deus é Pai de um Filho único que se encarnou numa virgem. A Igreja que se derivou da sua herança é dirigida exclusivamente por homens que detêm todos os meios de produção simbólica. A mulher foi considerada, por séculos, como *non persona* jurídica e até hoje é excluída sistematicamente de todas as decisões do poder religioso. A mulher pode ser mãe de um sacerdote ou de um bispo, mas jamais poderá aceder a estas funções. O homem, na figura de Jesus de Nazaré, foi divinizado, enquanto a mulher é mantida como simples criatura, embora na figura de Maria seja elevada a Mãe de Deus.

Apesar de toda esta concentração masculina e patriarcal, há um texto do Gênese verdadeiramente revolucionário, pois afirma a igualdade dos sexos e a sua origem divina. Trata-se do relato sacerdotal – *Priesterkodex* –, escrito por volta do século VI-V a.C. Aí o autor afirma de forma contundente: "Deus criou a humanidade – *adam*, em hebraico, significa os filhos e filhas da Terra, derivado de *adamah*, que quer dizer terra fértil – à sua imagem... criou-os homem e mulher" (Gn 1, 27).

Como depreendemos, aqui se afirma a igualdade fundamental dos sexos; ambos lançam a sua origem em Deus mesmo, a Realidade suprema. Deus só pode ser conhecido pela via da mulher e pela via do homem. Qualquer redução deste equilíbrio distorce o nosso acesso a Deus e desnatura o nosso conhecimento do ser humano, homem e mulher.

No Segundo Testamento encontramos em São Paulo a formulação da igual dignidade dos sexos: "Não há homem nem mulher, pois todos são um em Cristo Jesus" (Gl 3, 28). Num outro lugar, diz claramente: "Em Cristo não há mulher sem homem nem homem sem mulher; como é verdade que a mulher procede do homem, é também verdade que o homem procede da mulher e tudo vem de Deus" (I Cor 11,12).

Além disso, a mulher não deixou de aparecer ativamente nos textos fundadores. Nem poderia ser diferente, pois sendo o feminino estrutural, ele sempre emerge de uma forma ou de outra. Assim, na história de Israel surgiram mulheres politicamente ativas como Miriam, Ester, Judite, Débora ou as anti-heroínas como Dalila e Jesabel. Ana, Sara e Rute serão sempre lembradas benfazejamente pelo povo. Inigualável é o idílio que cerca o amor entre o homem e a mulher no Cântico dos Cânticos. A partir do século III a.C. a teologia judaica elaborou uma reflexão sobre a graciosidade da criação e da eleição do povo na figura feminina da divina Sofia (Sabedoria; cf. todo o livro da Sabedoria e os primeiros dez capítulos do livro dos Provérbios). Bem o expressou a conhecida teóloga feminista E. S. Fiorenza: "A divina Sofia é o Deus de Israel na figura da deusa."[10]

Mas o que penetrou no imaginário coletivo da humanidade de forma devastadora foi o relato antifeminista da criação de Eva (Gn 1, 18-25) e da queda original (Gn 3, 1-19: literariamente o texto é tardio, por volta do ano 1000 ou 900 a.C.). Segundo o relato, a mulher é formada da costela de Adão, que, ao vê-la, exclama: "Eis os ossos dos meus ossos, a carne da minha carne; chamar-se-á varoa (*ishá*) porque foi tirada do varão (*ish*); por isso o varão deixará pai e mãe para se unir à sua varoa: e os dois serão uma só carne"(Gn 2, 23-25). O sentido originário objetivava mostrar a unidade homem/mulher e fundamentar a monogamia. Entretanto, esta compreensão, que em si deveria evitar a discriminação da mulher, acabou por reforçá-la. A anterioridade de Adão e a formação a partir da sua costela foi interpretada como superioridade masculina. O relato da queda é mais contundentemente antifeminista: "Viu, pois, a mulher que o fruto daquela árvore era bom para comer (...) tomou do fruto e o comeu; deu-o também ao seu marido e ele comeu; imediatamente se lhes abriram os olhos e se deram conta de que estavam nus" (Gn 3, 6-7). O mito quer etiologicamente mostrar que o mal está do lado da humanidade e não do lado de Deus. Mas articula essa ideia de tal forma que trai o antifeminismo da cultura vigente naquele tempo. No fundo compreende-se a mulher como sexo fraco, por isso ela caiu e seduziu o homem. Daí a razão do seu submetimento histórico, agora ideologicamente justificado: "Estarás sob o poder do teu marido e ele te dominará" (Gn 3, 16). Eva será, para a cultura patriarcal, a grande sedutora e a fonte do mal.

Há uma leitura mais radical, provavelmente mais coerente com a luta dos gêneros, apresentada por duas conhecidas teólogas feministas, Riane Eisler e Françoise Gange.[11] Segundo ambas as autoras, o relato atual do pecado original representa a releitura patriarcal do relato originário matriarcal. Seria uma espécie de processo de culpabilização das mulheres no esforço de arrebatar-lhes o poder e consolidar o domínio patriarcal. Os ritos e símbolos sagrados do matriarcado são diabolizados e retroprojetados às origens na forma de um relato primordial com a intenção de apagar totalmente os traços do relato feminino anterior. Isso foi feito com tal sucesso, que até os dias de hoje nos perguntamos se efetivamente existiram as deusas-mães e uma fase matriarcal da humanidade.

O atual relato do pecado original acontecido no paraíso terreno coloca em xeque quatro símbolos fundamentais da religião das grandes mães.

O primeiro símbolo a ser atacado é a própria mulher, que na cultura matriarcal representava o sexo sagrado, gerador de vida. Como tal a mulher simbolizava a Grande-Mãe, a suprema divindade.

Em segundo lugar, desconstrói-se o símbolo da serpente, considerado o atributo principal do Deus-Mãe. Ela representava a sabedoria divina, que se renovava sempre como a pele da serpente.

Em terceiro lugar, desfigura-se a árvore da vida, sempre tida como um dos símbolos principais da vida. Ligando como toda árvore o céu e a terra, ela continuamente renova a vida, como fruto melhor da divindade e do universo. O Gênese (3,6) diz explicitamente: "A árvore era boa para se comer, uma alegria para os olhos e desejável para se agir com sabedoria."

Em quarto lugar, destrói-se a relação homem-mulher, que originariamente constituía o coração da experiência do sagrado. A sexualidade era sagrada, pois possibilitava o acesso ao êxtase e ao conhecimento místico.

Ora, o que faz o atual relato do pecado original? Inverte totalmente o sentido profundo e verdadeiro desses símbolos. Dessacraliza-os, diaboliza-os e os transforma de bênção em maldição. Vejamos como.

A mulher é eternamente maldita, feita um ser inferior, tentadora e sedutora do homem. Ela sente-se atraída pelo homem, pelo seu desejo sexual, apresentado negativamente. O texto bíblico diz explicitamente que "o homem a dominará"(Gn 3, 16). O poder da mulher de dar a vida é transformado numa maldição e realizado entre sofrimentos (Gn 3, 16). Como se depreende, a inversão é total e de grande perversidade.

A serpente é maldita e feita símbolo do demônio. O símbolo principal da mulher é transformado no seu inimigo figadal, pois ela lhe esmagará a cabeça, como afirma o relato do Gênese (3, 15).

A árvore da vida e da sabedoria cai sob o signo do interdito. Antes, na cultura matriarcal, comer da árvore da vida era se imbuir de sabedoria. Agora, comer dela significa um perigo mortal, anunciado pelo próprio Deus e sancionado pelos fatos. A partir de então a árvore da vida é substituída pelo lenho morto da cruz, símbolo do sofrimento redentor de Cristo.

O amor sagrado entre o homem e a mulher é substituído pelo casal, do qual o homem é o chefe e a mulher é rebaixada e ridicularizada. Daí para frente se tornou impossível uma leitura positiva da sexualidade, do corpo e da feminilidade.

Assim se operou uma desconstrução total do mito anterior, feminino e sacral. Este novo relato das origens é que vai determinar todas as significações posteriores. Todos somos, bem ou mal, reféns deste relato adâmico, antifeminista e culpabilizador.

O trabalho das teólogas é libertador: tanto mostra o caráter construído do atual relato vigente, centrado sobre a dominação, o pecado e a morte, quanto propõe uma alternativa mais originária e positiva, em que apareça uma relação nova com a vida, com o poder, com o sagrado e com a sexualidade.

Essa interpretação não visa à repetição de uma situação passada, mas, ao resgatar o matriarcado, busca encontrar um ponto de equilíbrio maior entre os valores masculinos e femininos para os dias atuais. Estamos assistindo a uma mudança de paradigma nas relações masculino/feminino. Esta mudança deve ser consolidada com um pensamento mais profundo e integrador, que traga uma qualidade de realização e de felicidade pessoal e coletiva maior que aquela até hoje alcançada. Mas isso só conseguiremos desconstruindo relatos que destroem a harmonia masculino/feminino e construindo novos símbolos que inspirem práticas civilizatórias humanizadoras para ambos os sexos.

Jesus, amigo do gênero feminino, aprendeu das mulheres

Jesus é judeu e não cristão, mas rompeu com o antifeminismo da sua tradição religiosa.[12] Considerando a sua gesta e palavras, percebe-se que ele está ligado a tudo o que pertence à esfera do feminino em oposição aos valores do masculino cultural, centrado na conquista e no submetimento dos outros. Ele encarna o que Blaise Pascal chamaria *esprit de finesse* (espírito de finura e gentileza, em francês) em contraposição ao *esprit de géometrie* (espírito de cálculo e de interesse, idem). Em Jesus se encontram, com frescor originário, sensibilidade, capacidade de amar e perdoar, ternura para com os pobres e oprimidos, compaixão com os sofredores deste mundo, abertura indiscriminada a todos, especialmente a Deus, experienciado como Paizinho querido (*Abba*). Jesus vive cercado de discípulos homens e mulheres. Desde o início da sua pregação peregrinante, as mulheres o seguem (Lc 8, 1-3; 23, 49; 24, 6-10).

Em razão da utopia que prega – o Reino de Deus que implica uma libertação de todo tipo de opressão –, Jesus quebra vários tabus que pesavam sobre as mulheres. Mantém uma profunda amizade com Marta e Maria (Lc 10, 38); subvertendo o *ethos* do tempo, conversa publicamente com uma herege samaritana, a sós, junto ao poço de Jacó, causando perplexidade aos discípulos (Jo 7, 53-8,10), e deixa-se tocar e ungir os pés por uma conhecida prostituta, Madalena (Lc 7, 36-50). São várias as mulheres que foram beneficiadas com o seu cuidado e carinho: curou-as, como a sogra de Pedro (Lc 4, 38-39), a mãe do jovem de Naim – ressuscitado por Jesus (Lc 7, 11-17) –, a filhinha morta de Jairo, oficial romano (Mt 9, 1829), a mulher corcundinha (Lc 13, 10-17), a pagã siro-fenícia, cuja filha, psiquicamente doente, foi libertada (Mc 7, 26), e a mulher que sofria há 12 anos de um fluxo de sangue (Mt 9, 20-22). Todas foram curadas e consoladas.

Nas suas parábolas ocorrem muitas mulheres especialmente pobres, como a que extraviou a moeda (Lc 15, 8-10), a viúva que depositou os únicos trocados que tinha no cofre do templo

(Mc 12, 41-44), a outra viúva, corajosa, que enfrentou o juiz (Lc 18, 1-8). Estas mulheres nunca são apresentadas como discriminadas, mas com toda a sua dignidade, à altura dos homens. A crítica que faz da prática social do divórcio, pelos motivos mais fúteis, e a defesa do laço indissolúvel do amor (Mc 10, 1-10) representam intervenções nitidamente em favor da dignidade da mulher.

Se admiramos a sensibilidade feminina de Jesus, o seu enternecimento diante dos pobres e oprimidos, o seu profundo sentido espiritual da vida, a ponto de ver a sua ação providente em cada detalhe da vida, nos lírios do campo e nos sinais atmosféricos, então devemos também supor que ele aprofundou esta dimensão após o seu contato com as mulheres, aprendendo com elas e vendo a realidade a partir da sensibilidade delas.

Resumindo, a mensagem e a prática de Jesus significam uma ruptura com a situação imperante e a introdução de um novo tipo de relação, fundado não na ordem patriarcal da subordinação, mas no amor indiscriminado que inclui a igualdade entre o homem e a mulher. A mulher irrompe como pessoa, filha de Deus, destinatária do sonho de Jesus e convidada a ser, como os homens, também discípula e membro da nova comunidade messiânico-libertadora.

Um dado da pesquisa recente vem confirmar e aprofundar essa constatação. A descoberta dos textos de Nag Hammadi, em 1945, no norte do Egito, quase todos da época do Novo Testamento, trouxe à luz um outro Jesus. Tais dados são ignorados pelo grande público e insuficientemente incorporados na produção teológica comum.[13] Assim, dois desses textos, chamados evangelhos apócrifos por não constarem no cânon oficial do Novo Testamento — o Evangelho de Maria e o Evangelho de Filipe —, mostram uma relação extremamente aberta de Jesus com respeito à afetividade.

No Evangelho de Filipe está dito que ele entretinha uma relação especial com Maria de Mágdala, chamada de "companheira" (*koinonos*). No Evangelho de Maria, Pedro confessa: "Irmã, nós sabemos que o Mestre te amou diferentemente das outras mulheres"[14] e Levi reconhece que "o Mestre a amou mais que a nós".[15] Ela vem apresentada como discípula querida de Jesus e como a sua principal interlocutora, comunicando-lhes ensinamentos subtraídos aos discípulos. Das 46 perguntas que os discípulos colocam a Jesus, depois da sua ressurreição, 39 são feitas por Maria de Mágdala.

O Evangelho de Filipe diz ainda: "Três estavam sempre com o Mestre, a sua mãe, Maria, a sua irmã e a mulher de Mágdala, chamada de a sua 'companheira'." Mais adiante, particulariza afirmando: "O Senhor amava Maria mais que todos os demais discípulos e a beijava com frequência na boca. Os discípulos, ao verem que a amava, perguntavam-lhe: 'Por que amas a ela mais que a todos nós?' O Redentor lhes respondia dizendo: 'O quê? Eu não devo amar a ela tanto quanto a vocês?'"[16]

Embora estes relatos possam ser interpretados no sentido espiritual dos gnósticos, pois essa é a sua matriz, não devemos, diz um especialista,[17] excluir um fundo histórico verdadeiro, a saber: uma relação concreta e carnal de Jesus com Maria de Mágdala, base para o sentido espiritual.

O Evangelho de Maria, de J. Y-Leloup, diz:

Segundo o ditado dos antigos, "tudo aquilo que não é assumido não é salvo". Se Jesus, considerado o Messias, o Cristo, não assume a sexualidade, esta não é salva. Ele não é mais o Salvador no sentido pleno do termo e é uma lógica mais de morte que de vida que se instalará no cristianismo — particularmente no cristianismo romano-ocidental: o Cristo não assumiu a sua sexualidade, portanto, a sexualidade não é "salva", portanto, a sexualidade é má, portanto assumir a sua sexualidade pode ser degradante e pode então nos tornar "culpados". A sexualidade assim culpabilizada pode se tornar perigosa, tornar-nos efetivamente doentes. O instrumento cocriador da vida que nos fazia existir "em relação", "à imagem e semelhança de Deus", torna-se assim, logicamente, um instrumento de morte. O Evangelho de Maria, como o de João e o de Filipe, nos lembra que Jesus era capaz de intimidade com uma mulher. Esta intimidade não era somente carnal, ela era afetiva, intelectual, espiritual; trata-se mesmo de salvar, quer dizer, de tornar livre o ser humano na sua inteireza, e isto, introduzindo a consciência e o amor em todas as dimensões do seu ser. O Evangelho de Maria, lembrando o realismo da humanidade de Jesus na sua dimensão sexuada, nada tira do realismo da sua dimensão espiritual, "pneumática" ou divina.

Este fato real serviria de base para a compreensão simbólica de que o contato corporal de Jesus com Maria de Mágdala seria o sinal terrestre da união celeste com Deus. O par celestial, masculino e feminino, representaria o resgate da essência andrógina do começo. Por que não? Há algo mais sagrado que o amor efetivo entre um homem – o Filho do Homem, Jesus – e uma mulher?[18]

De todas as formas, Jesus inaugurou um novo tempo nas relações homem/mulher. Cabe, entretanto, reconhecermos que não basta o princípio libertador. Precisa-se criar as condições ideológicas, econômicas e políticas para a sua implementação histórica,[19] que somente nos dias atuais, lentamente, estão ocorrendo à revelia da Igreja institucional que persiste na negação da memória "perigosa" de Jesus.

Mesmo assim importa ressaltarmos que o sonho originário nunca se perdeu totalmente. Houve pelo menos dois momentos no cristianismo, entre outros, em que o feminino e o masculino ganharam expressão exemplar. O primeiro ocorreu com Robert d'Abrissel (1045-1116), fundador de uma das maiores abadias da cristandade em Fontevraud no vale do Loire. Partindo do fato de que ao pé da cruz estavam mulheres e o evangelista João (Jo 19,25-27), deduziu que homens e mulheres deveriam conviver fraternalmente. Assim, fundou uma abadia onde coexistiam monges e monjas. Ele mesmo passava as noites entre as mulheres para mostrar a convivência entre os sexos. Confiou a direção da imensa abadia a uma abadessa e os demais priores estavam subordinados a ela. Este regime funcionou até a revolução francesa.

Outro momento importante para uma vivência nova entre os gêneros foi a relação afetiva profunda entre Francisco de Assis e Clara. O amor humano culminava no amor divino e a mesma opção pela altíssima pobreza unia os seus corações. Tais exemplos continuam servindo de referência valorativa para muitos cristãos e religiosos.

Igualdade e subordinação: contradições da cristandade

O cristianismo posterior não conseguiu manter a ruptura instauradora de Jesus e de São Paulo. Ele sucumbiu à cultura dominante que subordinava a mulher ao homem.[20] O próprio Paulo, contradizendo o princípio da igualdade, bem formulado por ele (Gal 3, 28), pôde dizer, consoante o código patriarcal: "O homem não procede da mulher e sim a mulher do homem; nem o homem foi criado para a mulher, senão a mulher para o homem; deve, pois, a mulher usar o sinal de sua submissão – o uso do véu" (I Cor 11, 10).

Esses textos serão brandidos pelos séculos afora contra a libertação das mulheres, constituindo o cristianismo histórico, principalmente o de vertente romano-católica, um bastião de reacionarismo e de patriarcalismo.[21] Ele não vive profeticamente a sua própria verdade e em nome dela não resgata a memória libertária das origens, nem contesta a cultura dominante. Deixa-se apenas assimilar por ela, criando ainda um discurso ideológico de sua naturalização e, assim, da sua legitimação.

A essa ideologização de transfundo bíblico-teológico ainda foi acrescentada outra de ordem biológica. Admitia-se, antigamente, que o princípio ativo no processo de geração de uma nova vida dependia totalmente do princípio masculino. E daí vinha a questão: se tudo depende do homem, por que então nascem mulheres e não só homens? A resposta, reputada científica pelos medievais, era a de que a mulher é um desvio e uma aberração do único sexo masculino. Em razão disso, Tomás de Aquino, repetindo Aristóteles, considerava a mulher como um *mas occasionatus* (homem deficiente), mero receptáculo passivo da força generativa única do varão. Argumentava ainda: "A mulher necessita do homem não somente para engendrar, como fazem os animais, senão também para governar, porquanto o homem é mais perfeito pela sua razão e mais forte pela sua virtude."[22]

Essas discriminações, embora sobre outras bases, agora psicológicas, ressoam modernamente, para perplexidade geral, nos textos de Freud e de Lacan. Com razão se diz que a mulher é a última colônia que ainda não logrou a sua libertação.[23]

O sonho igualitário das origens sobreviverá em grupos de cristãos marginais ou entre os considerados hereges,[24] ou então é projetado para a escatologia, no termo da história humana. Dentre estes, o grupo cristão mais coerente em termos da equivalência dos sexos foi a Sociedade Unida dos Crentes na Segunda Aparição de Cristo, os *Shakers* de origem inglesa (1770), depois imigrados para os EUA (1774). Para eles tudo era andrógino. Deus era masculino/feminino, bem como a antropologia, a cristologia, a eclesiologia e a organização social. Para eles, a encarnação em Jesus foi incompleta, pois assumiu apenas o masculino; deve-se esperar a encarnação no feminino para completar o resgate pleno do ser humano.

Assim, foi preciso esperar os movimentos libertários feministas europeus e norte-americanos, a partir de 1830, para fazer valer o antigo sonho cristão. À luz dos ideais do Iluminismo que afirmavam a igualdade original e natural entre homens e mulheres, Sarah Grimké pôde escrever as suas *Letters on the Equality of the Sexes and the Condition of Woman (1836-1837)*, inspiradas nos textos bíblicos libertários e, em 1848, em Seneca Falls, Nova York, as líderes cristãs feministas podiam desenhar a *Declaration of the Rights of Women,* calcada sobre a *Declaration of Independence* dos EUA e, finalmente, começar a publicar em 1859 *The Woman's Bible* em Seattle.[25] A partir daí, formou-se as irrefreáveis ondas do feminismo e do ecofeminismo modernos, movimentos seguramente dos mais importantes no questionamento da cultura patriarcal nas igrejas e nas sociedades e na apresentação de um novo paradigma civilizacional.

Princípios teológicos para um equilíbrio dos gêneros

Ao termo desta questão convém, apesar das contradições internas das fontes judaico-cristãs, listar alguns princípios positivos que reforçam a luta histórica dos homens e das mulheres rumo a um equilíbrio dos gêneros.

Igualdade originária entre homem e mulher

Esse princípio é claríssimo na primeira página da Bíblia, no livro do Gênese: "Deus criou o ser humano à sua imagem, macho e fêmea Ele os criou" (l, 27). No Segundo Testamento, centrado na figura do Cristo, se diz: "Não há homem nem mulher, todos são um em Cristo Jesus" (Gal 3, 28).

Diferença e reciprocidade entre homem e mulher

Dentro da igualdade se instaura a diferença, entendida como abertura de um ao outro, vale dizer, como reciprocidade. O relato mais arcaico do Gênese (2, 18-23), de tendência geral fortemente masculinizante, acentua essa reciprocidade. Eva, embora tirada da costela (lado) de Adão, não é apresentada como a mulher com quem este vai ter filhos, nem como serva da casa, mas como o seu par e interlocutora. O modismo hebraico para expressar essa mutualidade vem expresso pelas palavras de Adão: "Eis alguém que é osso dos meus ossos e carne da minha carne" (Gn 2, 24). No Cântico dos Cânticos se diz belamente: "Meu amado é para mim e eu sou para o meu amado" (2, 16). O próprio Paulo, tão contraditório quanto às relações de gênero, pôde expressar assim a reciprocidade: "O marido cumpra o dever conjugal para com a mulher e, igualmente, a mulher para com o marido" (I Cor 7,4).

Homem e mulher, caminhos para Deus

Se homem e mulher são imagem e semelhança de Deus, isto significa que Deus é encontrado neles. Aprofundando o conhecimento do humano, do masculino e feminino, surpreendemos Deus cuja natureza apresenta as qualidades positivas de ambos os princípios — masculino e feminino —, analisados anteriormente.

Efetivamente, mesmo as fontes patriarcais souberam expressar a Realidade suprema sob a forma não só de pai, mas também de mãe, de sabedoria, de útero e de força generativa universal.

Em termos rigorosos da teologia, quando dizemos Deus-Pai não dizemos algo diferente do que quando dizemos Deus-Mãe. Por pai e mãe pretendemos, teologicamente, expressar que a vida e a inteira criação têm a sua origem em Deus e que se encontram sempre sob o cuidado e a providência amorosa Dele. Isso pode ser perfeitamente expresso pelas categorias pai e mãe.[26] Portanto, temos sempre um caminho aberto para Deus, pela nossa própria humanidade una e diversa, masculina e feminina. Destruindo o humano, perdemos Deus. Perdendo Deus, perdemos o sentido derradeiro de todas as coisas.

Homem e mulher, caminho de Deus

A imagem (ser humano) remete ao modelo (Deus). Se Deus mesmo tem dimensões masculinas e femininas, então é sob essa forma que Ele se revela e se autocomunica na história. Nos textos judaico-cristãos, Deus aparece como criador e ordenador, triunfador sobre todos os obstáculos, e garante o fim bom de todas as coisas. Mas também se mostra como energia criadora primordial, como aquele que acompanha, cuida, protege e ama enternecidamente. Como a mãe que consola (Is 66, 13), a mãe incapaz de esquecer o filho das suas entranhas, que somos cada um de nós (Is 49, 15; Sl 25, 6; 116, 5), e que, no termo da história, como a grande e generosa mãe, enxugará as nossas lágrimas, cansados que estamos de tanto chorar pelos absurdos que não entendemos (Ap 21, 4). O feminino e masculino são caminhos de Deus para conosco.

Há ainda um dado singular ao cristianismo que nos ajuda a aprofundar o fundamento divino do masculino e feminino. A maneira de nomear Deus no cristianismo é na forma de Trindade de divinas Pessoas – Pai, Filho e Espírito Santo.[27] As Pessoas na compreensão trinitária significam relações de reciprocidade, de comunhão, de mutualidade, de inclusão; numa palavra, de amor. Deus emerge como um jogo de energias originárias e eternas que somente existem à medida que são uma para a outra, com a outra, pela outra e jamais sem a outra. Nenhuma delas pode ser substantivada em si sem as outras. Onde está uma, estão simultaneamente todas as outras. Mesmo quando, no caso da segunda Pessoa – o Filho – ter-se encarnado em Jesus de Nazaré, ela traz consigo as outras duas. É o que a teologia chama de pericorese, quer dizer, a inter-retrorrelação e interpenetração das Pessoas divinas entre si. Esse jogo de relações é tão completo que constitui um único movimento, uno e diverso. Ele funda um outro tipo de unidade divina, não dada previamente a tudo, mas sempre se construindo pelo jogo das reciprocidades e das inclusões. Por isso dizemos que a essência íntima de Deus não é a solidão de uma única natureza ou substância dada, mas a comunhão de distintos que, pela relação recíproca, se "unificam", ficam um.

Quando dizemos Trindade, no fundo queremos dizer: o Deus que está acima de nós chamamos de Pai, o Deus que está ao nosso lado chamamos de Filho e o Deus que está dentro de nós chamamos de Espírito Santo. Não são três deuses – porque Deus não se multiplica –, mas só um e o mesmo Deus que, no âmbito existencial, dessa forma se revela e assim é experienciado.

Se Deus-comunhão é uno e diverso, então a sua imagem no mundo – o homem e a mulher – será também una e diversa, mas em comunhão, em reciprocidade de relação. Jamais se poderá entender o feminino sem o masculino e o masculino sem o feminino. Eles permanecem sempre abertos um ao outro e inclusivos.

Homem e mulher em Deus

Consideramos anteriormente como o ser humano, masculino e feminino, inteiro mas inacabado, só descansa plenamente em Deus. Isto significa: por mais que o homem e a mulher estejam, inarredavelmente, imbricados um no outro e se busquem insaciavelmente, eles não encontram a resposta do seu vazio abissal nessa relação. Antes, pelo contrário, quanto mais ela se aprofunda, mais radicalidade e mútua ultrapassagem solicita. Ambos, pois, são chamados a se autotranscender, na direção daquilo que os pode realmente saciar, isto é, na direção de Deus. Aí repousam e se perdem para dentro do absoluto Amor e da radical Ternura, sem deixarem de ser o que sempre foram e serão, homens e mulheres. É a pátria e o lar da infinita identidade e realização. O feminino encontrará o Feminino frontal e o masculino, o Masculino eterno. Dar-se-á o que todos os mitos narram e todos os místicos testemunham: o casamento definitivo, o festim sem ruptura e a fusão do amado e da amada no Amado e na Amada transformados.

Deus no homem e na mulher

Por mais profundas que sejam as questões que acabamos de suscitar, elas não são, no entanto, suficientemente profundas. Não nos contentamos com o questionamento: o que significa o masculino e feminino para nós no nosso caminho para Deus e como caminho de Deus para nós. Vamos mais longe. Ousamos perguntar: o que significa o masculino e feminino para o próprio Deus?

Responder a esta questão equivale a estabelecer o quadro final (escatológico) do feminino e do masculino, não a partir deles mesmos, mas a partir da Realidade última. No termo do infindável processo de evolução ou no termo do nosso percurso pessoal pela morte, o que poderão esperar o homem e a mulher? E o que Deus preparou para nós? Qual é a nossa configuração terminal? Aqui não apenas nós, seres humanos, somos implicados, mas o próprio Deus.

Já consideramos que Deus é comunhão de divinas Pessoas, cada qual se comunicando absolutamente com as outras. As Pessoas são diferentes para poderem se relacionar umas com as outras, saírem de si em doação às demais e assim se unirem e se unificarem no amor. Essa mesma lógica essencial do Deus-comunhão-de-Pessoas se verifica no ato da criação. Deus-comunhão cria o diferente dele para poder se autocomunicar e se entregar totalmente. Esse é o sentido divino da criação e, no caso de que tratamos aqui, do ser humano enquanto masculino e feminino: criar um receptáculo que pudesse acolher Deus quando esse Deus decidisse sair totalmente de si e entrar no ser humano, homem e mulher.

Deus mesmo encontra uma realização que não tinha em si, uma realização no outro diferente dele. O masculino e feminino propiciam a Deus ser "mais" Deus, ou melhor, ser Deus de forma diferente. Por isso, masculino e feminino são importantes para Deus. Permitem que Deus se faça também masculino e feminino.

Para que pudesse acolher Deus, o próprio Deus dotou o ser humano, homem e mulher, com essa capacidade. Isso significa: deu-lhe um desejo ilimitado e uma sede insaciável pelo Infinito, de tal forma que somente Deus, como Infinito, pudesse ser o objeto secreto do amor, do desejo e da sede insaciável.

Esse ser será um ser trágico porque ontologicamente infeliz e frustrado. Percorrerá os céus e as terras, os abismos e as estrelas, os mistérios da vida e os anelos mais escondidos do coração para identificar o porto onde descansará. Dentro da presente ordem da criação não encontrará em lugar nenhum esse objeto ansiado e desejado. Quando, porém, Deus sai de si e se torna o Infinito dentro do ser humano, então este descansa, pois encontrou o que ardentemente desejava. O cálice preparado para receber o Vinho Precioso fica repleto Deste. O ser humano, homem e mulher, atingiu finalmente a sua plena hominização, fazendo-se um com Deus. Deixará de ser trágico para ser bem-aventurado.

Isso nos faz entender o que a tradição cristã com razão sempre afirmou: "A completa hominização do ser humano supõe a hominização de Deus e a hominização de Deus implica a completa divinização do ser humano."[28] Em outras palavras, o ser humano, homem e mulher, para tornar-se verdadeiramente ele mesmo, deve poder realizar as possibilidades depositadas dentro dele, especialmente essa de poder ser um com Deus, de superar a distância entre Deus e criatura e conhecer uma identificação (ficar idêntico) com Deus. Quando ele chega a tal comunhão e unificação (ficar um) a ponto de formar com Deus uma unidade sem confusão, sem divisão e sem mutação, então atingiu o ponto supremo da sua hominização. Quando isso irrompe, Deus se humaniza e o ser humano se diviniza. Assim, o ser humano é superado infinitamente e realiza a sua natureza de projeto infinito. O termo da antropogênese reside, pois, na teogênese, no nascimento do ser humano em Deus e no nascimento de Deus no ser humano.

Esse evento de ternura deve acontecer em todos os seres humanos, homens e mulheres. A fé cristã viu esse desígnio antecipado e, assim, trazido à plena consciência, no homem de Nazaré, Jesus. Dele dizemos que era o Filho, a segunda Pessoa da Trindade que nele se encarnou, assumindo a nossa realidade humana integral (Jo 1, 14).

Desde então se sabe que o masculino e o feminino, presentes em Jesus, penetraram no mistério mais íntimo de Deus. São parte do próprio Deus. Para sempre e por toda a eternidade. Pouco importa o que ocorrer com o fenômeno humano. Ele já virou Deus e é, por participação, a Realidade última. O masculino explicitamente, porque Jesus era um homem. E o feminino implicitamente, porque estava presente em Jesus como parte da sua humanidade integral, sempre também feminina.

Mas convinha também que o feminino fosse divinizado explicitamente para haver um equilíbrio no desígnio de Deus.[29] Efetivamente o texto bíblico de São Lucas diz claramente que o Espírito, a Terceira Pessoa da Trindade, veio sobre Miriam — Maria de Nazaré — e armou a sua tenda de forma permanente sobre ela (1, 35). O evangelista Lucas usa para a relação de Maria com o Espírito — que, em hebraico, é do gênero feminino, assim revelando uma conaturalidade com Miriam — a figura da tenda (*skené* = *episkiásei*), figura usada também pelo evangelista São João para expressar a encarnação da Segunda Pessoa, o Filho, em Jesus (*skené* = *eskénosen*). Com isso, quis sinalizar a espiritualização — encarnação — do Espírito em Maria. Miriam é elevada à altura do Divino, é feita Deus, por participação. Consequentemente, diz o evangelista Lucas: "É por isso (*dià óti*) que o Santo que nascerá de ti será chamado Filho de Deus" (l, 35). Só é Filho de Deus quem nasceu de alguém que é Deus — por participação. E esse alguém é a beatíssima mulher Maria de Nazaré.

Todas as mulheres, não só Maria, são chamadas a essa divinização, pois todas elas são portadoras desta possibilidade de acolher Deus — o Espírito — em si. Essa possibilidade vai um dia se realizar plenamente. Então cada mulher, ao seu modo, será um com Deus. Este é o seu quadro final e terminal: ser Deus por participação, Deus-Mulher, Deus-Esposa, Deus-Virgem, Deus-Mãe, Deus-Companheira.

Miriam de Nazaré — Maria — é uma amostra antecipada daquilo que será realidade para todas as mulheres. Ela representa a realização individual desta revelação universal. Por ela ganhamos consciência de que o feminino foi divinizado juntamente com o masculino. O feminino, divinizado explicitamente em Maria, carrega consigo uma divinização implícita do masculino presente nela.

Essa divinização do feminino não é apenas apanágio dos cristãos. As grandes tradições espirituais e religiosas afirmam o mesmo evento bem-aventurado sob outros códigos culturais. As diferenças de linguagem testemunham a mesma realidade sagrada. A energia que opera esta identificação do homem e da mulher com Deus é a Kundalini para a Índia, o Yoga para os iogues, o Tao para Lao Tsé, a Sheniká da mística judia da Cabala, o Espírito Santo para a tradição judaico-cristã. Em todas elas tratamos de alcançar uma experiência de não dualidade, de mergulho no Mistério a ponto de nos identificar com ele, sem, contudo, perdermos a própria identidade. Por isso, dizemos: todos somos e seremos Deus por participação.

Essa compreensão não penetrou ainda na consciência oficial das igrejas cristãs, marcadas pelo paradigma patriarcal. Mas sempre esteve presente nos portadores principais da herança espiritual do cristianismo, que é o povo cristão.[30] Este adora Maria como Deus-Mãe. Na arte sacra, nas ladainhas e nas invocações, Maria vem representada com todos os atributos das antigas divindades femininas. Maria é a única grande deusa do Ocidente como o é Kuan Yin do Oriente e o foi Ísis para as culturas antigas mediterrâneas,[31] bem como é Iemanjá para a cultura popular brasileira de tradição afro-brasileira.

Assim chegamos a um perfeito equilíbrio humano-divino. O ser humano na sua unidade e diferença faz parte do mistério de Deus. Não poderemos mais falar de Deus sem falar do homem e da mulher. Não poderemos mais falar do homem e da mulher sem falar de Deus.

O que significa essa imbricação divino-humana, na sua radicalidade última, nos escapa. São mistérios que nos remetem a outros mistérios, mistérios não como limite da razão, mas como o ilimitado da razão, mistérios que não nos metem medo, quais abismos aterradores, mas que nos extasiam, quais píncaros de montanhas. No fundo se trata do único Mistério de comunhão e doação, de ternura e de amor no qual Deus e seres humanos estão indissoluvelmente envolvidos.

Deus não está mais longe de nós, longe de modo nenhum. Ele é a nossa mais profunda e próxima realidade, masculina e feminina. Somos Deus, enquanto homens e mulheres, por graciosa participação.

Notas

1. Cf. Noble, F. D., *A World without Woman,* N. York: Alfred Knopf, 1993; Bornemann, E., *Das Patriarchat,* Frankfurt: Fischer, 1979; Goud-Davis, E., *The First Sex,* N. York: Putman, 1971 (sobre o matriarcado que antecedeu ao patriarcado, daí ser o feminino o primeiro sexo).
2. Há uma enorme literatura sobre o tema. Referiremos apenas a esses importantes: Mulack, Ch., *Die Weiblichkeit Gottes: Matriarchalische Voraussetzungen des Gottesbildes,* Stuttgart: Kreutzverlag, 1983; Sjöö M. e Mor, B., *The Great Cosmic Mother,* São Francisco: Harper San Francisco, 1976; Stone, M., *When God Was a Woman,* N. York: Dial Press, 1976.
3. Santo Tomás de Aquino segue este caminho: *Summa Theologica I q. 113, a.* 8; para toda esta questão veja Johnson, E., *Aquela que é: o mistério de Deus no trabalho teológico feminino,* Petrópolis: Vozes, 1995, pp. 79-94; Gebara, I., *Rompendo o silêncio: Uma fenomenologia feminista do mal,* Petrópolis: Vozes, 2000, pp. 203-238.
4. Veja algumas contribuições: Gebara, I., *Rompendo o silêncio,* op. cit.; Scherzberg, L., *Graça e pecado na teologia feminista,* Petrópolis: Vozes, 1997; Johnson, E., *Aquela que é,* op. cit.; Schüsser Fiorenza, E., *Jesus, Child Sophia's: Critical Issues in Feminist Christology,* N.York: Continuum, 1995; Ruether, R. R., *Woman and Redemption: A Theological History,* Minneapolis: Fortress Press, 1998.

5. Cf. Ruether, R. R., *Sexism and God- Talk: Towards a Feministic Theology*, Boston: Beacon Press, 1983; a crítica mais radical foi feita por Mary Daly, *Beyond God the Father: Towards a Philosophy of Women's Liberation*, Boston: Beacon Press, 1973.
6. Veja o nosso próprio trabalho, O *rosto materno de Deus*, Petrópolis: Vozes, 1988, pp. 73-117, com bibliografia; Rae, E. e Mary-Daly, B., *Created in Her Image: Models of the Femine Divine*, N. York: Crossroad, 1990; Rae, E., *Woman, the Earth, the Divine*, N. York: Orbis Books, 1994.
7. Vejas as nossas reflexões: "O que podemos esperar além do céu?" em *A fé na periferia do mundo*, Petrópolis: Vozes, 1978, pp. 49-56; id., *O despertar da águia: O dia-bólico e o simbólico na construção da realidade*, Petrópolis: Vozes, 1999, pp. 134-142.
8. Veja a obra bem cuidada de Sharma, A., *Women in World Religions*. N. York: State University of New York, 1987; Pikaza, X., *La mujer en las grandes religiones*, Bilbao: Desclée de Brouwer, 1991.
9. A massa de bibliografia especializada sobre o tema é incomensurável. Para um bom resumo e orientação, sejam referidos os estudos de Denise, L. Carmody para o judaísmo e de Rosemary R. Ruether sobre o cristianismo no livro anteriormente citado de Arvind Sharma, *Women in World Religions*, pp. 183-235.
10. Cf. Schüssler Fiorenza, E., *As origens cristãs a partir da mulher*, São Paulo: Paulinas, 1992, p. 167.
11. Eisler, R., Sacred Pleasure, *Sex Myth and the Politics of the Body: New Paths to Power and Love*, São Francisco: Harper San Francisco, 1995; Gange, F., *Les dieux menteurs*, Paris: Editions Indigo-Côté Femmes, 1997.
12. Sobre o tema há muitíssimos títulos; referimos um dos mais originais e recentes de Gange, F., *Jésus et les femmes*, Paris: Seuil, 2000; Schüssler-Fiorenza, E., *Discipulado de iguais*, Petrópolis: Vozes, 1995; Bieberstein, S., *Verschwiegene jüngerinnen – vergessene Zeugnissen: Gebrochene Konzepte in Lukasevangelium*, Göttingen: Universitatsverlag Freiburg Schweiz/Vanderhoeck & Ruprecht, 1998, pp. 25-76 e 279-284.

13. Veja a reunião dos textos traduzidos do copta e do grego para o inglês em Robinson, J. M., *The Nag Hammadi Library in English*, São Francisco: Harper & Row, 1977; veja também algumas investigações baseadas em tais textos: Pifiero, A., *El otro Jesús: Vida de Jesús en los apócrifos*, Cordoba: Ediciones El Almendro, 1993; Pagel, F., *Les évangiles secrets*, Paris: Gallimard, 1982; Gillabert, E., *Jésus et la gnose*, Paris: Dervy, 1981; Tunc, S., *Des femmes aussi suivaient Jésus*, Paris: Desclée de Brouwer, 1998.
14. Citamos aqui a edição de Leloup, J. Y., *O Evangelho de Maria, Míriam de Mágdala*, Petrópolis: Vozes, 1998, folha 10, 2-3.
15. Id., ibid., folha 18, 14.
16. Os textos são citados segundo Piñero, A., *El otro Jesús*, op. cit., p. 113; há um *site* na internet com o texto completo do Evangelho de Filipe: www. metalog.org
17. Id., ibid.
18. Id., ibid., p. 14; veja também para toda esta questão o minucioso livro de Sebastiani, L., *Maria Madalena: de personagem do evangelho a mito de pecadora redimida*, Petrópolis: Vozes, 1995, esp. 20-70.
19. Veja as reflexões críticas de J. M. Aubert, *La mujer: Antifeminismo y cristianismo*, Barcelona: Herder, 1976, pp. 26-32; e 91-94.
20. Veja o clássico livro de Borresen, K. E., *Subordination et équivalence: Nature et rôle de la femme d'après Augustin et Thomas d'Aquin*, Oslo e Paris: Gallimard, 1968; Bucker, B. P., *O feminino da Igreja e o conflito*, Petrópolis: Vozes, 1996, especialmente pp. 140-190.
21. Conhecida é a frase de uma feminista alemã M. Winternitz: "A mulher sempre foi a melhor amiga da religião; a religião, no entanto, jamais foi amiga da mulher."
22. Cf. *Summa Theologica I. q. 92, a.1 ad 4*; *Summa contra Gentiles III*, p.123.
23. Veja o conhecido livro com o mesmo título de M. Mies, *Woman, the Last Colony*, Londres: Zed Books, 1988.
24. Veja um bom resumo sobre este assunto em *Women in World Religions*, op. cit., pp. 227-228.

25. Veja principais textos das feministas dos primórdios dos movimentos europeu e norte-americano, em Moltmann-Wendel, E. (org.), *Frau und Religion*, Frankfurt: Fischer, 1983; Russel, L. M., *Human Liberation in a Feminine Perspective: A Theology*, Philadelphia: The Westminster Press, 1974.
26. Veja as excelentes reflexões do grande teólogo católico Karl Rahner, em Röper, A., *Ist Gott ein Mann? Ein Gespräch mit Karl Rahnei*, Düsseldorf: Patmos, 1979; van Lunen-Chenu, M.- T. e Gibellini, R., *Donna e teologia*, Brescia: Queriniana, 1988; Hunt, M. e Gibellini, R., *La sfida del femminismo alla teologia*, Brescia: Queriniana, 1980; excelentes são os números completos da revista internacional *Concilium* dedicados à questão das mulheres: o n° 202 de 1985, "A mulher invisível na teologia e na Igreja"; o n° 238 de 1991, "Mulher-mulher", e o n° 281 de 1999, "A não ordenação da mulher e a política do poder".
27. Uma reflexão mais detalhada se encontra no meu livro *A Trindade, a Sociedade e a Libertação*, Petrópolis: Vozes, 1979.
28. Veja a articulação dessa ideia em Boff, L., *O evangelho do Cristo cósmico*, Petrópolis: Vozes, 1971; id., *Jesus Cristo libertador: ensaio de cristologia crítica para o nosso tempo*, Petrópolis: Vozes, 1972, pp. 272-275; veja também as boas reflexões de J. Ratzinger, *Introdução ao cristianismo*, São Paulo: Herder, 1970, pp. 189-190.
29. A argumentação teológica dessas afirmações se encontram no meu livro *O rosto materno de Deus*, Petrópolis: Vozes, 1979, pp. 92-117 e difundida nas outras obras minhas; veja também a discussão desta ideia entre as feministas que, na sua grande maioria, não assumiram o quinhão de divindade pertencente à mulher, ficando, por isso, dependentes da divinização do masculino em Jesus, impedindo uma libertação realmente total da mulher: Irigaray, L., "Equal to Whom?" em *Differences* 1 (1989), pp. 69ss; Rae, E., *Women, the Earth, the Divine*, N. York: Orbis Books, 1994, pp. 81-93; Johnson, E., *Aquela que é*, op. cit., pp. 294-302; Burns, J. E., *Cod as Woman, Woman as Cod*, N. York: Paramus, 1973, e outras.

30. Veja as reflexões bem documentadas de Walker, B. G., *Restoring the Coddess*, N. York: Prometheus Books, 2000, pp. 341-356; famosas são as reflexões de C. G. Jung ao mostrar que os católicos no seu inconsciente coletivo e contra a sua Igreja oficial têm Maria como divindade; para toda esta questão veja Unterste, P, "Der Archetypus des Weiblichen in der chritlichen Kultur", em *Die Quartenität bei C. G. Jung*, Zurique: 1972.
31. Veja Blofeld, J., *A deusa da compaixão e do amor: o culto místico de Kuan Yin*, São Paulo: Ibrasa, 1995.

PONTO DE MUTAÇÃO

ROSE MARIE MURARO

7. Os sistemas simbólicos

O ser humano se comunica com o real pelos sentidos e pela capacidade de simbolizar — falar, pensar —, e é por meio desta última que ele transforma a natureza e faz história.

Neste trabalho nos ateremos apenas a essa capacidade que cria os sistemas simbólicos.[1] Esses sistemas abrangem tanto a relação que o ser humano tem para consigo quanto as maneiras como ele se organiza, indo da família aos sistemas econômicos e ao Estado.

A tudo que não constitui os sistemas simbólicos chamaremos de imaginário, não simbolizando as pulsões, emoções, sensações — táteis, auditivas etc.

Essa é a realidade humana. Não temos e nunca teremos acesso ao real como um todo, porque o cérebro da nossa espécie é muito limitado. Não podemos perceber, por exemplo, os raios gama ou percorrer distâncias à velocidade da luz, pois não estamos biologicamente aparelhados para isso.

Então esta realidade limitada que é a realidade humana é "gendrada", como "gendrados" somos todos nós. Porque todos temos um gênero, isto é, somos homens ou mulheres. Para a finalidade deste livro, tomaremos gênero como aquilo que define os seres humanos dentro da realidade simbólica,[2] embora hoje o seu conceito esteja em plena discussão.

Sublinhamos também que gênero não se confunde com sexo — que é o nosso aparelhamento biológico —, que pode ser vivido de várias maneiras: hétero e homossexuais, bissexuais e transgêneros, hermafroditas e incontáveis variações dentro de cada categoria.

Assim, sendo a realidade "gendrada", fabricada pelos homens nestes oito mil anos, os sistemas simbólicos também o são, tanto quanto os sistemas econômicos, as tecnologias e os Estados, embora não pareça, foram construídos pelos homens.

Como esses sistemas se formam a partir das suas raízes? Qual é a ponte do imaginário para o simbólico? Qual é a condição de homens e mulheres no sistema patriarcal? Qual é a articulação entre a sexualidade e o sistema econômico? Estas são as perguntas que responderemos para darmos a base da desconstrução dos sistemas simbólicos masculinos de poder e da formação de uma nova ordem simbólica, não a partir da mulher, mas da própria vida, pois o poder como o conhecemos atualmente, fundado na violência, está destruindo a espécie.

Estamos hoje verdadeiramente num ponto de mutação da humanidade em que o masculino e o feminino tomam um outro sentido, ganham uma outra dimensão, indo até o enfrentamento entre o poder que destrói e a vida que quer nascer. Não são mais dimensões apenas individuais, mas abrangedoras de toda a realidade humana.

Notas

1. Há várias teorias do simbólico, entre elas as mais importantes são as de Jung, de Cassirer e, principalmente, de Jacques Lacan, que estamos usando no presente trabalho.

2. Veja mais sobre o tema nas seguintes obras: Aguiar, Neuma, *Gênero e ciências humanas: desafios desde a perspectiva das mulheres,* Rio de Janeiro: Rosa dos Tempos, 1997; Bruschini, Cristina e Hollanda, Heloísa Buarque de, *Horizontes plurais: novos estudos de gênero no Brasil,* São Paulo: Editora 34, 1998; Bruschini, Cristina, Ardaillon, Danielle, e Unbehaum, Sandra G., *Estudos de Gênero e sobre Mulheres,* São Paulo: Editora 34, 1998; Bruschini, Cristina e Pinto, Céli Regina, *Tempos e lugares de gênero,* São Paulo: Editora 34, 2001; Butler, Judith, "Subjects of Sex/Gender/Desire", em *Gender Trouble,* N. York e Londres: Routledge, 1990; Campbell, Joseph, *As máscaras de Deus,* São Paulo: Palas Athena, 1992 (4 tomos); Coria, Clara, *O sexo oculto do dinheiro,* Rio de Janeiro: Rosa dos Tempos, 1998; id., *Labirinto do êxito,* Rio de Janeiro: Rosa dos Tempos, 1999; Costa, Albertina, *Entre a virtude e o pecado,* Rio de Janeiro: Rosa dos Tempos, 1993; Costa, Albertina e Bruschini, Cristina, *Uma questão de gênero,* Rio de Janeiro: Rosa dos Tempos, 1992; Fausto-Sterling, A., *Myths of Gender,* N. York: Basic Books, 1985; Flax, Jane. *Thinking Fragments: Psychoanalysis, Feminism & Postmodernism in the Contemporary West,* Califórnia: University of Califórnia Press, 1990; Gatens, Moira, *Feminism and Philosophy: Perspectives on Difference and Equality,* Oxford: Polity Press, 1991; Gergen, Mary McCanney, *O pensamento feminista e a estrutura do conhecimento,* Rio de Janeiro: Rosa dos Tempos, 1993; Gomáriz, Enrique, "Fin de sigla: género y cambio civilizatorio", em *Isis Internacional (número especial),* 1992, pp. 83-128; Haraway, Donna, Simians, *Cyborgs and Women: The Reinvention of Nature,* N. York e Londres: Routledge, 1995; Jacoby, Douglas, *The God Who Dared: Genesis: from Creation to Babei,* Maryland: DPI, 1997; Jaggar, Alison M. e Bordo, Susan R., *Gênero, corpo, conhecimento,* Rio de Janeiro: Rosa dos Tempos, 1997; Kessler, Suzannem, e McKenna, Wendy, *Gender: an Ethnomethodological Approach,* N. York: Wiley, 1978; Laqueur, Thomas, *Inventando o sexo: corpo e gênero dos gregos a Freud,* Rio de Janeiro: Relume Dumará, 2001; Reiter, Rayna, *Towards an Anthropology of Women,* N. York: Columbia University

Press, 1979; Schott, Robin May, *Eros e os processos cognitivos,* Rio de Janeiro: Rosa dos Tempos, 1995; Scott, Joan W., "Gênero: uma categoria útil para análise histórica", em *Educação e realidade,* Porto Alegre: 16 (2), 1990; Scott, Joan W, *Women's Studies International: Nairobi and Beyond,* N. York: The Feminist Press (Aruna Rao Ed.), 1991, pp. 11-38; Stoller, Robert, *Masculinidade e feminilidade.* Porto Alegre: Ed. Artes Médicas, 1993; Tubert, Silvia, *Mulheres sem sombra,* Rio de Janeiro: Rosa dos Tempos, 1997.

8. Vida e morte: o ser inacabado

Sabemos que o animal humano é diferente de todos os outros. Sua especificidade consiste em ser o único espécime do reino animal capaz de transformar a natureza.

Situemos primeiro os humanos dentro da evolução biológica. A lei da vida é uma só: o animal nasce, amadurece e morre. Uma das mais importantes descobertas da física do fim do século XX é a do físico russo Illya Prigogine, que provou, com uma matemática extremamente elegante, que as estruturas vivas — a que chama estruturas dissipativas — se alimentam de entropia, isto é, de morte.[1]

Em termos de senso comum, isso quer dizer que cada ser vivo se alimenta de outro ser vivo e que a decomposição da vida dá origem a novas vidas. Exemplo disto é a terra, feita de decomposição, da qual nascem direta ou indiretamente todos os seres vivos. Quer dizer, há na natureza duas forças em jogo: as forças da vida e as forças da morte. E se a vida sai da morte, aprendemos ser preciso que os seres morram para que as espécies continuem vivas e que estas também morram para que a vida vá atingindo progressivamente formas cada vez mais complexas, portanto, superiores.

Em outras palavras, ao contrário do que nos possa parecer, essas duas tendências opostas, uma que leva a vida a desabrochar, a se desenvolver e a se complexificar e a outra que faz todo organismo se deteriorar, murchar e tender para as formas mais simples da morte, não estão lutando entre si.

Nos organismos elas não se antagonizam, mas apenas se opõem de forma dialética. Portanto, elas se integram e se harmonizam dialeticamente em cada ser, pois são as duas faces da mesma moeda: morte e vida são igualmente essenciais para a evolução das espécies e, portanto, ambas são naturais, tanto uma quanto a outra. Todo ser vivo, animal ou planta, tende a amadurecer. Para estes seres, ficar maduro é tudo, é cumprir o seu destino. Depois, natural é morrer, se reintegrar no ciclo eterno da vida. Todo ser vivo tem esse destino, em que amadurecer é tender naturalmente à morte.

O ser humano, um animal estranho

Só no ser humano não acontece assim.

O homem é o mais complexo dos primatas. Nele aparece e se desenvolve uma nova parte do cérebro: o córtex cerebral, pelo qual foi capaz de simbolizar, de falar e, portanto, de se afastar da natureza. Há ainda dois outros detalhes que fazem o macaco humano diferente dos outros: a criança nasce com o cérebro pouco desenvolvido. E o desenvolvimento completo vem a dar-se depois que ela completa a sua fase de crescimento. Daí a necessidade de uma infância mais prolongada para o animal humano: ele custa a aprender a viver, a produzir a sua sobrevivência, ao contrário dos outros animais, que, pouco depois de nascerem, já estão aptos a lutar pela própria vida. O humano é o único animal que nasce inacabado.

Além disso, a fêmea humana não tem cio, isto é, ela está receptiva sexualmente durante a vida toda. Ora, isso faz com que os seres humanos tenham a mais que os outros animais, além do córtex, uma sexualidade muito desenvolvida que os faz acasalar-se continuamente, ao passo que as outras espécies só se acasalam em certos períodos.

E, por requerer mais cuidados, a criança precisa de uma estrutura que a proteja durante o seu período de imaturidade. E esta estrutura vem a ser a família nas suas diversas formas. Por esses dois fatores, porque o seu cérebro é imaturo e porque tem mais capacidade de sentir prazer, a sua infância fica ao mesmo tempo abrigada da luta pela vida e dirigida para atividades prazerosas.

Assim, o fato de sobrepor-se, ao cérebro arcaico animal, um cérebro novo específico do ser humano origina o primeiro paradoxo da vida humana. O cérebro novo se opõe ao arcaico, o que não acontece nas outras espécies que não possuem o córtex. Isso quer dizer que o cérebro arcaico nos aproxima das outras espécies por ser a sede dos impulsos, dos instintos, das pulsões, do prazer e da dor. Já o cérebro novo é a sede da inteligência, da fala e de todas as atividades especificamente humanas e, por isso, nos afasta das nossas origens. Daí essa luta, que é intrínseca apenas à nossa espécie, se aprofunda naqueles quase 2 milhões de anos que constituem a Pré-História — a lenta passagem da animalidade para a humanidade.[2]

Desejo *versus* realidade

Na vida física do ser humano, como em todos os outros seres vivos, vimos que vida e morte se opõem dialeticamente, e, assim, nascemos, amadurecemos e depois morremos. Somos porém os únicos seres que temos uma capacidade mental. Por isso, na nossa psique, também vida e morte se enfrentam, mas com uma diferença: elas estão em luta e não em harmonia, porque a criança é fraca e impotente e, sozinha, não consegue sobreviver fisicamente. É incapaz de morrer e, ao mesmo tempo, de viver psiquicamente.

Contudo, como vimos, o cérebro arcaico precede o moderno e, portanto, o emocional é mais enraizado em nós que o mental: o desejo é mais primário que o pensamento.

A busca fundamental do animal humano desde que nasce é encontrar um objeto satisfatório para o seu desejo e, portanto, "toda a nossa atividade psíquica consiste em buscar o prazer e evitar a dor e é automaticamente regulada pelo princípio do prazer".[3] E é apenas o princípio do prazer que estabelece o propósito da vida.

O nosso desejo de felicidade está, no entanto, em conflito com o mundo todo: a realidade frustra o desejo. O conflito do prazer com a realidade é a causa da repressão. Quando crescemos, o nosso Eu consciente tem que se ajustar à realidade, enquanto o inconsciente continua essencialmente ligado ao seu desejo e é o elemento insubmisso e indestrutível da alma humana. As frustrações da realidade não podem destruir os desejos que são a base do nosso ser.[4]

Quando a realidade é insuportável, nos refugiamos no sonho e na fantasia, que são o sucedâneo dos prazeres negados pela realidade. Nesse ponto temos a primazia do desejo, a fuga da dor e da morte e a repressão desta dor e desta morte como os primeiros passos da nossa vida.

Eros e o instinto de morte

Cabe-nos agora ver como se concretizam, no decorrer da vida dos indivíduos e da sociedade, a imposição dessa luta e dessa desarmonia entre Eros — o desejo de viver — e o instinto de morte — o desejo de morrer.[5] E a resposta é uma só, na palavra dos que estudam a psique individual e as sociedades: a cultura. O ser humano foge das suas frustrações primárias sublimando os seus desejos primariamente na fantasia e no sonho e, depois, na construção do mundo. "Só o ser que rejeita a morte tem capacidade de construir um mundo artificial."[6]

No entanto, diante do que expusemos fica uma pergunta: é a luta pela sobrevivência que impõe a repressão ou, diferentemente, é o homem o animal que cria história e cultura para se reprimir? Isto é, para fugir da dor e da morte?

Esta é a resposta que temos agora a pretensão de dar. O ser humano modela a sua realidade e a fabrica, instituindo diversos tipos de culturas e sistemas econômicos. Ele pode, mesmo, ser definido como o animal que modela o seu meio ambiente. E, fabricando culturas diversas, reprime diversamente: cultura e repressão são indivisíveis. O problema é saber qual repressão e qual cultura. Ao transformar o seu meio ambiente, o animal humano também é transformado por ele. O meio ambiente — e modernamente os sistemas econômicos — abre e fecha os caminhos do desejo de acordo com as suas necessidades — no caso do econômico, os seus interesses — e é esse enfrentamento entre o animal inacabado e os diversos ambientes também capazes de serem transformados que geram a multiplicidade das estruturas.

Em suma, a especificidade do ser humano é nascer com um cérebro inacabado que o capacita a aprender depois de nascido. O aprendizado dos animais é limitado, pois eles já nascem com o determinismo dos instintos quase pronto. Só o ser humano tem uma abertura ilimitada devido à sua incompletude.

Esta abertura permite-lhe adaptar-se aos mais diversos ambientes e reagir a eles, fabricando tecnologias que lhe permitem enfrentar a morte, transformando a natureza e fazendo história.

O humano é o único animal que possui a capacidade de entrar em conflito com a realidade, porque pode modificá-la. E sem esse conflito não há crescimento. Por isso temos um coração inquieto, que nos faz querer sermos diferentes do que somos.

Há sempre desejos que não são satisfeitos pela cultura. E esses desejos reprimidos tornam-se o que há de imortal em todos nós. É isso que mantém o processo histórico. A história não é forjada pela destreza da razão, mas pela astúcia do desejo.

Marx diz que a essência do homem está no trabalho – princípio da realidade –, e Freud, que está no desejo – princípio do prazer. Assim, o desejo deve estar subjacente à motivação que leva o homem a trabalhar. Para melhor percebermos essa relação entre desejo e construção do mundo, voltamos outra vez à criança, origem de tudo. Ela e o seu desejo imortal.

Notas

1. Prigogine, Illya, *A nova aliança,* Brasília: Editora da Universidade de Brasília, 1994.
2. Muraro, Rose, *Os seis meses em que fui homem,* 6ª ed., Rio de Janeiro: Rosa dos Tempos, 1990; *A mulher no Terceiro Milênio,* 5ª ed., Rio de Janeiro: Rosa dos Tempos, 1992.
3. Freud, Sigmund, *Os instintos e suas vicissitudes,* Edição Standard Brasileira das Obras Psicológicas Completas de Sigmund Freud (ESB), vol. XIV, Rio de Janeiro: Editora Imago, 1974, p. 141.
4. Cf. Freud, Sigmund, *O ego e o id,* op. cit., vol. XIX, pp. 13-77, e também *Os instintos e suas vicissitudes,* op. cit., vol. XIV, p. 145.
5. O instinto de vida e o instinto de morte perpassam toda a obra de Freud. Cf., por exemplo, *Mal-estar da civilização,* op. cit., vol. XXI, pp. 141-146 e também a nota 7 da parte deste texto correspondente a "O desejo imortal", a seguir. No entanto, cabe aqui uma observação. Freud concebe Eros e o instinto de morte como dois instintos

autônomos. Contudo, toda a tradição filosófica e teológica entende Eros como o instinto básico, pois a vida é a única que se autoproduz. Nas religiões, Deus se autocria. O instinto de morte é uma produção da vida sem a qual ela não existiria. A vida produz a sua reprodução e a sua antiprodução — a morte.

6. Cf. Brown, Norman, *Vida contra morte,* 2ª ed., Rio de Janeiro: Vozes, 1976, caps. 1 e 2.

9. O desejo imortal

O que há de mais primário no animal humano não é o seu pensamento e sim, como vimos, o seu desejo. E, embora o mundo inteiro fique contra ele, a espécie humana está o tempo todo à procura da felicidade. Por isso, só o desejo é capaz de mobilizar o aparelho psíquico como um todo — o desejo e não o pensamento. O pensamento só pode nos tomar quando por trás dele há um desejo maior.

Então, toda a história nada mais é que a busca inquieta e interminável do prazer por intermédio de objetos sucedâneos,[1] e todos os fatos humanos adultos não trazem felicidade, porque são incapazes de preencher o vazio deixado pela vivência da infância, dos dias mais felizes de antes da repressão.

A ambivalência da infância

Mas o que causa repressão é a própria ambivalência da infância: de um lado, esse desejo onipotente e sem limites, e do outro, a total dependência da vontade alheia. E a criança se reprime para não perder o objeto amado.[2]

O nosso desejo indestrutível de retorno inconsciente à infância, a nossa profunda fixação nesse sentido, é o desejo de redescobrimento do corpo, depois de termos construído uma alma, e também, depois de termos sido obrigados a trabalhar para sobreviver, o desejo de voltar a brincar, que é a mais prazerosa forma de atividade humana.

Esse paraíso primário não pode no entanto ser reconquistado, porque tem uma falha fatal: não se adapta à realidade. E a realidade final é a morte. Como veremos, o primeiro ato do recém-nascido é a negação da morte.[3]

Os nossos desejos totalmente livres e não inibidos são irrealizáveis e, assim, a criança os realiza na sua imaginação. O primeiro tipo de pensamento da criança é a fantasia — o pensamento mágico —, que satisfaz alucinatoriamente os desejos não realizados. Por não conseguir adaptar-se ao mundo real, a criança toma então a si e ao seu corpo como objeto erótico. O Eros é, antes de mais nada, narcísico.[4]

Mas é também dirigido para fora do corpo: o Eros procura, além de si, a satisfação no outro, em primeiro lugar na mãe, e, após esta, em todas as fontes arcaicas de prazer. O Eros quer fundamentalmente unir-se ao outro, seja possuindo-o seja tornando-se igual a ele. A atividade prazerosa do próprio corpo leva à procura de prazer no corpo do outro e é assim que, pouco a pouco, a criança vai incorporando esses objetos à sua psique, isto é, vai conhecendo o mundo. Eros, como uma força do ego humano, procura construir para si um mundo só de amor e prazer. E essa construção como sucedâneo da união pertence a Eros.

Desta forma, o corpo polimorficamente perverso da criança é criado. Este corpo é todo ele penetrado de gozo e sexualidade. A sexualidade está no corpo inteiro — o corpo que se deleita na atividade de todos os seus órgãos, o corpo que brinca. Um corpo que se autoaceita, que se autodeleita, transborda de si, para o mundo inteiro da criança.[5]

Nessa fase não há qualquer dualismo entre o Eu e o outro. A experiência venturosa do bebê no seio da mãe é a primeira experiência de amor total e tende a ser procurada mais tarde no amor adulto. Por isso, todo descobrimento de amor e de objeto para esse amor é sempre um redescobrimento. E, porque supõe a abolição de todos os dualismos, essa experiência é tão idealizada. Ficamos a vida inteira como indivíduos e como espécie à procura dessa situação de totalidade. E a humanidade só se livrará da sua moléstia — a neurose — quando for capaz de abolir os dualismos que a atormentam. A neurose nada mais é que a desarmonia entre a mente que constrói o mundo e o corpo que é o desejo do prazer — e, por isso, a desarmonia entre o instinto de vida e a vontade de morrer.[6]

O instinto de morte

O principal dualismo não é o dualismo sujeito-objeto e, sim, o dualismo entre os instintos de vida e morte. Todo dualismo subjacente a qualquer conflito na vida humana, individual ou coletiva, é dualismo entre a vida e a morte.

Eros — que leva à fusão e à união — não se concilia com o instinto de morte que leva à separação, à autonomia, à individualidade e, portanto, à morte. Já vimos como no âmbito orgânico os instintos de vida e morte se harmonizam e como o ser humano é o único animal que tem o privilégio de insurgir-se contra a natureza biológica e entrar em luta com ela. Daí a sua doença: a neurose. E esse conflito só poderá ser ultrapassado se a neurose e a repressão também o puderem ser. Para compreendermos como isso pode ser feito, tentemos agora descrever o instinto de morte.

Freud, em sua obra,[7] dá a esse instinto três características. A primeira é a tendência a negar a atividade quando ela é necessária, ou seja, renunciar aos próprios ideais para voltar à paz de situações mais fáceis — como os seres vivos voltam ao mundo inanimado. É a tendência à acomodação e à mediocridade. A segunda é a compulsão à repetição desses atos destrutivos. Embora sintamos estar fazendo algo errado ou doloroso, continuamos compulsivamente a fazê-lo. E a terceira é toda negatividade, todo tipo de pessimismo, todo desejo de destruir, de negar aquilo que se ama ou que é prazeroso, como o sadomasoquismo primitivo. Qualquer negação é filha do instinto de morte.

É a compulsão à repetição que fixa o indivíduo, no inconsciente, nas experiências traumáticas de sofrimento na infância. E esse masoquismo primitivo final, voltado contra o Eu — à medida que o sistema nervoso se desenvolve —, vem, mais tarde, se extroverter num instinto de agressão. Para não morrer temos que matar. O dualismo primeiro não é entre amor e agressão, mas entre a vontade de viver e a vontade de morrer.

A repetição nos atira sempre para a frente no caminho errado, buscando a satisfação em objetos insatisfatórios não corpóreos, isto é, na transformação da natureza. E é ela também que nos lança no reino da fragmentação e do tempo do trabalho, dividido em horas, minutos e segundos, para que essa transformação possa ser feita, enquanto Eros permanece na integridade e na eternidade, no instante único do eterno prazer. Pela tendência de matar ou morrer, o ser humano tem apenas dois caminhos a seguir: ou defender-se, matando os outros, ou matar-se a si próprio para se destruir. Mas, como ele é incompleto, a tendência a matar ou morrer tem também uma história que é a da nossa própria espécie. E essa tendência é bem mais intensa no patriarcado que em qualquer outro período histórico.

Como dissemos, em todos os organismos vida e morte agem em harmonia. O animal que não é reprimido morre quando tem que morrer e para ele a morte é a finalidade da vida. Para ele, ser maduro é tudo. Não tem medo nem nega a vida peculiar à sua espécie. Pela repressão, apenas o humano, porque é inacabado, é aquele animal que ainda está procurando a vida peculiar à sua espécie e não a encontrou. Por isso está em conflito consigo e com os outros.

Toda religião nada mais é que essa dificuldade de lidar com a morte. Como não é suficientemente forte para morrer, o ser humano inventa para si uma imortalidade, seja por meio dos antepassados seja por uma vida imortal no céu. Desde o mais primitivo até o mais sofisticado dos modernos, os seres humanos ainda hoje continuam com esse problema.

A tendência a repetir é que leva a humanidade a alterar a natureza e o seu destino. Nenhum animal irreprimido pensa em alterar nada. A vida é boa porque é vida. Por isso é plena. Portanto, falar no instinto da morte em conflito com Eros é o mesmo que nos referirmos à história *versus* tempo, pois onde não há esse conflito está a Eternidade.

E falar na história é contar sobre transformação, sobre mudança. O animal que não está satisfeito quer mudar, quer herdeiros para se sentir imortal. Só o que é pleno nada quer mudar. Só o prazer é para sempre.

Notas

1. Cf. Freud, Sigmund, *Mal-estar da civilização,* ESB, vol. XXI. Este trabalho, na sua totalidade, enfoca a busca da felicidade individual por intermédio das limitações impostas pela civilização e pela cultura, muitas vezes colocando-se em objetos sucedâneos — ciência, religião, arte, trabalho etc.
2. Sobre infância e repressão, veja: Freud, *Além do princípio do prazer* (o livro inteiro trata do assunto), ESB, vol. XVIII, p. 34, e *Três ensaios sobre a Teoria da Sexualidade,* ESB, vol. VII, p. 245.

3. Sobre a falha fatal: Freud, *Além do princípio do prazer,* op. cit., p. 34.
4. Sobre o autoerotismo infantil: cf. Freud, *Três ensaios sobre a Teoria da Sexualidade,* op. cit., pp. 186-187.
5. Sobre perversidade polimorfa: id., p. 196.
6. Cf. Brown, Norman, *Vida contra morte,* Rio de Janeiro: Vozes, caps. 1 e 2.
7. Sobre o instinto de morte e os dois instintos autônomos, cf. Freud, *O ego e o id,* ESB, vol. XIX, pp. 55-56; sobre a compulsão à repetição, *Além do princípio do prazer,* op. cit., pp. 31-33 e 48-53; sobre a negação, cf. *A negativa,* ESB, vol. XIX, p. 300; sobre o princípio do nirvana — volta do inanimado —, *Além do princípio do prazer,* op. cit., pp. 63-4 e nota à p. 141 sobre Eros ativo *versus* instinto de morte passivo, id., p. 64.

10. As fases da libido: o nascimento do masculino e do feminino

A grande lei do desejo é espalhar-se pelo corpo inteiro o tempo todo, é tornar-se êxtase eterno. Contudo, já sabemos que ele vem integrado com o primeiro medo da morte e que a realidade lhe impõe limites desde o seu aparecimento no corpo humano. Por isso, a criança, que não é suficientemente madura nem para viver nem para morrer, aprende a concentrar o desejo nas regiões do corpo em que ela se vê mais ameaçada de perda. Assim, ao menos na nossa cultura patriarcal, seguindo Freud, podemos mapear a libido infantil em três fases: oral, anal e genital.[1]

Nas primeiras fases da sua vida — a vida intrauterina —, a criança vive imersa numa perfeita onipotência, com todas as suas necessidades automaticamente satisfeitas pela mãe. Na hora do nascimento, o recém-nascido é separado da mãe — e esta é a primeira experiência de separação, uma dolorosa e traumática experiência. A criança, que ainda não é forte o suficiente para viver nem para morrer, sofre então o seu primeiro medo da morte, a sua primeira ansiedade de ser abandonada — o protótipo de todas as suas futuras ansiedades e de todos os seus futuros medos. Logo que nasce, o bebê é colocado ao seio e, imerso naquele corpo, imagina uma vida de prazer sem fim. Mas, ao mesmo tempo, há vezes em que não encontra o seio materno. Essa é a sua primeira experiência de frustração. Pouco a pouco vai aprendendo que não é sempre que todas as suas vontades podem ser satisfeitas. E, por essas frustrações inevitáveis, ele vai aprendendo os seus limites e os da mãe, encaminhando-se assim para a experiência da sua autonomia e da sua individualidade.

Mas a criança ainda quer a mãe só para si. Na sua psicologia imatura sente cada separação como uma morte e cada reencontro como um nascimento. Reprime a morte porque não pode viver sem o outro. A libido infantil, que Freud identifica com a sexualidade, mas que ao nosso ver é muito mais ampla — é o próprio instinto de vida, do qual a sexualidade representa apenas uma das manifestações —, é totalmente voltada para a união e para o prazer. E ela está limitada pelo instinto de separação que vem da ansiedade e do medo, o instinto de morte.

Na primeira fase, a libido se concentra principalmente na boca, órgão com o qual o bebê se une ao seio materno, fonte arcaica do prazer. E a primeira concentração de prazer é a primeira defesa contra a morte, porque a qualquer momento a criança pode perder o seio. É nessa época que ela descobre que o seio não está sempre à sua disposição e aprende o primeiro dualismo: sujeito/objeto.

É nesta fase que ela também concebe o projeto grandioso de um mundo que seja puro prazer, pura união, e com isso repudia o mundo exterior, negando a sua existência. Nesta fase, então, existe a incapacidade da psique infantil de aceitar qualquer separação; a criança nega a realidade e sobrecarrega o projeto narcísico de união amorosa com o mundo, com o projeto irreal de transformar a si em todo o mundo.

Na segunda fase freudiana da libido — a fase anal — na criança que já anda, isto é, que já se movimenta independentemente no mundo físico, o dualismo sujeito/objeto é transformado em dualismo passividade/atividade. O narcisismo infantil traz da fase anterior o projeto de negar a sua própria dependência, colocando-a agora, no plano da ação, como passividade. Assim, por isso, afirma a sua independência pela atividade rebelde, procurando transformar a passividade em atividade, como, por exemplo, ao dizer brincando: "Agora eu sou a mãe e você é o(a) filho(a)."

No entanto, esse empenho obsessivo em transformar passividade em atividade é agressão e por isso Freud denominou essa fase de sádico-anal. Em outras palavras, a criança exterioriza o seu instinto de morte, até então interiorizado na negação da realidade, no ataque a esta mesma realidade. A agressão nada mais é do que o instinto de morte exteriorizado. Nesta fase, a fantasia do menino é tornar-se pai de si próprio. O menino, mediante o projeto de ser ao mesmo tempo pai e filho na fuga à morte, transforma a morte – o princípio da negação – numa ação negativa que é a agressão. E é nesse momento que tem de se identificar com o pai, que no patriarcado é o dono, o opressor. E se o menino se identifica com o opressor, a menina se identifica com a passiva, a possuída, a oprimida. Cedo ela descobre que a mãe não é todo-poderosa e isto, no patriarcado, traumatiza o feminino para sempre.

Evidentemente, o projeto de tornar-se pai e filho ao mesmo tempo não é executado pelo menino na realidade, mas na fantasia – e as fantasias são corpóreas, isto é, ligam-se à parte do corpo que pode ser manipulada, de modo mágico, como a cópia fantástica do Eu: o pênis. É nesta fase que se inicia esse processo de dessexualização do corpo.

Quando à frente nos detivermos na sublimação, este mecanismo ficará mais claro. Agora, já que estamos apenas descrevendo resumidamente as fases da libido, nos deteremos na terceira fase, a fálica.

Nesta fase, a polaridade atividade/passividade se transforma na polaridade entre a masculinidade e o seu oposto, que, ao contrário do que seria o óbvio, não é o feminino — que é o seu complemento —, mas sim a castração. O menino, embora exprimindo a sua reação contra a passividade com a rebelião ativa, continua sentindo-se impotente diante da sua "passividade" biológica, ou seja, por ser nascido da mãe. Daí procurar transformar essa passividade com o projeto edípico de ter um filho com a mãe, de querer possuir a mãe, ou seja, de tornar-se pai de si próprio. E aí, magicamente, o menino sente que todos os seus instintos poderiam ser satisfeitos, todos: o amoroso, o agradável, o sensual, o provocador, o autoafirmativo e o independente.

Assim, pois, a essência do complexo de Édipo para o menino é tornar-se pai de si próprio, isto é, tornar-se Deus. E essa intuição teve a maioria dos filósofos, como Spinoza — na *causa sui* — ou Sartre — no *être-en-soi*. E é dessa forma que o narcisismo infantil é pervertido, perversão que nasce do medo e da fuga da morte.

Nesta fase, anterior à de organização genital do homem adulto, a libido não se concentra mais na boca nem no ânus, mas no pênis, que ele sente ameaçado de perder, e aí fica localizada até o fim da vida. Assim, a masculinidade é definida como atividade; a atividade narcísica do pênis. Só quem tem o pênis pode tornar-se pai de si próprio. E a posse do pênis sobrecarrega de fantasias de posse não só a relação de homens com mulheres, mas também a de pais com os filhos e a do homem para com o mundo e para com os outros homens. Os filhos são os herdeiros do pai e o perpetuam.

É nesse momento que o homem cria para si uma alma imortal — na concepção freudiana, a alma é o ego. Mas o que desejamos enfatizar aqui é que essa distribuição — esse mapeamento — da libido não nos parece natural. Ela é uma hipercatexia — a hipererotização de uma região corpórea em detrimento das outras —, induzida pelo narcisismo humano em fuga da morte. E, portanto, é fabricada pela cultura.

Todos os problemas da sexualidade infantil do menino vêm à tona nesse momento da castração, em que o menino tem medo de ser morto pelo pai por causa do seu desejo de possuir a mãe e por toda a sua onipotência de antes da repressão.

Um questionamento: a mãe rica e a mãe pobre

No entanto, cabe aqui fazer uma ressalva. Esse esquema rígido, que Freud encontrou no seu consultório e que considerava biológico e portanto imutável, não nos parece possível ser aplicado, a não ser em parte, a todas as culturas e a todas as classes sociais. Quando formos, adiante, estudar a relação entre a sexualidade e o sistema econômico, veremos como a diferença entre a mãe rica e a mãe pobre forja as classes sociais e extrapola a concepção tradicional da relação básica. Esta não é a relação mãe e filho e, sim, a relação entre o filho e o lugar que a mãe ocupa no sistema produtivo,[2] o que muda toda a teoria da libido. Enquanto na classe dominante e nas classes médias o mapeamento freudiano funciona, nas classes mais pobres isto não acontece. Elas são "carimbadas" pelo sistema econômico para se adaptarem ao lugar que lhes cabe ocupar no sistema produtivo. Assim, devido à desnutrição, à sua impossibilidade de, mesmo sendo mãe, cuidar do filho como ele necessita, este não pode viver o prazer e a onipotência infantis a partir do nascimento.

E isto desenvolve nele as características do oprimido, a baixa estima, a submissão e, inclusive, a crueldade que lhe permite suportar grandes privações e depois frustrações, o que mostra que o econômico abre e fecha os caminhos do desejo conforme os seus interesses. E, se assim é, este esquema, como veremos no decorrer deste texto, pode ser desconstruído e reconstruído, uma vez que sabemos como funciona.

Então, o determinismo "biológico" freudiano perde a sua validade num mundo acelerado e complexo como o do século XXI. Mas em que sentido ele está mudando?

Por enquanto ainda nos deteremos no que acontece nas classes médias e dominantes tão bem estudadas por Freud. Cabe-nos, portanto, analisar a transição entre a sexualidade infantil e a sexualidade adulta pelo mecanismo da sublimação.

Notas

1. A descrição destas três fases é feita especialmente no segundo dos *Três ensaios sobre a Teoria da Sexualidade,* ESB, vol. VII, p. 137 ss.; fase oral, p. 203; fase anal e fálica, p. 205ss.
2. Cf. Deleuze, Guattari, *O anti-Édipo,* Rio de Janeiro: Imago, 1977, cap. "O familiarismo".

11. A sexualidade masculina: como se fabrica uma alma

Todos os problemas da sexualidade infantil masculina vêm à tona no complexo de castração, quando do vínculo da sexualidade infantil com o comportamento adulto. Como já vimos, o complexo de Édipo sucumbe ao complexo de castração — o medo de perder o pênis. Mediante este complexo, a sexualidade infantil do menino transforma-se em sexualidade adulta masculina normal e a sua libido concentra-se na sua área genital. Daí em diante ele sente-se ameaçado até o fim da vida. A teoria da castração é, dessa forma, chave para a compreensão de toda a psicologia adulta do homem.[1]

A história da alma

Na nossa pesquisa *Sexualidade da mulher brasileira*,[2] todos os homens de todas as classes sociais chamavam o seu corpo de ele, e as mulheres, de eu. Isto é, os homens colocavam uma distância entre eles e os seus corpos, identificando-se com a mente, ao passo que as mulheres se identificavam com os seus corpos ao chamá-los de eu. O corte que os homens faziam entre o corpo e a mente era uma projeção do corte mais arcaico pênis/corpo que acontece devido ao medo da castração.

Quando o sistema nervoso central do menino amadurece e o pensamento mágico vai sendo aos poucos substituído pelo pensamento concreto (no sentido piagetiano do termo) com que lida melhor com a realidade, o menino — que ainda quer a mãe só para si — percebe que ela pertence ao pai e que é este quem exerce o poder. Quer então matar o pai, rejeita-o; mas, como não tem força suficiente, projeta o seu desejo no pai: "Meu pai quer me matar." Apavora-se, então, com essa ameaça fantástica de morte e, por isso, rejeita também a mãe.

E, daí em diante, o menino fica completamente só, porque, se amar o pai, morre (imaginariamente) e se amar a mãe também (imaginariamente) morrerá. A partir disso, o homem tende a deserotizar a sua energia vital com medo da morte.

Isto que dizer que o menino deserotiza a sua relação com a mãe e com o pai, ou melhor, deserotiza o seu pênis e o seu corpo, colocando a maior parte da sua energia sexual em objetos não corpóreos.

Assim, o medo da castração deixa no menino uma grande quantidade de energia que não pode ser transformada em atividade sexual corpórea e, portanto, é na prática deslocada, pelo mecanismo de sublimação,[3] para os objetos não corpóreos a que nos referimos, como por exemplo a construção do mundo do poder, da história e da cultura. Essa energia vital, que é deserotizada daí para a frente, passa a não ser mais fonte de uma satisfação erótica autêntica, mas, sim, de uma abstrata satisfação sucedânea, na qual o Eros corpóreo se une ao instinto de morte, que tende a não ser corpóreo, porque é o medo da morte que tira a energia sexual do corpo. Dessa maneira, toda cultura tem como componente estrutural a fuga da morte, isto é, o instinto de morte, na maioria das vezes em luta com o instinto de vida, o desejo imortal que continua subjacente a qualquer atividade humana.

O complexo de castração estabelece não só a peculiar capacidade de os corpos humanos vislumbrarem atividades não corpóreas (sublimações), mas também a peculiar capacidade do Eu humano de se autonegar (superego). E esse domínio da morte aparece principalmente no menino por causa da sua revolta contra a morte e o seu desejo de união com a mãe — no projeto de ser pai de si próprio. É nessa fase, portanto, que vida e morte estão em luta mais aguda no menino.

Então, há um momento em que o menino fica radicalmente só no processo: quando teme o pai e rejeita a mãe. Está separado de ambos: por medo da agressão do pai e do afeto da mãe. Ora, este face a face com a morte talvez seja a promessa da imortalidade. É nesse momento que o menino forja para si uma alma imortal e projeta essa imortalidade, mais tarde, na promessa de todas as religiões, dos sistemas econômicos e dos feitos culturais. E assim, de maneira dessexualizada, tornando-se imortal, o menino perpetua a intenção edípica de vir a ser pai de si próprio — unir-se com a mãe e se autogerar. A sublimação continua esse projeto edípico de forma abstrata e, por isso, ela é tão poderosa. Desse modo, pode o homem adquirir uma alma imortal distinta do seu corpo e uma cultura superorgânica que, ao mesmo tempo, eternizam tanto o projeto de ser pai de si próprio quanto o horror da diferença orgânica dos sexos que, daí em diante, é manipulado diversamente pelos sistemas econômicos e pelas culturas de acordo com os seus interesses.

O homem adquire uma alma, mas continua apenas um corpo. O que corresponde à alma no corpo é a parte do desejo que fica deserotizada; a outra parte, a do desejo propriamente dito, permanece sexualizada e vai se localizar só no pênis, cindindo-o do resto do corpo. Essa localização é filha do embate entre o instinto de vida e o de morte, que causa a erotização mórbida da morte pela erotização do pensamento abstrato. Esta erotização do abstrato, unida ao narcisismo infantil, deforma para sempre o corpo do homem, tornando-o um corpo genitalizado, com um pênis provisoriamente dessexualizado, mas carregado de fantasias eróticas de volta à união com a mãe, que agora a criança sabe ser fisicamente inexequível.

E, assim como as organizações genital e pré-genital distorcem o corpo narcísico infantil, distorcem também o ego infantil. A função do ego (alma) é ser a superfície sensível do corpo inteiro, mas a permanência da fantasia de ser pai de si próprio faz do pênis um órgão mais importante do que é na realidade, uma miniatura do corpo total, como vimos na nossa pesquisa *Sexualidade da mulher brasileira;* é essa a parte mais ameaçada do corpo masculino no sistema patriarcal para o resto da sua vida.

O complexo de castração, finalmente, acentua a separação entre o corpo do menino e o corpo da mãe, entre o eu e o outro, mas o faz traumaticamente, de modo que a verdadeira individualidade – que é uma integração e não uma oposição entre Eros e instinto de morte – nunca poderá ser alcançada no nosso sistema patriarcal por homem algum. Também estabelece um dualismo absoluto entre o eu e o outro. Por isso, o menino tem que fazer uma opção entre o amor do eu e o amor do outro. E, como o amor do outro é visto como mortal, ele escolhe o autoamor. Inconscientemente, porém, interioriza no superego o amor dos pais, de modo que o autoamor só é conseguido com a cisão pais/filhos no inconsciente – daí o ego se opor sempre ao superego.[4]

Pelo superego, o pai é subjetivado e o homem consegue, finalmente, tornar-se pai de si mesmo, mas à custa da sua verdadeira autonomia, tornando-se, pelo superego, dependente das regras sociais e da autoridade moral coletiva, muito mais intensamente que a mulher. E é por isso que ele nunca consegue atingir a plena individualidade.

Da mesma maneira a agressão, elemento essencial do processo de sublimação, é também subjetivada não só na luta entre ego e superego, mas também na luta eterna entre corpo e mente, entre corpo e ego, entre corpo e alma, que é a repressão e que mantém a dessexualização do projeto edípico e, portanto, todas as sublimações. Mais tarde, na vida adulta, esta luta vai preparar o menino para a luta maior de todas que é a luta opressor/oprimido. No sistema patriarcal, a violência é estrutural no homem. Nasce exatamente no momento em que o menino enfrenta o dilema da castração: ou mata ou morre.

Espantosamente a criança introjeta nesse momento o princípio básico da sociedade competitiva, que foi se solidificando com o passar do tempo histórico e que mostra a natureza essencialmente violenta da sublimação.

O mórbido instinto de morte, já transformado em princípio da negação, floresce em negativas do próprio corpo. O Eros introvertido e a agressão introvertida constituem o "eu autônomo", que é o que sobrou da individualidade humana no homem. Instalam-se assim todos os dualismos que tornam o homem apto para o exercício do poder, pois lhe é negada, a partir de então, a capacidade de amar, se chamarmos de amor o binômio afeto/sexo. E isto vai torná-lo até o fim da sua vida incompatível com a mulher.

Outro questionamento: como se fabrica o poder

Vamos, então, ao que é exatamente a sublimação. Em primeiro lugar, a sublimação, a abstração e a simbolização são funções do córtex cerebral e, portanto, específicas da condição humana, tanto para homens quanto para mulheres. Mas o que está em jogo aqui não é essa capacidade de simbolizar e abstrair e, sim, o uso que fazemos dela. Estamos afirmando que ela é usada no sistema patriarcal de certa maneira que o reforça, hipertrofiando-a no homem, para que ele se torne apto a exercer o poder, e diminuindo essa potencialidade na mulher, para adaptá-la à submissão. Em última instância o homem se identifica com o opressor e a mulher com o oprimido por causa das diferentes formas que ambos vivem este processo de sublimação na nossa cultura. Mas, por isso mesmo, estamos também indiretamente afirmando que, se é assim, se a sublimação hoje reforça o sistema de poder, poderemos transformar essa capacidade, uma vez que também conhecemos os mecanismos pelos quais ela funciona.

Em suma, a sublimação que vivemos hoje pode ser compreendida como um desequilíbrio entre o corpo e a realidade, vale dizer, se baseia no dualismo mente/corpo, em detrimento do corpo e com ênfase na soberania da alma. Há, então, uma insanidade intrínseca na sublimação, a ponto de podermos afirmar, sem medo de erro, que em princípio a inteligência pura é loucura. Dessa forma, hoje, a grande alienação humana é a dos nossos próprios corpos em favor da mente, e toda a cura está em devolver as nossas almas a nossos corpos, ou seja, nos fazer retomar a nós próprios. Hoje, as filósofas feministas,[5] relendo os clássicos gregos, conseguiram mostrar como todo esse arcabouço teórico, que "prova" a superioridade da mente sobre o corpo, nada mais é que uma racionalização imensa da cultura ocidental para justificar a superioridade do homem sobre a mulher, do senhor sobre o escravo e dos povos conquistadores sobre os conquistados. Toda sublimação, abstração, generalização, nada mais são do que o jogo da opressão no mais íntimo do ser humano.

Assim, há sublimação quando o ego (a alma) dispõe da libido (o desejo). A deserotização se dá quando o desejo passa pelo crivo do ego e a energia sexual é desencarnada ou transformada em energia espiritual. O grande fracasso da psicanálise foi querer compor com a antiga tradição ocidental de sublimação, reintroduzindo o dualismo mente/corpo depois de desreprimir o desejo (o corpo). O resultado disso é que o reprimido fica intelectualmente conhecido, mas continua basicamente reprimido. O que é pior que antes.

Freud dizia, numa visão radicalmente pessimista, que esse processo era biológico e, então, impossível de ser mudado. Hoje sabemos que ele tem uma história e assim é fabricado pela interação da *psique* e do corpo humano inacabado com o meio ambiente que o ser humano transforma e, portanto, que essa *psique* e essa transformação, repetimos, também podem ser mudadas. É isto que nos traz esperança. Principalmente agora que a mulher, tradicionalmente considerada como pouco capaz de sublimação, aparece como sujeito maior da história, questionando toda a ordem simbólica masculina. Se é assim, para que, realmente, serve a sublimação? E o grande questionamento da natureza da sublimação vem da mulher.

Mas voltemos à sexualidade masculina.

Como se fabrica a cultura

No menino o ego não é suficientemente forte para viver e morrer. Ele aceita e nega a vida, ou melhor, a dilui a ponto de ela poder ser suportada. E essa diluição é a dessexualização. E assim, pela dialética de afirmação pela negação, é que as realidades mais superiores do corpo humano são a negação das realidades mais inferiores e, portanto, se ligam entre si: dessa forma, por exemplo, o dinheiro, ao ser negação do excremento, torna-se também excremento e, igualmente, o ego, por ser negação do corpo, permanece corpóreo.

Por isso, toda abstração é a projeção sublimada do corpo inteiro. O homem que perde o objeto amado perde o corpo e ganha uma alma, pois o ponto de partida de tudo é a perda do objeto amado que não é aceita. Quando o objeto amado (os pais) é perdido, o amor que se dirige para ele é reorientado para o eu e depois para os objetos não corpóreos, onde a energia sexual é deserotizada e reorientada para o mundo externo, para a realidade.

O próprio conhecimento e as faculdades cognitivas se desenvolvem a partir dessas perdas. A forma humana, ou o ponto de partida dos processos cognitivos, é a perda do ser amado. A criança começa a "testar a realidade": vem procurar no concreto o mesmo prazer que verdadeiramente sentiu e perdeu. Todo o pensamento nada mais é do que a procura de uma satisfação perdida, atingida agora pelo atalho da função matara e intelectual do cérebro humano. Vemos assim como se unem o cérebro arcaico e o córtex mais moderno na criança. Daí também que a consciência humana é inseparável da tentativa de transformar em realidade o desejo perdido, que só alguns conseguem — os que detêm o poder —, mas todos tentam!

A realidade que o ego percebe e constrói é a cultura. Toda cultura é uma satisfação sucedânea, uma pálida imitação do prazer do passado que está subjacente ao prazer do abstrato no presente, e, por isso mesmo, toda cultura é essencialmente dessexualizada. Estamos, assim, em pleno mundo construído pelo homem.

Notas

1. Cf. Freud, Sigmund, *A dissolução do complexo de Édipo*, ESB, vol. XIX, p. 205ss.
2. Cf. Muraro, Rose, *Sexualidade da mulher brasileira*, 5ª ed., Rio de Janeiro: Rosa dos Tempos, 1966, pp. 344ss., e *Os seis meses em que fui homem*, 5ª ed., Rio de Janeiro: Rosa dos Tempos, 1990, pp. 37ss.

3. A sublimação é um dos conceitos fundamentais de Freud e perpassa toda a sua obra. Ex.: *O ego e o id,* op. cit., p. 61; *Moral sexual civilizada,* ESB, vol. IX, pp. 187ss.; *Mal-estar da civilização,* ESB, vol. XXI, p. 94.
4. O superego também é um conceito básico. Como exemplos: *A dissolução do complexo de Édipo,* op. cit., pp. 222ss.; *O ego e o id,* op. cit., pp. 29ss.
5. Veja mais sobre o tema nas seguintes obras: Badinter, Elisabeth, *XY: sobre a sexualidade masculina,* Rio de Janeiro: Nova Fronteira, 1995; Bourdieu, Pierre, "Novas reflexões sobre a dominação masculina", em *Gênero e saúde,* Porto Alegre, Artes Médicas, 1996; Bourdieu, Pierre, *La domination masculine,* Paris: Líber Seuil, 1998; Connel, R. W., *Masculinities,* Berkeley: University of California Press, 1995; DaMatta, Roberto, "A ressurreição da carne. O culto ao corpo no Brasil moderno", São Paulo, *Jornal da Tarde,* 7/4/1996; DaMatta, Roberto, "Tem pente aí? Reflexões sobre a identidade masculina", em Caldas, Dario (org.), *Homens,* São Paulo, Senac, 1997; Nolasco, Sócrates, *O mito da masculinidade,* Rio de Janeiro: Rocco, 1993; DaMatta, Roberto, "A desconstrução do masculino: uma contribuição à análise de gênero", Rio de Janeiro: Rocco, 1995; DaMatta, Roberto, "Um homem de verdade", em *Homens,* São Paulo: Senac, 1997.

12. O mundo como projeção do corpo erógeno do homem

Como a sublimação no menino nega-lhe o corpo da infância e procura reconstruir esse corpo perdido no mundo externo, seu propósito oculto — e, portanto, de toda a cultura — é a redescoberta do corpo infantil perdido. E o inconsciente só se torna consciente quando é projetado concretamente. A sublimação é, pois, a vida de um ser que deve descobrir a vida em vez de viver e saber em vez de ser. A característica disso é conservar para sempre a vida à distância, porque essa distância inibe a dor e o sofrimento que decorre dessa perda de vida. E o mecanismo básico da sublimação é a negação do sofrimento. Por ela o ser humano consegue permanecer vivo e não vivo ao mesmo tempo.

Fizemos todo esse arrazoado para que possamos entender melhor as cisões da sublimação a que nos referimos no início deste texto; como o corpo erógeno infantil — principalmente do menino — é recomposto abstratamente nessas cisões e nessas sublimações.

A religião, por exemplo, no patriarcado, é a projeção para depois da vida da reunificação entre a vida e a morte, a projeção do êxtase integral obtido na relação da criança com o corpo da mãe. Esta, também, é a mais manipulada das projeções pelos sistemas de dominação para manter o ser humano submisso.[1]

A arte torna-se projeção semiabstrata porque é libidinosa da sexualidade polimorfa. O gozo da beleza pelo olhar, na pintura, literatura, etc.; pelo gosto, na culinária; pelo ouvido, na música; pelo olfato, na perfumaria; pelo tato e, até, pela inteligência em gozo espiritual de objetos fragmentados é a vivência de maneira sucedânea da sexualidade infantil polimorficamente perversa, que erotiza todos os sentidos e todas as partes do corpo ao mesmo tempo. A arte é uma relembrança dessa vivência de forma não ameaçadora para o ego.[2]

Já a abstração é a projeção do corpo inteiro e as atividades mais abstratas, aquelas que nos permitem um conhecimento mais profundo do ser humano e do mundo externo ao desejo sexual transformado em desejo de conhecimento da alma. E a curiosidade erótica é transformada em curiosidade científica.[3]

Voltamos a afirmar que não estamos tendo aqui uma visão reducionista das atividades intelectuais humanas, mas que elas se integram com as atividades mais arcaicas de maneira específica. E, ainda mais, variam de cultura para cultura, devido à interação com o meio ambiente. Assim como Hegel concebia um mundo criado pelo Espírito, aqui estamos tentando definir os mecanismos de um mundo criado pelo Desejo.

Falta agora nos determos no grosso das atividades humanas, consideradas menos "nobres" que as espirituais, mas que constituem o núcleo das atividades de sublimação. São elas, exatamente, as atividades econômicas, o trabalho e a estrutura de poder em todas as suas instâncias.

As fezes: como se fabrica dinheiro

Comecemos pela natureza libidinosa do dinheiro. Freud faz uma estranhíssima equação:[4] dinheiro = excremento. Esta talvez tenha sido a mais extraordinária descoberta da psicanálise por indicar uma nova direção para o que foi dito até aqui sobre a sublimação: ela não é um fenômeno que tem início na época em que se passa o drama edípico, ela é essencialmente específica da fase anal e transforma todas as projeções, até então feitas relativamente às fases anteriores, em projeções que estruturalmente têm a ver com o fenômeno da analidade.

Vale a pena nos determos um pouco mais no que acontece nesta fase com o menino – e não com a menina. No momento em que o menino se sente radicalmente só, com medo do pai e terror da mãe, concebe o projeto de ser autossuficiente. No entanto, esse projeto vem junto com a dessexualização do pênis ameaçado pela castração. O menino, então, na sua fantasia, cinde o pênis do corpo e o equipara às fezes.

As fezes são a primeira matéria que sai do corpo da criança e da qual ela toma consciência. Elas são ao mesmo tempo vivas e não vivas. Daí o interesse da criança por essa parte que sai do seu corpo.

A autossuficiência significa também autorregeneração; daí a criança, na sua fantasia, fixar-se nas fezes. Este excremento passa a ser magicamente valorizado como alimento, mas continua a ser excremento. O menino, impedido de continuar a colocar a sua libido no pênis ameaçado – é "obrigado" a dessexualizá-lo –, passa a transferir a sua libido para a região anal. Daí a equação mágica: pênis=fezes=filho. É assim que na sua fantasia a criança vê de maneira alucinatória o que está acontecendo. Ao mesmo tempo, o excremento é alimento e filho. E essa fantasia de onipotência o satisfaz numa instável fusão entre Eros e o medo da morte.

O ganho das fezes implica a perda do corpo. A primeira posse é a posse do excremento e ela vem ligada, para o menino, à vivência do medo da morte do corpo, da perda do pênis. Assim, ao mesmo tempo que escolhe o amor de si, no momento em que perde o corpo o menino, na nossa cultura, escolhe também o amor e a posse das coisas. Daí a natureza excremental inconsciente de toda propriedade, de tudo, e, também, do dinheiro, resíduo mágico e símbolo de propriedade e de poder.

Daí em diante o menino não libidiniza mais nem o pênis nem o corpo, mas a sua relação com o mundo externo dos objetos. E a sua libido só vai voltar para o órgão genital mais tarde, quando ele tiver que ser usado na sexualidade adulta. Esta já não é mais a sexualidade infantil perversa e polimorfa, mas localizada e fragmentada, o penhor e a perda da sexualidade infantil. Por isso, a sexualidade adulta masculina como a conhecemos hoje é, também, filha da sublimação e, portanto, do instinto de morte.

Na cultura sublimada, não é a sexualidade adulta que é reprimida. Muito ao contrário. À medida que a cultura se torna mais sofisticada e, portanto, mais sublimada, essa sexualidade adulta fragmentada fica cada vez mais estimulada. No entanto, sendo um fragmento de sexualidade – pois exclui o resto do corpo que para o homem fica anestesiado, insensível e sublimado –, se vê também manipulada pela cultura. Assim, na nossa sociedade patriarcal está perdido para sempre, para o menino, o Paraíso Terrestre: o êxtase.

Notas

1. Religião, cf. Freud, *O futuro de uma ilusão*, ESB, vol. XXI, pp. 15ss (todo o livro trata do assunto); id., *Uma experiência religiosa*, ESB, vol. XXI, p. 117.

2. Em *O mal-estar da civilização*, ESB, vol. XXI, pp. 93-94, Freud define a ciência, a religião e a arte como prazeres substitutos do prazer corporal; mostra, também, como a finalidade da sublimação é afastar o sofrimento da perda do objeto amado.
3. *Abstração:* id., ibid., e em *Três ensaios sobre a Teoria da Sexualidade*, ESB, vol.VII, p. 199; como sucedâneo da curiosidade sexual, id., ibid., p. 199.
4. Cf. Freud, *Caráter e erotismo anal*, ESB, vol. IX, pp. 175-181, em que ele faz a equação simbólica: fezes = filho = ouro = dinheiro.

13. A sexualidade feminina: como se fabrica um corpo

Segundo Freud, a sexualidade tradicionalmente se constitui por fases. Na primeira fase — a oral —, a sexualidade de meninos e meninas seria indiferenciada, com o mesmo projeto narcísico de fusão com o mundo e de incorporação do objeto amado. Seria apenas na segunda fase — a anal — que as diferenças se acentuariam.

Nesta segunda fase, quando o princípio da passividade se transforma em princípio de atividade na menina, ela também concebe o projeto de ter um filho com a mãe, isto é, a menina concebe o seu projeto edípico sem a presença do pai. E, à medida que a menina percebe ser a mãe castrada, que não possui o pênis como o pai e os irmãos, é que se revolta contra a mãe, porque se vê também castrada. Assim, a menina sente o medo da castração antes do menino.[1]

Ainda seguindo o pensamento de Freud, nesse momento a menina assume o princípio de atividade revoltando-se por ter o mesmo sexo que a mãe e querendo possuir o pênis, tal qual o menino.

Então, após sentir-se castrada, a menina se volta para o pai, querendo ser como ele. Só depois é que aceita a sua feminilidade, querendo ter um filho, agora não mais com a sua mãe, mas sim com o pai. A resolução desse complexo de Édipo é muito mais prolongada na menina, segundo Freud, que no menino, porque só na adolescência, quando menstrua, a menina consegue o seu desejo de ser mãe, igual à própria mãe. Contudo, antes de criticar esse pensamento tradicional, o que podemos ver numa primeira abordagem são meninos e meninas que, depois de passarem por uma fase de intenso amor pela mãe, começam a rejeitá-la por esta não ter pênis — eles por medo de se tornarem iguais à mãe, elas porque são iguais a ela. E ambos idealizam a figura do pai todo-poderoso — eles por medo de serem mortos pelo pai e elas porque ele lhes é inacessível.

Desse modo, o que cria na menina o complexo da castração não é o medo do pai, mas a descoberta do fato de que a mãe não tem pênis. E isto na cultura patriarcal, porque, mesmo quando Freud afirma que os complexos oral, anal e de castração podem passar-se sem a presença do pai, por trás de todas as suas afirmações está o fato de que a mãe é castrada e, assim, "filogeneticamente" inferior ao homem. Ora, isso indica, na teoria freudiana, uma preferência generalizada pela masculinidade. Meninos e meninas, ao perceberem a castração da mãe, voltam-se para o sexo oposto ao dela, daí a preferência pela masculinidade, entendendo como o seu oposto não a feminilidade, mas a castração. Portanto, nessa mesma teoria, a menina está estruturalmente vinculada à passividade, à inferioridade e à castração.

E, desse horror pela mãe, Freud deduz não só a inveja do pênis pelas mulheres, mas também o horror do incesto. Para ele, este horror não é antropológico ou sociológico, mas estrutural à psicologia do macho devido à sua culpa subjacente ao complexo de castração. E é com o horror ao incesto que Freud associa a formação do superego e, portanto, da consciência humana. Esta é a visão da sexualidade feminina a partir do homem.

A fabricação do corpo

Contudo, o que ocorre com a menina não é o que Freud pensava. E a partir desse ponto — da mulher — passamos a rejeitar o seu pensamento. Uma teoria que não dá conta de meia humanidade é ao menos incompleta, se não errada. Ele conhecia muito pouco da sexualidade feminina e foi honesto em concordar com isto quando perguntou: "Mas, afinal, o que quer a mulher?"[2] Agora cabe a nós, mulheres, respondermos a esta pergunta. E não mais nos ateremos, a partir daqui, ao esquema freudiano. Quando a menina passa pelo intenso ódio à mãe e quer possuir o pênis, volta-se para o pai e em seguida quer ter um filho dele, isto é, tem desejo do pênis não como posse, mas como objeto de amor.

Entretanto, ela já é castrada e, portanto, não tem medo da mãe como o menino tem medo do pai porque acha que este vai lhe cortar o órgão. A menina não tem nenhum órgão a perder e, por isso, permanece ligada fisicamente à mãe, que continua a ser para ela a fonte arcaica do prazer. Daí um sentimento ambivalente para com ela e não unívoco, como do menino que corta a sexualidade do afeto. A menina, embora detestando a mãe, continua integrando afeto e sexualidade, porque não perdeu o objeto de amor arcaico (mãe).

No momento em que ela passa a desejar o pai, isto é, a querer o pênis do pai como objeto de desejo e não como parte do seu próprio corpo — como quer Freud —, no momento em que aceita a sua feminilidade, o que acontece é completamente diferente do que acontece com o menino.

A menina que ainda não se cindiu do corpo da mãe, porque não a perdeu, passa agora a se unir ao corpo do pai. Começa a partilhar o desejo e não vê nessa partilha nenhuma ameaça de morte, mas um aumento, um enriquecimento de relação e comunicação. Aqui nós, as mulheres, já estamos completamente afastadas de qualquer esquema freudiano.

Assim como o menino se identifica com o pai a partir da perda e da solidão — "Eu perdi você, agora você está dentro de mim e eu sou igual a você" —, a menina se identifica com a mãe na comunhão, na fusão, na relação. Ao contrário de perder o amor do pai e da mãe, como o menino, e ficar sem nada, a menina passa a ganhar e, agora, em vez de um, tem dois amores. Ao passo que o menino fica só, ela fica duplamente acompanhada.

Ela passa a aceitar a sua castração não mais como castração, filha do instinto de morte, mas como a possibilidade de ter um filho. Isto é um ganho fantástico e não uma perda! Sua sexualidade não passa pela fase regressiva anal pela qual passa o menino quando, como vimos, confunde fezes com pênis e filho. Ela continua menos fixada na fase anal, porque realmente pode ter um filho. As fezes não têm para ela o valor que têm para o menino, pois ela não se vê acuada a regredir à fase anal. Ela continua, pois, polimorficamente perversa. A sua sexualidade se espelha ainda pelo corpo todo e, até o fim da vida, o gozo continua se espalhando por inteiro. Nela não há um período de latência — o período pós-edípico — completamente dessexualizado como há para o menino na cultura patriarcal.

Mais tarde, quando ela chega à adolescência e depois à vida adulta — e pode realizar o seu sonho de ter um filho —, seu corpo erógeno torna-se completamente diferente do corpo masculino. A sua sexualidade não é concentrada na área genital, mas dispersa por todo o corpo, inclusive internamente. A perversidade polimorfa invade a sua psique. Ela, que não passou por um processo de sublimação tão agudo como o homem, não separa mente de corpo e, portanto, tampouco alma de corpo. A sua alma está no corpo. Não é autônoma como a do homem. É, simplesmente, como na definição tradicional da teologia cristã: um espírito incompleto que só pode existir com o corpo. Em contrapartida, a alma masculina é um espírito autônomo como a alma dos gregos. E por isso o homem cria a história.

A mulher, então, desenvolve as qualidades dessa alma que estão integradas com o corpo e que o homem reprime: a emoção, a relação com o outro, a comunhão, a partilha. O dar – dar-se – para ela não é fonte de morte, mas fonte de mais vida, inclusive biologicamente. Ela se dá ao homem e a vida brota dela. O seu ego continua sendo a superfície sensível do corpo. A intuição, a adivinhação do outro, o cuidado com o outro, para ela não se originam de um masoquismo, mas de uma exuberância, porque sabe que dela pode brotar a vida. Ao contrário do menino, ela não perde o que dá.

A mulher é menos sublimada do que o homem, mas sublima também, porque sublimar transfere parte do desejo para objetos não corpóreos, o que é necessário à função de ser humano, do seu córtex. Existem no entanto mulheres mais ou menos sublimadas. Todos nós conhecemos mulheres para quem a relação de afeto com o pai ou com a mãe foi tão dolorosa, que elas se refugiam, tal como o menino, num projeto narcísico onipotente de autossuficiência e, na vida adulta, fogem do afeto para a intelectualidade, tal qual os homens.

Assim, o projeto da sexualidade feminina, em geral, se torna muito mais fiel a Eros que o do homem, mesmo numa cultura patriarcal onde os seus valores são desvalorizados. Ela permanece, portanto, como a fonte silenciosa da qual ainda não foram esgotadas toda a riqueza e toda a potencialidade na nossa cultura. Talvez seja ela quem tenha uma alternativa para a sublimação destrutiva masculina. Mas para isso é preciso saber como nós, mulheres, vivemos o nosso corpo.

O gozo

Vimos como a sublimação distorce o corpo dos homens num corpo dessexualizado, com um prazer localizado somente no pênis.

Vimos, também, como a mulher não sofre a ameaça da morte e, por isso, não perde o corpo pansexualizado e polimorficamente perverso da criança de antes da repressão. Além do mais, o seu corpo carrega um pesado e complexo aparelho reprodutivo que inclui tanto a menstruação, defloração, gravidez, parto, amamentação — indo até a menopausa — quanto o útero, os ovários, os seios e muito mais zonas erógenas que o homem. Este possui apenas um pênis e dois testículos. Por ser mais simples, o corpo do homem carrega uma grande carga de fantasias, mas o da mulher não, porque o corpo dela carrega a realidade que é a vida.

Isto aponta para uma diferença de qualidade na vivência dos corpos masculinos e femininos e no prazer de homens e mulheres.

Quando Homero pergunta a Tirésias, na *Ilíada,* qual era o maior prazer, o do homem ou o da mulher, este, que havia sido mulher antes de ser homem, respondeu: "O desejo tem dez partes: nove são da mulher e uma é do homem."

Tivemos o privilégio de conviver com uma dessas raríssimas pessoas que foi homem e hoje é mulher no seu próprio corpo. Trata-se da Dra. R. Moore, que, quando homem, foi professor de Economia na Fundação Getulio Vargas, no Brasil, e na New York University e na Hofstra University, nos Estados Unidos.

Aos cinquenta anos, casado duas vezes, pai de três filhos, religioso e não promíscuo, heterossexual, decidiu seguir o seu instinto mais profundo e depois de dois anos de psicoterapia trocou de sexo, assumindo a sua natureza transexual.

Hoje a Dra. R. Moore continua nas mesmas universidades e é aceita pelos seus alunos e alunas. E quando lhe perguntamos sobre os seus orgasmos como homem e como mulher, respondeu: "Quando era homem, o meu orgasmo era localizado no pênis. Depois da minha operação – claro, tomo estrogênios porque eles não são fabricados naturalmente pelo meu organismo – o meu orgasmo hoje se espalha pelo corpo todo, da raiz dos cabelos à ponta dos pés. Devia ter tido coragem de me tornar mulher antes..."

E o que ela fez nada mais foi do que adaptar o seu sexo genital ao sexo do seu cérebro. Sua disfunção é rara, mas existe e se chama "disforia de gênero". Sua angústia, que era resultado da sua divisão interna, sumiu.

Não espanta que na cultura patriarcal os homens – inclusive Freud – tenham um medo terrível do feminino. Milenarmente, as mulheres são punidas pela sua sexualidade. Não só no Gênese em que ela é duplamente culpada da queda humana. Nas culturas islâmicas elas são cobertas por véus. Na África o seu clitóris é decepado ou sua vagina costurada. Na China, até meados do século XX, os seus pés eram amarrados, pois a sua situação de escravidão era tão terrível que só assim seriam impedidas de fugir. E os pés pequenos eram louvados por todos os poetas. Na Índia até hoje são vendidas; lá se veem, em páginas e páginas de jornais, como são negociadas pelos pais e os anúncios aparecem como os nossos anúncios de venda de imóveis... Até hoje a sua situação é tão deprimente que as mães preferem matá-las ao nascer com veneno, antes de as exporem a todos os vexames que as mulheres sofrem naquele país. E assim por diante.

No cristianismo foram sacrificadas pela Inquisição centenas de milhares de mulheres – as feiticeiras – pelo simples fato de serem orgásticas. O raciocínio teológico era o seguinte: o pecado original foi a primeira cópula. E foi porque o homem escolheu o prazer oferecido pela mulher que ele entregou a sua alma a satanás. Portanto, o prazer é o mais hediondo dos males e ele vem diretamente de satanás. A mulher só poderia saber o que era orgasmo se tivesse copulado com satanás.[3]

Esse caráter demoníaco do gozo aparece em toda cultura patriarcal desde muito antes do cristianismo. A mulher verdadeiramente feminina era a mulher silenciosa, passiva e inorgástica. Assim se pensou até o início do século XX, onde Freud e a sua discípula Helen Deutsch falavam do masoquismo primário como a característica primordial do feminino.[4]

E esse massacre do feminino só foi rompido na segunda metade do século XX, mas só poderemos entender o porquê disso se conhecermos as razões econômicas que levaram a esse massacre.

Notas

1. Em *Algumas consequências psíquicas da diferença anatômica entre os sexos,* ESB, vol. XIX, Freud fala sobre a inveja do pênis, pp. 314-318, e a troca deste pelo filho. Em *Organização genital infantil,* ESB, vol. XIX, fala sobre o horror à mulher que não tem pênis, p. 182. Em *A dissolução do complexo de Édipo,* vol. XIX, sobre a mãe como propriedade, p. 217, e as fases da castração, pp. 218-222, sobre os órgãos sexuais das meninas serem o que convence o menino da sua superioridade, p. 221; para a menina a anatomia é o destino, p. 222; o clitóris como fundamento da inferioridade feminina, p. 223.
2. Cf. Freud, *Novas conferências introdutórias sobre psicanálise,* ESB, vol. XXII, "Conferência XXIII".
3. Spencer, Kramer: *O martelo das feiticeiras,* 10ª ed., Rosa dos Tempos, 1991, p. 231.
4. Veja mais sobre o tema nas seguintes obras: Aburdene, Patrícia e John Nasbitt, *Megatendências para mulheres,* Rio de Janeiro: Rosa dos Tempos, 1994; Asch, Adrian, e Geller, Gail, "Feminism, Bioethics, and Genetics", em *Feminism and Bioethics: Beyond Reproduction,* N. York: Oxford University Press, 1996; Assoun, P. L., *Freud e a mulher,* Rio de Janeiro: Zahar, 1993; Aulaigner, P., *Le désir et la*

percepcion, Paris: Seuil, 1967; Badinter, Elisabeth, *Um amor conquistado: O mito do amor materno*, Rio de Janeiro: Nova Fronteira, 1985; Barros, M. Nazareth Alvim de, *As deusas, as bruxas e a Igreja*, Rio de Janeiro: Rosa dos Tempos, 2000; Beauvoir, Simone de, *O segundo sexo*, Rio de Janeiro: Nova Fronteira, 1980; Benhabib, Sheila e Cornell, D., *Feminismo como crítica da modernidade*, Rio de Janeiro: Rosa dos Tempos, 1991; Berquó, Elza, "A família no século XXI", em *Ciência Hoje,* vol. 10, n° 58, 1989; Berquó, Elza e Loyola, Andrea, "União dos sexos e estratégias reprodutivas no Brasil", em *Revista Brasileira de Estudos de População 1 (112):* 35-98, jan./dez., 1984; Birman, J., *Por uma estilística da existência,* São Paulo: Editora 34, 1996; Birman, J., "Sujeito freudiano e poder, tragicidade e paradoxo", em *Estudos em saúde coletiva 22,* IMS/UERJ, 1993; Bordo, Susan, "How Television Teaches Women to Hate their Hungers", em *Mirror Images* (newsletter of Anorexia/Bulimia support), Syracuse, N. York: 14: 1, pp. 8-9, 1986; Bordo, Susan, "Reading the Slender Body"; em *Women, Science, and the Body Politic: Discourses and Representations,* N. York: Methuen, 1989.

14. O mundo como projeção do corpo erógeno da mulher

Para entendermos como a mulher poderia trazer algo radicalmente novo para a construção do mundo seria necessário nos determos no que aconteceu quando o feminino era o gênero hegemônico.

Freud desenvolveu a sua teoria da sublimação em *O mal-estar da civilização*, quando estudou a estrutura das sociedades capitalistas europeias do seu tempo. Ora, foi apenas no último quarto de século XX que as ciências humanas feministas[1] descobriram a existência de divindades femininas primordiais, junto com alguns cientistas, como Joseph Campbell.[2]

Ao estudar as 1.500 cosmogonias conhecidas e ordená-las cronologicamente, este mitólogo, considerado um dos mais importantes do século passado, viu que as mais arcaicas referiam-se a uma Deusa, uma Grande Mãe — em geral identificada com a Terra —, de onde tudo saía e para onde tudo voltava. Era onidadivosa, onirreceptiva e criadora — sozinha — de todas as outras divindades e — direta ou indiretamente — de todos os seres humanos.

Daí em diante, à medida que o gênero masculino vai se tornando hegemônico, aparecem as divindades masculinas primordiais. No primeiro grupo é um dos filhos da Deusa que se revolta contra ela e toma o poder. Depois, o casal andrógino como o Yin/Yang da China e Shakti/Shiva da Índia — e, finalmente, o Deus macho todo-poderoso e onisciente que cria também sozinho — todos os seres.

Todas as cosmogonias nada mais são do que a sacralização das leis que regem os sistemas econômicos e culturais dos diversos grupos humanos. As mais antigas imagens sagradas não são de homens ou animais, mas sim 25 mil estatuetas de mulheres grávidas de grandes seios e grandes ancas, as deusas da fertilidade.[3] A aparição de deuses masculinos é muito recente na história humana.

Desde a década de 1960 as historiadoras feministas[4] se referem como matricêntricas às primeiras culturas conhecidas, as de coleta, onde não era necessária a força física. As mulheres governavam a sociedade de então pelas linhagens femininas, porque não sabiam — nem homens nem mulheres — quem era o pai da criança. Assim, os homens sentiam-se mais ou menos marginais e as mulheres eram consideradas quase sagradas, porque supunha-se que pariam dos deuses.

O poder gerador das mulheres era a origem do seu poder econômico.[5] Nessas comunidades a vida era gozosa, bastava colher os frutos das árvores e caçar pequenos animais para ter as suas necessidades físicas satisfeitas. O resto do tempo ficava disponível para as atividades prazerosas, que incluíam o contato direto com a natureza e com os outros membros do grupo. Vários antropólogos descreveram algumas dessas atividades e o delicado equilíbrio que havia entre os seres humanos e a natureza, entre os grupos de idade, entre homens e mulheres, entre pais e filhos etc.

A propriedade de tudo era comum. Não havia competição e, sim, solidariedade e partilha, absolutamente necessárias para a sobrevivência física dos grupos pequenos demais para enfrentar uma natureza poderosa e muitas vezes hostil.

A guerra era impensável, pois a morte de um ou mais membros do grupo ameaçava a sobrevivência de todos.

O poder tornava-se uma tarefa a mais, um serviço, e, por isso, passava de mão em mão como uma "batata quente". Havia, então, vez e voz para todos. Como o governo era exercido pelas mulheres que não possuíam força física, estas governavam pela persuasão, por sedução, de baixo para cima, por consenso.

O grupo tinha primazia sobre os indivíduos; a palavra eu não existia nas linguagens primitivas. O eu é ocorrência dos últimos milênios que englobam o período histórico da humanidade.

Não havia morte. A morte física era a reintegração do indivíduo na cadeia das gerações. Ele passaria a ser um antepassado que depois viria a reencarnar. Voltaria. Portanto, não existia a perda irreparável. Vida e morte eram as duas faces complementares da mesma realidade. A vida só passa a entrar em luta contra a morte mais tarde, no patriarcado.

Por isso mesmo a realidade e o prazer estavam mais próximos que hoje. Assim também o eu e o outro, porque a realidade cotidiana encontrava-se imersa no sagrado. O contato das crianças com o corpo da mãe era mais prolongado e intenso que nos dias de hoje.

A sexualidade genital também era menos intensa e existia uma erotização da vida como um todo. A realidade inteira estava permeada por uma sensualidade que hoje não conhecemos mais. Mesmo quando ela ficava dolorosa ou trágica, essa dor não estava reprimida e, sim, sendo vivida. As pessoas sabiam gozar e sofrer: viver e morrer. Isto tudo foi observado e retratado por antropólogos(as) que vêm estudando os remanescentes desses grupos mais antigos, onde as relações humanas transcorriam por meio do amor. Entre estes a brincadeira era e ainda hoje é determinada pelos mais fracos e não pelos mais fortes.[6]

Não havia o casamento como conhecemos hoje. As relações homem/mulher eram mais fluidas, por isso, mais fáceis de começar e também de terminar. Não havia solidão e rejeição como nos dias de hoje, porque o grupo era, de fato, mais coeso e integrado.

Uma irmã das salesianas, dando um depoimento sobre o contato delas com índios da Amazônia, disse: "Antes de nossa chegada eles viviam felizes, nós trouxemos as doenças e a culpa."

E o trabalho só era feito para uma finalidade prazerosa, ou para consumo imediato ou rituais. Isso fica claro, também, em outro depoimento, desta vez de um padre que trabalhava com os guaranis:

"A cada quatro anos eles — e também todas as comunidades primitivas — fazem uma grande festa, onde todos os tabus são rompidos. Para isso, plantam durante quatro anos, acumulam comida e bebida para a festa. Um dia achamos que aquilo era um desperdício e resolvemos vender o milho e comprar roupas e remédios. No ano seguinte eles não plantaram mais."

O exercício do prazer fazia os corpos suficientemente fortes para aceitar a vida e a morte, isto é, as suas psiques tornavam-se suficientemente fortes para viver e para morrer, e elas estavam dentro dos seus corpos. Não existia a culpa que gera o medo da perda, que gera atos de punição, que geram a dor e a fuga da morte e, por isso, fazem a alma sair para fora do corpo.

A inveja do útero

Mas nessas culturas os homens eram uma espécie de seres marginais. A sua força física não se fazia necessária e eles não sabiam o seu papel na procriação. Seres secundários? Sem sentido?

Inconscientemente, durante um milhão e meio de anos eles foram desenvolvendo uma inveja das mulheres. Nessas culturas o órgão supervalorizado não era o pênis e, sim, o ventre — grávido – das mulheres, porque dele dependia a sobrevivência do grupo e dos seres que alimentavam a vida recém-criada. E o sangue menstrual era jogado na terra como rito de fertilidade.[7]

Quando a exuberância da natureza vai diminuindo, faz-se necessário o uso da força física para a caça dos grandes animais. Aí, pouco a pouco aparecem as culturas baseadas na caça. E o mais forte começa a dominar os mais fracos. Inicia-se a rotina da luta por mais território, e o gênero masculino torna-se hegemônico. E começa a desreprimir a inveja arcaica do útero, tentando tomar no plano simbólico o poder reprodutivo da mulher em rituais como o da cuvade, em que o macho, após o parto, ocupa "naturalmente" o lugar da mulher no cuidado da criança. No Brasil, esta prática é observada em todas as culturas indígenas que não são mais de coleta e, sim, de caça.[8]

O outro ritual importante é a iniciação do menino à vida adulta, que se passa, secretamente, na casa dos homens. E nessa casa só os homens podem entrar: se as mulheres se aproximam são punidas com a morte. Em muitas culturas os homens imitam o parto com objetos de madeira e cânticos rituais exorcizando assim a misteriosa força geradora da mulher.

Essas culturas vêm assim até o patriarcado, que começa na época em que os homens descobrem o seu papel na procriação,[9] aproximadamente há vinte mil anos. Isto acontece ao mesmo tempo que descobrem como fundir metais. Com eles fazem os primeiros instrumentos agrícolas e, há dez mil anos, começam a dividir a terra entre si. A guerra já é uma rotina. Também a invasão da terra feita pela simples grilagem e pelo simples assassinato.

Os princípios feminino e masculino, que governavam juntos o mundo até então, se dividem: a mulher fica reclusa no domínio da casa – do privado – e o homem assume o domínio público. Agora é a lei do mais forte que consolida o seu poder. Um poder que não é mais um serviço e sim um privilégio. Agora a relação que predomina é a do senhor e do escravo. O homem domina e a mulher é a dominada. E é essa violência, que pouco a pouco foi sendo fabricada, que nos dias atuais o menino introjeta, desde criança, no processo de castração.

É a introjeção da figura do senhor — o pai — e do escravo — o menino — que marca o início histórico do processo de sublimação. Este processo é, pois, muito recente na história humana.

A inveja do pênis

A inveja do útero é agora substituída pela inveja do pênis. O parto, condição da superioridade feminina nos primeiros tempos, passa a ser desqualificado.

No cristianismo é um Deus macho e guerreiro — Javé, Deus dos exércitos — que tira o homem do barro e a mulher do seu ventre. E não da costela, pois, ainda usando Freud, por um mecanismo de deslocamento, mediante uma realidade aceitável para o consciente, exprime-se outra mais violenta, que o consciente nega mas o inconsciente entende e aceita.

Nos milênios seguintes toda a teoria de Aristóteles e os primeiros doutores da Igreja definem o ventre da mulher como um espaço vazio, no qual os semens, pouco a pouco, fazem sozinhos o trabalho de fabricar o embrião.

Segundo Aristóteles, o feto masculino adquire uma alma aos quarenta dias e o feminino, aos oitenta. E esta ideologia vem até quase os nossos dias. É só no século XIX que se descobrem o fenômeno da ovulação e o papel da mulher na gestação.[10]

Mas aí a inveja do pênis já estava instalada havia milênios. A inveja primitiva do útero fica completamente esquecida, só se revelando na excessiva valorização do pênis. Valorização em relação a quê? Em relação ao feminino. Enfim, domada a mulher, já são soberanos o pênis, a sublimação e todo o monumental arcabouço humano que as fantasias sobre o corpo do homem criam. O mundo é agora a projeção deste corpo masculino.

Essa inveja permanece viva no inconsciente de todos os homens até hoje. Na nossa pesquisa citada[11] havia no questionário uma pergunta: "Qual a melhor vida, a do homem ou a da mulher?" Estatisticamente, todos os entrevistados na amostra, incluindo homens e mulheres, tenderam a responder que a melhor vida era a do homem. E isto por diversos motivos, principalmente pela maior autonomia do homem e pela capacidade de ele realizar o que deseja.

Exceto a parte mais importante da amostra: conseguimos contatar nove dos maiores empresários e estadistas brasileiros e fazer com que falassem. Pois bem, oito deles foram unânimes: "A vida melhor é a da mulher"; "É melhor dar de mamar do que ir a reunião de executivos"; ou "Nós estamos o tempo todo na corda bamba e elas protegidas."

Os homens mais poderosos, aqueles que realmente possuem o falo, não tiveram o menor problema em admitir a sua inveja do útero. Presos no mundo dos números e dos objetos — isto é, das fezes, do não vivo —, tinham consciência da realidade que os esmagava e da perda do humano que o sistema produtivo trazia.

Mas só eles, os outros não. Assim, mesmo no patriarcado a mulher conserva um mistério indomado. A ruptura entre o público e o privado foi o início de todas as outras: entre o sagrado e o profano, entre o homem e a mulher, entre os grupos humanos e, principalmente, entre o humano e a natureza. As relações agora são relações de violência. A mesma violência que o menino aprende quando quer matar o pai para não morrer.

A mulher continua intocada na sua dominação. Encarregada agora sozinha do cuidado da criança, ela é obrigada pela cultura a continuar vivendo a solidariedade e o altruísmo. O seu domínio é o do constante dar. Assim, silenciosamente, durante quase dez mil anos a mulher continua a ser a depositária dos valores arcaicos da solidariedade e do dom de si. Quem dá o salto para a competição não é a mulher e sim o homem. No sistema patriarcal e de classes, criado pela sublimação masculina, explode tudo em categorias, clãs, ciências, impérios. E cinde-se o ser humano dentro de si e entre ambos os gêneros.

A seguir vamos analisar a situação do homem e da mulher hoje e também como se articula a sexualidade com o sistema econômico atual. Em suma, veremos quais são as clivagens de gênero e de classe.

Notas

1. Gimbutas, Marija, *Goddesses and gods of old europe 6.500-3.500 BC*, Los Angeles: Berkeley and Los Angeles University California Press, 1982.
2. Campbell, Joseph, *As máscaras de Deus,* São Paulo: Palas Atena, 1994.
3. French, Marilyn, *Beyond Power: on Women, Men and Morals,* N. York: Summit Books, 1985.
4. Veja mais sobre o tema nas seguintes obras: Agonito, Rosemary, *History of Ideas on Women,* N. York: G. P. Putnam's Sons/Paragon, 1977; Balsdon, J. P. V. D., *Roman Women: Their History and Their Habits,* Westport, Conn.: Greenwood Press, 1962; Beard, Mary R., *Woman as Force in History,* N. York: Macmillan Colier Books, 1971; Bell, Susan Groag, *Women from the Greeks to the French Revolution.* Stanford, Ca.: Stanford University Press, 1973; Bernard, Jessie, *The Female World,* N. York: Free Press, 1981; Beauvoir, Simone de, *O segundo sexo,* Rio de Janeiro: Nova Fronteira, 1986; Billigmeier, Jon-Cristian e Turner, Judy A., "The Socio-Economic Roles of Women in Mycenaean Greece: A Brief Survey from

Evidence of the Linear B Tablets", em *Women's Studies* 8 (1981), pp. 3-20; Block, Raymond, *The Etruscans*, N. York: Frederick A. Praeger, 1958; Clark, Alice, *Working Life of Women in the 17th Century* (1919), reprint in N. York: A. M. Kelley, 1968; Croll, Elisabeth, *Feminism and Socialism in China*, N. York: Schocken, 1980; Dahlberg, Frances, *Woman the Gatherer*, New Haven, Conn.: Yale University Press, 1981; Davis, Elizabeth Gould, *The First Sex*, N. York: G. P. Putnam's Sons/Penguin Books, 1972; Eisler, Riane, *O cálice e a espada*, Rio de Janeiro: Imago, 1994; French, Marilyn. *Beyond Power: on Women, Men, and Morals*, N. York: Summit Books, 1985; Friedl, Ernestine, *Women and Men: an Anthropologist's View*, N. York: Holt, Rinehart and Wiston, 1975; Gimbutas, Marija, *The Gods and Goddesses of Old Europe*, Berkeley, CA.: University of California Press, 1974; Kors, Alan C., e Peters, Edward, *Witchcraft in Europe – 1100-1700: a Documentary History*, Filadélfia: University of Pennsylvania Press, 1972; Lacey, W. K., *The Family in Classical Greece*, Ithaca, N. York: Cornell University Press, 1968; Macfarlane, Alan, *História do casamento e do amor*, São Paulo: Companhia das Letras, 1990; Mead, Margaret, *Cooperation and Competition among Primitive Peoples*, N. York: McGraw-Hill, 1937; Mellaart, James; *Catal Huyuk*, N. York, McGraw-Hill, 1967. Miler, Rosalind, *A história do mundo pela mulher*, Rio de Janeiro: Casa Maria Editorial, 1988; Minai, Naila, *Women in Islam*, N. York: Seaview Books, 1981; Nye, Andrea, *Teoria feminista e as filosofias do homem*, Rio de Janeiro: Rosa dos Tempos, 1995; Pomeroy, Sarah B., Goddesses, *Whores, Wives and Slaves*, N. York: Schocken Books, 1975.
5. Muraro, Rose, *Mulher no Terceiro Milênio*, 6ª ed., Rio de Janeiro: Rosa dos Tempos, 1992.
6. O'Kelly, Charlotte G., *Men and Women in Society*, N. York: D. van Nostrand, 1980.
7. Muraro, Rose, *Mulher no Terceiro Milênio*, op. cit., pp. 22ss.
8. Id., ibid.
9. Id., ibid.

10. Id., "El aborto en America Latina", em *Mujer, Iglesia, Sexualidad y Aborto en America Latina,* Washington: Catholics for Free Choice, 1990.
11. Id., *Sexualidade da mulher brasileira,* 5ª ed., Rio de Janeiro: Rosa dos Tempos, 1996, p. 134.

15. A incompatibilidade entre o homem e a mulher

Individualidade e sexualidade

Então como se dá o processo de identificação sexual de meninos e meninas no sistema patriarcal? O menino corta a relação com o pai e, por isso, também com a mãe. E quando se identifica sexualmente o faz na solidão e na autonomia. Já a menina, que não sofre a ameaça de morte, em vez de se identificar na solidão, o faz na relação, reforçando os seus laços com pai e mãe. (Veja quadros 1 e 2, à frente.)

Vemos assim como o amor que salva para o menino é o amor de si – egoísmo –, e o da menina, o amor do outro – altruísmo.[1]

Desta forma, espantosamente, é a própria cultura que "carimba" o menino, desde que nasce, para o papel que virá a exercer no mundo – o de pertencer à vida pública, produtiva e, portanto, a competir pelo poder, prejudicando o outro sem culpa, porque este papel é o de cuidar em primeiro lugar do próprio interesse. A mulher, diferentemente, destinada à casa e à vida privada, é "carimbada" para o doar a si, para o altruísmo.

A consequência direta desta condição de ambos é o tipo de superego masculino, rígido e impessoal, que se opõe ao feminino, mais flexível e pessoal. A psicóloga americana Carol Gilligan[2] estudou mais de 12 mil adolescentes, entre meninos e meninas, propondo-lhes um dilema sobre uma pessoa doente que necessitava de um remédio só encontrável quando se transgredissem alguns princípios morais e legais. Os meninos maciçamente se recusaram a agir fora dos padrões e as meninas, na sua maioria, não hesitaram em transgredir os princípios para salvar uma vida. Essa pesquisa foi decisiva para que se iniciassem os estudos de gênero e para que se começasse a entender como as psiques feminina e masculina divergiam na nossa cultura.

Outra característica da divergência de ambos é a tendência do homem, como vimos, à autonomia, à solidão e à separação, tendendo, por sua vez, a mulher para a união, a relação e a busca de companhia.

Atividade e agressividade *versus* passividade e acolhimento são características tradicionais de ambos os gêneros, que, atualmente, começam a passar por transformações rápidas.

Manipulação e controle vêm da característica anal sádica de toda a nossa cultura. Estes são complementares à dependência afetiva da mulher tradicional que se origina da sua submissão econômica. Cada um erotiza o que pode. O homem, em geral, erotiza o mando, o controle, e a mulher o "domina" pela ternura, pela fragilidade e até pelo masoquismo.

Em suma, o corpo do homem é fragmentado. A sua grandeza trágica vem da sua experiência precoce de enfrentamento da morte. É ele, e não a mulher, que cai da eternidade da criança polimorficamente perversa, mergulhada no prazer do seu corpo, para dentro do tempo fragmentado em horas, minutos e segundos: o tempo do trabalho, do poder e da construção da história.

O seu corpo é construído pela sua mente masculina. A mulher, não. Ela identifica a sua mente com o corpo e isso faz com que permaneça no mundo do prazer, íntegra.

É essa integridade e essa fragmentação que fazem as lógicas feminina e masculina serem completamente diferentes uma da outra. Quando nos detivermos na análise do sistema de poder, estas se tornarão bastante claras.

Entretanto, como a estrutura psíquica do homem o leva para o racional, para a objetividade e para o conhecimento intelectual, isso tende a dessexualizar o seu corpo erótico, tornando-o um corpo abstrato. Por isso mesmo, mais que a mulher, o homem está propenso às generalizações, à ciência objetiva e teórica, à construção científica e tecnológica e ao sistema econômico.

A mulher, por outro lado, vai para o mundo do conhecimento levando todo o seu corpo erógeno. O irracional, a emoção, a intuição e principalmente o cuidado.[3] No fim deste texto analisamos que tipo de conhecimento e de construção tecnológica e econômica esta outra lógica pode gerar, principalmente se integrada com a parte não destrutiva da lógica masculina, neste mundo tecnologicamente complexo.

Para melhor compreensão do leitor, na próxima página resumiremos o processo de identificação sexual e da construção do feminino e do masculino por meio do quadro de estrutura binária. Porém, temos de alertar para o perigo desta estrutura, porque inconscientemente o(a) leitor(a) pode, por ela, associar a diferença à desigualdade. Mas, caso seja possível dissociar essas duas categorias e pensar o masculino e o feminino como dois mundos apenas diferentes, ela pode ajudar muito a entender o que o patriarcado fez conosco, homens e mulheres.

Assim, o quadro apresentará exatamente o triângulo edipiano. Colocaremos debaixo dos triângulos referentes ao menino e à menina as características da masculinidade e da feminilidade a que nos referimos anteriormente. E faremos outros quadros para diversas relações.

O primeiro deles se refere ao mapeamento da libido de homens e mulheres no âmbito interno. No segundo, logo após, faremos o mesmo esquema quanto à Relação Homem/Mulher.

Mais adiante virá o quadro 3 sobre o feminino e o masculino quanto ao âmbito epistemológico — relação com o conhecimento e a espiritualidade — e o quarto sobre o Poder, com algumas constantes sobre o corpo que sublima e o corpo que erotiza. Enfim, o quinto quadro ilustrará nossas avaliações sobre a patologia dos gêneros.

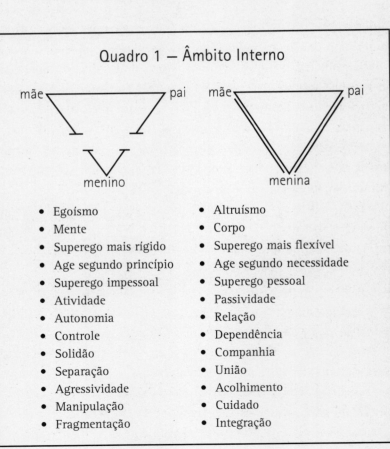

Quadro 1 — Âmbito Interno

- Egoísmo
- Mente
- Superego mais rígido
- Age segundo princípio
- Superego impessoal
- Atividade
- Autonomia
- Controle
- Solidão
- Separação
- Agressividade
- Manipulação
- Fragmentação

- Altruísmo
- Corpo
- Superego mais flexível
- Age segundo necessidade
- Superego pessoal
- Passividade
- Relação
- Dependência
- Companhia
- União
- Acolhimento
- Cuidado
- Integração

Relação homem-mulher: o continente negro

Na nossa pesquisa já citada havia uma pergunta — Como se sente no casamento? — com quatro opções de resposta: 1) muito feliz; 2) feliz; 3) decepcionado (a); 4) infeliz.[4]

Todas as mulheres de todas as classes sociais dividiram-se entre as quatro opções. Havia as muito felizes e as felizes — que se concentravam mais nas classes ricas. Algumas se definiram como decepcionadas — 64% das mulheres da classe operária sentiam-se assim — e havia ainda as infelizes — as quais se concentravam nas classes menos favorecidas.

Mas, surpreendentemente, quase todos os homens — exceto um único da classe operária — responderam da mesma maneira: "feliz". Ou seja, não falaram! Não comunicaram a sua verdadeira emoção. Todos estavam convenientemente felizes, não eram infelizes nem muito felizes. Sentiam dificuldade em expressar as suas emoções. Ou melhor, seu medo!

Isto significa que as mulheres se entregavam e que os homens tinham medo da entrega. Justamente porque têm o corpo dividido, não se jogam inteiros em nada.

Nas incontáveis palestras que fizemos, a grande maioria das mulheres de pronto concordava quando afirmávamos que, em geral, elas querem "aprofundar" as relações e que os homens tentam fugir deste aprofundamento. Por quê?

Talvez o cerne da incompatibilidade entre ambos esteja aí: o fato de ter sido ameaçado de morte por causa do amor primordial da mulher, o amor da mãe. Por isso, todos os amores mais profundos, imagina ele, levam à morte. A mulher, que não fez essa ruptura, quanto mais profundo for o amor, mais erotizada fica e sente-se cada vez mais próxima das experiências de gozo da infância, de antes da repressão.

A seguir mostramos exatamente os esquemas da incompatibilidade na sexualidade entre homens e mulheres por meio do teor segmentado do quadro 2.

Quadro 2 – Relação Homem/Mulher: Sexualidade

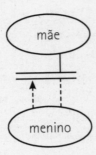 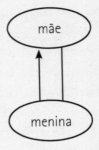

- Amor leva à morte
- Separa sexo do afeto
- Prazer
- Medo do aprofundar
- Sexo em 1º lugar
- Não fala das emoções
- Sadismo
- Aparência
- Mulher como empregada
- Trai para ficar
- Começa as relações
- Quantitativo
- Limite
- Ameaçado pela proximidade
- Polígamo
- Mulher mais burra
- Pornografia

- Amor leva à vida
- Une sexo ao afeto
- Êxtase
- Desejo de aprofundar
- Amor em 1º lugar
- Procura comunicar-se
- Masoquismo
- Qualidades interiores
- Casa porque está apaixonada
- Trai para sair
- Termina as relações
- Qualitativo
- Sentimento oceânico
- Ameaçada pela distância
- Monógama
- Homem mais competente
- Erotismo

Então, como podemos ver, quando o homem começa a amar a mulher sente muito tesão, mas, assim que o amor se aprofunda, aparece a lembrança do trauma primordial, tornando-o cada vez mais inibido. O seu desejo diminui enquanto o afeto cresce. A mulher, por seu lado, quanto mais ama, mais deseja, mais sente tesão. Chega um momento em que o homem está praticamente impotente e a mulher mais erotizada que nunca. É por causa destas incompatibilidades que hoje as relações costumam acabar. Nem o homem nem a mulher têm plena consciência dessa situação. Ele está mais fragilizado que nunca e ela se sente mais forte. Para ele o amor leva à morte e para ela o amor leva à vida. Isto só vem a aparecer hoje, depois que a mulher conseguiu atingir patamares maiores de individualidade e de liberdade.

Tradicionalmente homens e mulheres casavam-se para desempenhar papéis que a sociedade lhes destinava. O homem procurava uma mulher que cuidasse dele e dos filhos e a mulher procurava um provedor. O homem casava-se com uma empregada de luxo e a mulher, com seu patrão. Ele procurava uma mulher burra, que pudesse dominar, e a mulher, um homem mais velho, mais vivido, que lhe pudesse dar segurança econômica e emocional.

Os papéis eram bem definidos. A mulher tinha de ser inorgástica e doméstica. Afeto, sim, mas o desejo era obsceno em casa; na rua, não. Enquanto em casa a mulher cozinhava e cuidava dos filhos, o homem "se virava" na rua arranjando outras mulheres — em geral de classe social mais baixa — com quem fazia sexo dissociado de afeto. Isto porque, dividido pelo homem, o sexo vem separado do afeto. É menos doloroso. A maioria deles sente a intimidade como ameaçadora. Para o homem é sexo ou intimidade, para a mulher é quase impossível dissociar ambos.

Por isso mesmo o homem vê primeiro, na mulher, a aparência física. Como ele tem o corpo dividido, vê nela também um corpo dividido. Casa-se pelos motivos mais espantosos. Inclusive um otorrino famoso se apaixonou pelo nariz da futura esposa e por isso se casou: "Esse nariz é meu". A sorte é que a esposa dele é ótima. E se não fosse?

Outros casam com seios, traseiros, tons de voz... Na nossa pesquisa, um chegou a dizer: "Só caso com morena, brasileira, de 1,60m..."[5]

As mulheres querem homens que as amem, lhes deem flores etc. Os homens querem mulheres domésticas em casa. Outro caso é o de um grande violinista que deu à mulher, também grande violinista — e linda —, de presente de aniversário um par de chinelos de couro bem confortáveis. A moça quase morreu de frustração.

Ainda sobre essa questão do corpo cindido: o homem tende a ser polígamo. Quando se apaixona por outra, fica com as duas.[6] A mulher, ao contrário, se amar outro homem vai inteira. E muitas mulheres abandonam marido e filhos por uma grande paixão sem olhar para trás.

Daí o marido, quando trai, o faz para aguentar um casamento chato. Como exemplo disso, citamos o caso de um amigo nosso que arranjou uma amante para ver se as coisas melhoravam na casa dele. Ficamos surpresos. E a coitada dessa outra mulher vai aguentar não um homem só, mas um homem e mais outra mulher (a esposa). A mulher em geral trai para ir embora. Para ela é impossível ter êxtase com dois ao mesmo tempo; ter prazer até com muitos homens só em orgias... Em suma, o homem tradicionalmente coloca em primeiro lugar o sexo, e a mulher, o amor.

Cremos mesmo que é essa incapacidade do homem de se entregar a este sentimento oceânico que o faz capaz de dominar o prazer e impor os limites, as leis e, também, a violência.

Por isso ele tende a erotizar o sadismo, e a mulher, o masoquismo. Tivemos o privilégio de estar na Universidade de New Hampshire no momento em que ali tabulavam uma pesquisa representativa da nação americana. Ela provava que 66% de todas as mulheres americanas apanhavam ou tinham apanhado de pais ou maridos. No Brasil este percentual foi de 52% conforme pesquisa realizada por Helleieth Saffioti e a sua equipe. Na linha de violência, temos a dizer que, quando dirigida contra a mulher, esta não é conjuntural. Porém, aí, alcança maior amplidão porque representa a raiz da violência do homem contra o homem.

Ainda nessa linha da cisão do corpo fica mais fácil entendermos por que o homem é quantitativo — quantas mulheres teve, quantas deu numa noite, quantas deu sem sair de dentro etc. — e por que a mulher é mais seletiva. Quando acaba uma relação, a mulher fica algum tempo recolhida, sofrendo o luto, enquanto o homem tende a ir para fora, a "galinhar". Assim ele sai e aborda as mulheres — embora muitas já estejam também abordando o homem.

Mas quem rompe a relação é a mulher. Tanto no âmbito internacional quanto no nacional, elas são responsáveis por 75% de todos os pedidos de divórcio.[7] O corpo íntegro não tem medo da morte que é a ruptura. O homem é incapaz de romper. "Fico doente", disse-nos um deles. E assim se prolongam relações medíocres ou mal-resolvidas.

Muito ainda teria de ser dito, mas deixamos isto às experiências dos (as) leitores (as).

Notas

1. Cf. Muraro, Rose, *Os seis meses em que fui homem*, 6ª ed., Rio de Janeiro: Rosa dos Tempos, 1990, pp. 44ss.
2. Gilligan, Carol, *Uma voz diferente,* Rio de Janeiro: Rosa dos Tempos, 1991.
3. Cf. Jaggar, Allison e Bordo, Susan (orgs.), *Gênero, corpo e conhecimento,* Rio de Janeiro: Rosa dos Tempos, 1995.

4. Muraro, Rose, *Sexualidade da mulher brasileira*, 5ª ed., Rio de Janeiro: Rosa dos Tempos, 1996, p. 418.
5. Id., ibid., p. 293.
6. Id., *Os seis meses que fui homem*, op. cit., pp. 49ss.
7. Barbaras, Simone, *Romper para viver*, Rio de Janeiro: Rosa dos Tempos, 1997, pp. 110ss.

16. A incompatibilidade entre a mulher e o homem

O mundo do pensamento: como os sistemas simbólicos se tornaram masculinos

Jean-Jacques Rousseau, no seu livro *Émile,* conta que este teve dois nascimentos: o primeiro para a natureza, quando saiu do ventre da mãe, e o segundo para a cultura, quando começou a estudar. Mas que Sophie, noiva dele, havia tido somente um, o da natureza, pois desde criança estava sendo preparada para as tarefas domésticas.

Então, até o século XIX, aprender a ler, normalmente, só era permitido aos homens, e ainda hoje em alguns países do mundo é assim.

Apenas em 1848 é que as mulheres americanas e inglesas se reuniram em Seneca Falls, nos Estados Unidos, e reivindicaram os seus direitos ao aprendizado da leitura, ao voto, à herança, e também exigiram um salário pelo seu trabalho doméstico e emprego no domínio público.

De fato, até o século XIX as mulheres eram pouco mais que escravas. E se, atualmente, têm todos esses direitos mínimos de cidadania, devem agradecer para sempre àquelas primeiras feministas que correram o mundo durante 68 anos para começar a conseguir alguns direitos, porque foi exatamente em 1920 que os Estados Unidos e a Inglaterra deram às mulheres o direito ao voto. No Brasil, este direito passou a existir em 1934 e foi conseguido por Bertha Lutz. Até então, as feministas eram vistas como lésbicas, prostitutas, chamadas de feias, mal-amadas, solteironas etc., embora muitas tivessem maridos e filhos. E isto continua acontecendo hoje com aquelas que ousam pertencer aos movimentos organizados de mulheres.

Outro fato que mostra esta tendência histórica de colocar a mulher como pessoa de segunda categoria ocorreu depois da primeira Década da Mulher (1975 a 1985). A ONU, estudando 121 países entre desenvolvidos e subdesenvolvidos, descobriu que as mulheres constituíam 1% dos detentores da riqueza e do poder, faziam 2/3 do trabalho mundial e ganhavam 1/3 da massa salarial; em outras palavras: trabalhavam o dobro do homem e recebiam a metade do que ele ganhava, ou seja, o trabalho delas valia na verdade 1/4 do dele ou a metade da metade.

Esta situação mudou muito. Hoje a mulher é aproximadamente 50% da força de trabalho mundial; nos EUA ganham 95%[1] do que ganham os homens e no Brasil, 66%.[2] Houve, pois, nos últimos vinte anos uma mudança na condição da mulher maior que nos últimos oito mil anos de patriarcado.

Na maioria dos países as mulheres são mais que a metade de todos os estudantes universitários. No Brasil, perfazem 66%. Em 1969 eram apenas 33%: de trezentos mil alunos, só cem mil eram mulheres. Hoje, num universo de 2,7 milhões de alunos, elas somam 1,8 milhão, isto é, cresceram 18 vezes, ao passo que os homens, apenas 4,5 vezes!

Feminino e masculino

E em termos de capacidade mental o que significa isso? Em toda a sua obra Jacques Lacan se refere à mulher. Os trechos seguintes representam bem o seu pensamento:

- "Não existe mulher senão excluída pela natureza das coisas que é a natureza das palavras (...) e, contudo, o caso de que ela é excluída da natureza das coisas será justamente porque, ao ser não toda, ela tem um gozo suplementar em relação ao que a função fálica designa como gozo."[3]
- "(...) e seria um erro não reconhecer que são elas que no fim das contas possuem o homem (...)"
- "Há um gozo, já que vamos nos ater ao gozo, um gozo do corpo que é, se me permitem a expressão, para além do falo (...). Há um gozo próprio a ela, a essa ela que não existe e que nada significa e do qual ela nada sabe, senão que o sente (...) e por mais que lhe supliquemos de joelhos que nos tentem falar sobre isso – nem uma palavra. Jamais conseguiremos arrancar delas coisa alguma!"[4]

E sobre a natureza desse gozo Lacan, ao analisar uma estátua de Santa Teresa de Bernini em estado de êxtase e exposta em Roma, declara: "O que goza Santa Teresa não deixa dúvidas! E de que goza ela? O testemunho dos místicos é essencial, eles sentem, mas não sabem (exprimir) (...)" E ainda diz:

> O que se tentava nos tempos de Freud e de Charcot era reduzir a mística a problemas de trepação (de foutre). Se olharmos de perto não veremos isso de forma alguma. Esse gozo que se sente e não se sabe não é o mesmo que nos põe no caminho da existência? E por que não interpretar uma face de outro, a face de Deus, como sendo sustentada pelo gozo feminino?[5] (...) Se a libido é só masculina, é por causa dela que a mulher

é inteira, porque, a partir daí, o homem a vê e lhe concede um inconsciente. E para que isto lhe serve? Isto lhe serve para fazer falar os falantes, aqui reduzido ao homem, isto é, a que ela não exista senão como mãe.[6]

Com tudo isto ele afirma que:

- a mulher não existe, só existe a mãe, a mulher que o homem tem no inconsciente;
- o homem é que dá um inconsciente à mulher;
- relações femininas não são simbolizadas;
- ela goza;
- mais que o homem que só tem o gozo fálico, ela goza com Deus, mas não sabe que goza.

Escolhemos estes trechos porque, para nós, dentro dos oito mil anos de patriarcado, eles sintetizam tudo o que os pensadores, desde a Grécia antiga, refletiam e ainda dizem sobre a mulher.

Dizem que a palavra é do homem e o silêncio, da mulher. Que a mulher está fora dos sistemas simbólicos pela sua biologia. E que, do ponto de vista do homem, é incompleta porque não possui pênis e que por isso é incapaz de articular o seu pensamento.

Mas isto não é verdade, pois pelo que já vimos a mulher não era educada pela sociedade tradicional. Assim, ela ficou fora do simbólico por motivos econômicos e culturais. E, porque estava fora do simbólico, segundo Lacan, ela não pensava, logo não existia no sentido cartesiano do termo: "Penso, logo existo."

Por isso o homem – que existe – é um dado e a mulher se refere a ele. É ele que confere a identidade e até o inconsciente dela – sem o homem a mulher não teria nem inconsciente! Isto porque a figura feminina que o homem tem dentro do seu inconsciente é a mãe. E, portanto, a mulher só existe como mãe, que é a mulher que o inconsciente do homem conhece.

E porque ela não simboliza, as suas relações não são simbolizadas, principalmente as relações das mulheres com outras mulheres e, mais ainda, a relação menos simbolizada de todas, "o continente negro" da psicologia contemporânea: a relação mãe e filha.

Mas o que entendemos por relação não simbolizada? Exatamente o que falamos quando nos referimos à incompatibilidade entre homens e mulheres, tanto no âmbito individual quanto no relacional entre os gêneros. A mulher, porque não — dizem os homens — tem o corte da castração, "mistura" razão com emoção, inteligência com sensibilidade, sexo com amor. Mas nós dizemos: fica "íntegra". E porque é emocional, não se ajusta aos sistemas simbólicos "racionais", "objetivos" etc., do mundo público masculino.

Mas o que Lacan e todos os pensadores esqueceram é que a ponte para o simbólico no menino é a sublimação, a categoria central de todas as psicologias e psicanálises.

Por tudo que expusemos até aqui, podemos enumerar que:

1) a sublimação é fruto do medo da morte e, portanto, violenta para a criança;
2) as mulheres e os homens têm a capacidade de pensar, de simbolizar, mas que estas foram tradicionalmente manipuladas pelo patriarcado para se manterem fora do simbólico masculino;
3) atualmente as mulheres estão sendo educadas e começam a entrar em massa nos sistemas simbólicos masculinos sem a supersublimação caracterizadora do processo psicológico do menino;
4) a mulher — quanto aos últimos trechos de Lacan citados — é capaz de um gozo para além do falo, ou melhor, de um êxtase. (Já mostramos como o gozo fálico é restrito e como o êxtase

inclui corpo e mente, a ponto de Lacan afirmar que a mulher goza com Deus, e também como não podemos reduzir o amor apenas à cópula, pois é exatamente o oposto a isto que fazem os místicos. A mulher que goza para além do falo é incompatível com o homem, cujo gozo se esgota no falo. Só os poetas, os místicos — aqueles que integram mente e corpo —, dentre os homens são os que têm acesso à mulher. Estes não são incompatíveis com ela.);

5) o gozo, em última análise — quanto ao fato do silêncio sobre o gozo e também o de não saberem nada sobre ele —, é aquilo que escapa ao simbólico, sendo incomunicável em palavras para quem não tem experiência semelhante, porque não há como explicar o azul a um cego de nascença nem a música a um surdo-mudo;

6) além disso, a entrada da mulher no simbólico está se dando de maneira diferente daquela do homem; ela traz "misturadas", integradas, razão e emoção, inteligência e intuição etc. (E assim, desde que entrou no mundo público, vem modificando os sistemas simbólicos masculinos, a nosso ver fragmentados e esquizofrênicos. O que queremos dizer é que, uma vez que a mulher se torne um sujeito maior da história a mesmo título que o homem, começa a transformar esses sistemas simbólicos — competitivos — em outros totalmente diferentes. Está começando a ser criada então uma nova ordem simbólica agora igualmente masculina e feminina.);

7) a sublimação não é o único caminho para a entrada no simbólico, mas que foi construída para ser o fundamento interno da sociedade competitiva e violenta, fabricada para sustentar o poder e não para inaugurar o simbólico; a simbolização é uma função do córtex e o seu uso é cultural e econômico, como vimos exaustivamente dizendo.

Podemos, então, começar a entender, desde já, qual é o tipo de simbólico que inclui o gozo e não a frustração e o medo da morte.

No âmbito epistemológico a lógica básica não poderá ser a lógica "objetiva" aristotélica de causa e efeito.[7] A lógica dialética de negação, de Hegel, toma um lugar mais restrito e, agora, uma lógica de diálogo e reciprocidade é instituída, como, por exemplo, a que desenvolve Humberto Maturana na sua obra.[8]

Temos de partir para uma epistemologia que inclua a subjetividade — como o trabalho de Susan Bordo e da sua equipe[9] — e para uma educação que se preocupe com a inteligência emocional. Precisamos, principalmente, rever a ciência econômica vigente, que reduz a realidade a equações frias, para fazê-la ver, debaixo dos agregados econômicos, a morte, a doença, a desigualdade, a iníqua distribuição de renda. Não mais Milton Friedman, Keynes, Pedro Malan e os seus seguidores, mas uma economia baseada numa matemática do ganha/ganha, como a dos trabalhos de Samir Amin, Mandel e alguns economistas radicais americanos — e, acima de todos, Rosa Luxemburgo. E assim, consequentemente, enriquecer as matemáticas em geral, fundando-as, agora, nos modelos biológicos em vez de nos atuais modelos físicos que não se aplicam nem explicam a realidade humana. Uma matemática que assuma o irracional, não a causalidade, como na teoria da complexidade de Illya Prigogine, a física quântica. E daí por diante.

Ora, isto mostra como tudo o que hoje chamamos de sistemas simbólicos, baseados na palavra e na razão, não tem as suas bases inconscientes e irracionais trabalhadas nem percebidas. Só neste momento, perto da destruição da espécie que esses sistemas estão produzindo, é que essas bases começam a aparecer. E, portanto, a serem questionadas e implodidas.

No quadro 3, a seguir, esquematizamos a maneira de ser masculina por um gráfico matemático convencional, composto de abscissas e ordenadas e uma reta indicando correlação de forças, e a feminina por uma espiral com uma seta mostrando um sentido único.

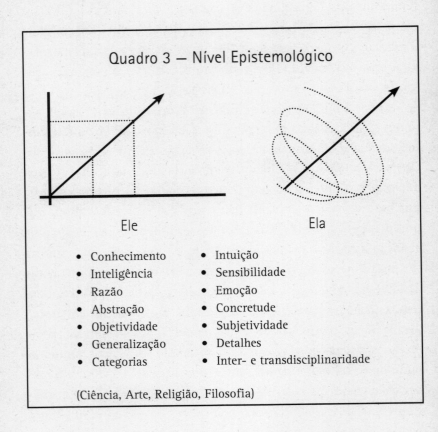

Quadro 3 — Nível Epistemológico

Ele

- Conhecimento
- Inteligência
- Razão
- Abstração
- Objetividade
- Generalização
- Categorias

Ela

- Intuição
- Sensibilidade
- Emoção
- Concretude
- Subjetividade
- Detalhes
- Inter- e transdisciplinaridade

(Ciência, Arte, Religião, Filosofia)

Homem, mulher e poder

No início do Terceiro Milênio, quando as mulheres passam a emergir como sujeitos da história num mundo tecnologicamente avançado, elas começam a trazer a nova/arcaica lógica do seu corpo erógeno para dentro do sistema simbólico/econômico masculino.

Elas começam a entrar em massa no sistema produtivo durante a década de 1960. E nos anos 1980, após terem fracassado em imitar o homem, adotam uma nova estratégia: trazer a lógica feminina para dentro da lógica masculina. E ambas as lógicas começam a mostrar o que realmente são.

E, com o que observamos da experiência de quase quarenta anos nos movimentos de mulheres, vemos como a forma delas governarem opõe-se à dos homens.[10]

Neste mundo de grande complexidade organizacional, os métodos mais humanos das mulheres apresentam maior eficiência, inclusive em termos produtivos. Nos anos 1980/90, nos Estados Unidos, o número de empresas administradas por mulheres cresceu 185%, e as dirigidas por homens, apenas 85%. Hoje as mulheres são 41% de todos os empresários naquele país e são diretoras-presidentes de quase cem das quinhentas maiores empresas americanas listadas pela revista *Fortune*.[11]

Em primeiro lugar, os homens governam por centralização e as mulheres por rede. Estes governam de cima para baixo, pelo temor. Dividem para reinar. No mundo da competição ou prejudicam ou são prejudicados. A estrutura masculina é uma pirâmide dividida – que reflete a divisão do corpo masculino. A parte de cima (cúpula) oprime hierarquicamente a parte de baixo (base). Essa é uma estrutura comum ao Estado, às firmas, aos sindicatos, as igrejas etc., ou melhor, a todos os sistemas simbólicos masculinos. E isto é tão comum que as pessoas de classes dominantes desde que nascem são treinadas para mandar, para ter iniciativa, criatividade, e as da base, para serem passivas e obedecer. Tem sido assim há oito mil anos. Olhando o quadro 4, isto fica claro.

Quadro 4 — Poder

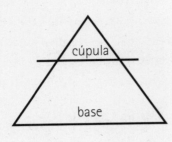

Ter

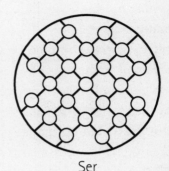

Ser

- Público
- Competição
- Poder com privilégio
- Hierarquização
- Centralização
- Hostilidade
- Manda de cima para baixo
- Autoritarismo
- Sucesso na competição
- *Persona*
- Ganha/Perde
- Administra
- *Status*
- Oprime
- Governa pelo temor

- Privado
- Partilha
- Poder como serviço
- Liderança
- Rede
- Conciliação
- Estimula de baixo para cima
- Consenso
- Fracasso na competição
- Autenticidade
- Ganha/Ganha
- Cuida
- Realização
- Capacita
- Governa pela persuasão

Após os anos 1960, quando as mulheres entraram para o sistema econômico, elas tentaram imitar os homens e fracassaram na competição, porque não foram adestradas para esse processo pelo próprio sistema, devido ao fato de terem sido destinadas ao mundo privado e o homem ao público. A partir dos anos 1980, elas trouxeram do privado, onde ficaram confinadas durante os últimos oito mil anos, um novo modo de governar.

Em primeiro lugar, elas não oprimem nem de maneira abstrata, porque veem cada subordinado como um ser humano. Conectam-se com todos, governam ouvindo a opinião de todos, por consenso. Cuidam de cada um em vez de administrar uma organização.

Uma das experiências mais fascinantes que tivemos foi a de colaborar em Projetos de Reforma do Estado com enfoque de gênero, tanto no âmbito federal quanto no estadual e no municipal. Numa dessas reuniões, em Brasília, uma mulher, chefe de seção, disse: "No meu ministério não adianta trabalhar no escalão superior porque lá é tudo corrupto mesmo. Só nas seções subalternas. Na minha, por exemplo, já que não posso dar dez salários mínimos a um *boy*, ao menos às vezes dou uma cesta básica, abono o ponto para ele cuidar de um filho doente etc. E assim a produtividade da seção é maior do que as outras... porque eles são tratados como gente..."

Outros exemplos fantásticos, como o do Ministério da Reforma Agrária, em que as mulheres se organizaram e conseguiram persuadir o ministro e os técnicos de ponta a darem os títulos das terras não aos homens, mas às mulheres com filhos, porque o homem tende a endividar-se e a vender o seu lote a qualquer preço, indo, então, engrossar as favelas urbanas. Em contrapartida, a mulher permanece no campo. Isto tira as famílias da marginalidade, desincha as metrópoles e torna a comida melhor, abundante e barata para toda a população. Ora, essa ação muda a própria estrutura da reforma agrária. E assim por diante.

No âmbito estadual, as mulheres já vêm mudando, de certa maneira, a estrutura do consumo, quando as encarregadas do almoxarifado não concordam em comprar itens supérfluos — tapetes personalizados, louças finas etc. — e só se atêm ao essencial. Isto, os homens mostram mais dificuldade em fazer...

As mulheres, por serem íntegras, são menos corruptas que os homens. E esse fato é que está aparecendo hoje. A mulher não consegue construir uma persona, isto é, uma personalidade falsa no trabalho e outra em casa, e procuram menos o *status* e mais a realização pessoal.

Várias, inclusive, desistem de empregos mais rendosos porque estes não as satisfazem. São também mais conciliadoras, menos autoritárias, embora ainda haja muitas assim. E se o homem tende a oprimir, a mulher tende a capacitar, isto é, dar condições aos subordinados de se qualificarem.

Em suma, a lógica masculina é a matemática ganha/perde e a feminina é a do ganha/ganha: é o ter e o ser.[12]

Creio que já dá para começarmos a entender como ambas as lógicas funcionam, cada uma modelando a realidade de maneira diferente.

Notas

1. Aburdene, Patrícia, *Megatendência para mulheres*, 2ª ed., Rio de Janeiro: Rosa dos Tempos, 1993, pp. 87ss.
2. IBGE, Censo 2000.
3. Cf. Lacan, Jacques, *Encore,* Paris: Du Seuil, 1997.
4. Id., ibid., p. 69.
5. Id., ibid, cap. 6.
6. Id., ibid., p. 90.
7. Schott, Robin, *Eros e progressos cognitivos: o conceito de objetividade em filosofia,* Rio de Janeiro: Rosa dos Tempos, 1996.
8. Cf. Maturana, Humberto R., "Biology of Cognition", em *Urbana III – Biological Computer Laboratory,* Santiago do Chile: Maturana H. R. & Varela S. (ed.), Faculdade de Ciências, 1972.
9. Cf. Jaggar, Allison e Bordo, Susan (org.), *Gênero, corpo e conhecimento,* Rio de janeiro: Rosa dos Tempos, 1996.

10. Aburdene, Patrícia, *Megatendências para mulheres,* op. cit., pp. 87ss.
11. Id., ibid., pp. 92-3.
12. Veja mais sobre o tema nas seguintes obras: Barret, W. *The Illusion of Technique,* N. York: Doubleday, 1979; Bleier, R., *Science and Gender,* N. York: Pergamon, 1984; Flax, J., "Political Philosophy and the Patriarchal Unconscious: A Psychoanalytic Perspective on Epistemology and Metaphysics", em S. Harding e M. Hintikka (eds.), *Political Philosophy,* N. York: 1983; Flax, J., "Gender as a Social Problem: in and for Feminist Theory", em *American Studies/Amerika Studien of Journal of the German Association for American, Studies* 31, 1986, pp. 193-213; Goy, R. W. e McEwen, B. S., *Sexual Differentiation of the Brain,* Cambridge: MIT Press, 1980; Harding, S., *The Science Question in Feminism,* Ithaca: Cornell University Press, 1986; Hardy, S. B., *The Woman that Never Evolved;* Cambridge: Harvard University Press, 1981; Hubbard, R., "Have Only Men Evolved?", em S. Harding e M. Hintikka (ed.), *Discovering Reality: Feminist Perspectives on Epistemology, Metaphysics, Methodology and Philosophy of Science,* Dordrecht: Reidel, 1983; Janssen-Jurreit, M., *Sexism: the Male Monopoly on the History of Thought,* Londres: Pluto Press, 1982; Keller, E. F., *Reflections on Gender & Science,* New Haven: Yale University Press, 1984; Knorr-Cetina, K., *The Manufacture of Knowledge,* Oxford: Pergamon, 1981; Longino, H., "Scientific Objectivity and Feminist Theorizing", em *Liberal Eduction* 67, 1981; Macaulay, J., "Adding Gender to Aggression Research: Incremental or Revolutionary Change", em V. O'Leary, R. Unger e B. S. Wallston (eds.), *Women, Gender; and Social Psychology.* Hillsdale, N. J.: Erlbaum, 1985; Mendelsohn, E., "The Social Construction of Scientific Knowledge", em E. Mendelsohn e P. Weingert (Eds.), *The Production of Scientific Knowledge,* Dordrecht: Reidel, 1977; Maturana R., Humberto, *Emociones y Lenguaje en Educación y Politica.* Chile: Ed. Salus, 1992; Rose, H. "Hand, Brain and Heart: A Feminist Epistemology for the Natural Sciences", em *Signs 1,* pp. 73-90, 1983; Ryle, G., *The Concept of Mind,* Londres: Hutchinson, 1939; Spender, D., *Men's Studies Modified: The Impact of Feminism on the Academic Disciplines,* Elmsford, N. York: Pergamon Press, 1981.

17. O corpo que sublima *versus* o corpo que goza

A patologia do feminino e do masculino

Aparentemente, pelo que vimos, tudo indica que estamos endeusando as mulheres e desqualificando os homens existencialmente. Não é verdade. O que fizemos foi arrolar "qualidades" e "defeitos" que estatisticamente pertençam a um ou a outro gênero. Mas o que prevalece ainda na nossa sociedade não é o positivo e sim o patológico. Para podermos entender a patologia dos gêneros é preciso antes definir o que é o "masculino" e o "feminino".

À primeira vista, ambos se identificam com homens e mulheres, respectivamente. Mas não é assim. O feminino não se esgota na mulher nem o masculino no homem. Ambos os gêneros são definidos no nosso inconsciente pela totalidade das características que os sistemas econômico e cultural lhes atribuem. Assim, falamos em homens efeminados e em mulheres masculinizadas. São homens e mulheres, porém não cabem dentro desses padrões que cada cultura lhes determina.

A nossa intenção é, ao fim deste texto, criticar todas estas características e redefinir o masculino e o feminino em outros parâmetros, e, com isso, procurar encontrar um novo masculino e um novo feminino mais adaptados a um mundo em rápida mutação. Daí termos colocado no próprio título destas considerações a expressão "ponto de mutação". Achamos mesmo, honestamente, que não só o masculino e o feminino estão mudando de paradigma, mas que o mundo e a realidade como um todo também estão.

Mas, inclusive dentro do velho paradigma e forçosamente do novo, há situações que são patológicas. Em outras palavras, elas o são quando as mulheres assumem os valores masculinos do atual sistema simbólico e, dentro deste mesmo processo, os homens assumem a posição de "perdedor", ou melhor, de submissão às mulheres. Não nos referimos aqui — e isto precisa ficar bem claro — aos valores redefinidos do novo masculino e do novo feminino, como, por exemplo, a androginia.

O tipo mais comum de patologia de gênero é a "mulher masculinizada", competitiva, autoritária, manipuladora, castradora, e que vê os seus interesses em primeiro lugar, mesmo em detrimento de todos. Pode ser corrupta sem culpa, como um homem. E quando ela não consegue se afirmar assim no emprego, tendo que ser submissa ao patrão, desconta dentro de casa. É mandona e burra, humilha o marido e amedronta os filhos.

O homem complementar desta mulher é acomodado e inseguro emocionalmente, necessita de uma figura substituta da mãe castradora e é isto que procura na futura esposa. Ele torna-se masoquista e se acomoda numa relação medíocre.

Muitos grandes homens na esfera pública escolhem mulher assim para dominá-los: a empregada de luxo e, em geral, megera.

Outro tipo patológico de mulher também muito comum é a submissa: uma masoquista com pouca autoestima, que se vê com os olhos do homem e, portanto, está sempre insatisfeita consigo mesma, com o seu corpo. Muitas delas apanham – no Brasil, 52% de todas as mulheres, e nos EUA, 66%, como já vimos.

Seu contraponto é o homem sádico, "grosso", no mundo público e no privado, insensível, com a sexualidade dissociada do afeto.

Corresponde também a este homem a mulher que usa a sexualidade para obter cargos e favores econômicos. Ela sabe manipular a sexualidade daqueles que elevam esta mesma sexualidade ao grau máximo de interesse, colocando casa e família como algo secundário mas necessário.

Esta mulher, em geral bonita e "gostosa", mas fria e também dissociada, arranca do homem, pela cama, tudo que quer. É calculista e sádica "na medida". E quase sempre fica bem de vida. Finge-se de burra, quando necessário, para alimentar o ego masculino, mas é extremamente inteligente, exatamente como uma conhecida nossa, "A Duquesa dos Lençóis".

Todos esses tipos de homens e mulheres e muitos outros que deixo à experiência do leitor são muito comuns e contribuem para o funcionamento de um sistema destrutivo, como o capitalista liberal.

Todas essas mulheres são mais sublimadas e, portanto, mais abstratas que as outras, enquanto os homens, dentro dos parâmetros machistas, vivem de maneira defeituosa os parâmetros atuais. Vendo o quadro 5, adiante, o leitor terá uma forma mais clara do que estamos expondo aqui.

Bissexuais, homossexuais e transgêneros

Não podemos falar do masculino e do feminino sem ao menos rapidamente tocar nas suas variantes: a homossexualidade – feminina e masculina – e os casos de transexualidade e de transgêneros.

As origens da homossexualidade são controversas. Freud diz que a homossexualidade feminina é natural e a masculina, uma perversão. Isto porque a mulher, que não teve o corte da castração, é "naturalmente" bissexual, e o homem, que o teve, ao se assumir como homossexual, bissexual etc., é perverso e fetichista.

Hoje isto parece ao menos bizarro. Os homossexuais têm uma vasta literatura sobre as origens da homossexualidade, sejam genéticas gonadais ou de meio ambiente.[1]

Ao nosso ver, a bissexualidade, a homossexualidade e a transexualidade não constituem patologias, mas, sim, variantes da heterossexualidade, pois existem na maioria das espécies animais. E os casos mais interessantes que mostram bem a amplidão dos limites do gênero são os dos transexuais e dos hermafroditas.

Quadro 5 — Patologia dos Gêneros

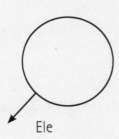 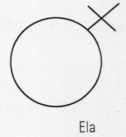

Ele — Ela

- É facilmente manipulável
- Gosta de ser enganado
- Prefere a aparência
- Acha que domina
- Inseguro emocionalmente
- Masoquista
- Medroso, submisso
- Acomoda-se na relação

- Transa para ter poder
- Seduz para dominar
- Usa a aparência
- Se finge de burra
- Sexualmente segura
- Sádica
- Autoritária
- Manipula a fraqueza masculina

Tivemos o privilégio de conversar com dois deles no nosso cotidiano. A primeira foi Roberta Close, cuja autobiografia ajudamos a fazer. Ela nasceu com algumas características masculinas e outras femininas. Não conseguia ser aceita pelos homens nem pelas mulheres.

Ela nos dizia: "As mulheres me rejeitam porque não menstruo nem posso ficar grávida. Os homens me rejeitam porque não tenho barba nem sêmen. Afinal o que sou eu?"[2]

O caso dela seria mais de hermafroditismo, o que é muito raro. É belíssima e sempre desejou ser mulher. Foi feita a cirurgia, casou-se com um heterossexual, mas, a nosso ver, será sempre um misto de homem e mulher.

O caso da minha citada amiga Moore é ainda mais fantástico: segundo suas próprias palavras, ela sofria de disforia de gênero, isto é, o sexo do seu cérebro não era o mesmo dos seus órgãos genitais. Aos cinquenta anos foi operado — e, como dissemos, era homem, pai de três filhos, religioso, não promíscuo e, além do mais, heterossexual convicto.

Quando se transformou em mulher casou-se com outro homem, também operado e que também queria ser mulher, e afirmou: "Somos lésbicas", acrescentando, "sinto ainda muita atração física pela minha ex-mulher. Se ela fosse lésbica viveria com ela até o fim da vida, mas ela quer um homem."

Outro caso talvez ainda mais espantoso poderá ajudar-nos nesta descoberta dos limites do gênero. Um livro que acabou ficando famoso nos Estados Unidos conta a história de dois gêmeos univitelinos.[3] Um rabino foi contratado para fazer a circuncisão nos recém-nascidos. Num deles tudo correu normal. No segundo, o rabino quase decepou-lhe o pênis. Os pais, apavorados, fizeram a extirpação do que restou do órgão e dos testículos e, começando a dar estrogênio para a criança, a educaram como menina.

Até a adolescência não houve problema, mas na puberdade a voz da "menina" começou a engrossar, saíram pelos no rosto, ela começou a querer urinar de pé e a paquerar as meninas. A confusão foi de tal ordem que tudo acabou por ser descoberto. E o rapaz quis processar os pais e o rabino.

Tudo isto, posto junto, prova algo que a seguir enumeramos.

1) O sexo está impresso no cérebro e entre os órgãos genitais e aquele, o cérebro, é muito mais potente. Esta descoberta é muito importante para as mulheres histerectomizadas que pensam que perderam a feminilidade. Não!
2) Em caso de gênero duvidoso, prima sempre o do cérebro, como foi caso do garoto (heterossexual) e de R. Moore (transexual).
3) Mesmo que a pessoa escolha um gênero definido, nunca conseguirá atingir a sua totalidade, como acontece com Roberta Close e também com R. Moore.

Em suma, ao que tudo indica, o gênero ou a sua ambiguidade tem mais força do que se pensava, com ou sem os órgãos sexuais.[4]

O corpo que goza *versus* o corpo que sublima

O corpo que sublima é o corpo fragmentado, o eu dividido. Para ele, o amor que salva, o único que resta, é o amor de si. O corpo que goza não teve ameaça de morte e por isso é inteiro, comunica-se com outros corpos. Já o corpo que sublima é esculpido na solidão, enquanto o que goza, na união com o outro. Então, o corpo que sublima constrói o mundo porque tem medo da morte. E o que goza, que não tem medo da morte, também constrói o mundo, mas constrói um mundo gozoso.

Por isso, paradoxalmente em oposição ao corpo que sublima, o corpo que goza não foge da morte, aceita-a, é capaz de romper as relações. É capaz de morrer para poder viver plenamente. E o corpo que sublima não é capaz de romper com nada, porque teve uma experiência precoce da morte; por isso, não tem força nem para viver nem para morrer.

O que está aparecendo agora é uma divergência entre os corpos erógenos do homem e da mulher, uma incompatibilidade, não uma complementação ou uma reciprocidade dentro do sistema patriarcal.

A sublimação é uma deserotização da energia sexual que é colocada em objetos não corpóreos, o corpo que continua erótico, mas que o ser humano simboliza, sabe também construir o mundo, embora não simbolize da mesma maneira que o homem.

E isto fica claro quando comparamos os mundos gerados por um e pelo outro. A mulher, ao contrário de dessexualizar o corpo, tende a erotizar as realidades não corpóreas, pois, como o seu corpo e a sua psique não são fragmentados, ela dá um corpo às realidades espirituais.

O homem sublima e a mulher, podemos assim dizer, contrassublima, ou seja, erotiza. Melhor ainda, a mulher tende a erotizar aquilo que o homem deserotizou, sem deixar de ser corpo e mente. Ela não separa o corpo da mente.

Por isso, quando afirmamos que a mulher seria a última esperança a trazer uma alternativa à sublimação, era a essa erotização do espírito, da mente e do mundo que nos referíamos.

E, mais que nunca, o mundo está à beira da destruição graças a essa destrutiva sublimação; o mundo precisa ser erotizado já. Agora é Eros ou instinto de morte. Há uma necessidade vital de desconstruirmos os sistemas simbólicos instaurados pelo corpo que sublima e compor uma nova ordem simbólica que inclua o corpo que goza. E disto Freud e Lacan sequer suspeitavam. Foi preciso mais de trinta anos de militância dos grupos de mulheres engajadas na libertação da mulher para que isto pudesse aparecer. Mas antes é preciso conhecer a que profundidade vai o simbólico masculino.

Notas

1. Cf. Stein Edward, *The Mismeasure of desire: The Science Theory,* N. York: Oxford University Press, 1994.
2. Close, Roberta, *Muito prazer, Roberta Close,* 2ª ed., Rio de Janeiro: Rosa dos Tempos, 1999.
3. Colapinto, John, *As Nature Made Him: the Boy Who Was Raised as a Girl,* N. York: Harper Collin, 2000.
4. Veja mais sobre o tema nas seguintes obras: Abelove, Henry; Michéle, Aina Barale e Halperin, David, *The Lesbian and Gay Studies Reader,* N. York: Routledge, 1993; Adkins-Regan, Elizabeth. "Sex Hormones and Sexual Orientation in Animals", em *Psychobiology 16,* 1988, pp. 335-347; Aguero, J. E.; Bloch, L. e Byrne, D., "The Relationship among Beliefs, Attitudes, Experience and Homophobia", em *Journal of Homosexuality 10,* 1984, pp. 95-107; Allen, Clifford. *Homosexuality: Its Nature, Causation and Treatment,* Londres: Staples Press, 1958; Allen, Garland, "The Double-Edged Sword of Genetic Determinism: Social and Political Agendas in Genetic Studies of Homosexuality, 1940-1994", em *Science and Homosexualities,* N. York: Routledge, 1997; Alpert, Rebecca, *Como pão no prato sagrado,* Rio de Janeiro: Rosa dos Tempos, 2000; Altman, Dennis, *Homosexual: Opression and Liberation,* N. York: Outerbridge & Dienstfrey, 1971; Arendash, G.W, e Gorski, Roger, "Effects of Discrete Lesions of the Sexually Dimorphic Nucleus of the Preoptic Area or Other Medial Preoptic Regions on the Sexual Behavior of Male Rats", em *Brain Research Bulletin 10,* 1983, pp. 147-154; Bailey, J. Michel, "Biological Perspectives on Sexual Orientation", em *Lesbian, Gay and Bisexual Identities over the Lifespan,*

N. York: Oxford University Press, 1995; Bailey, J. Michel e B. A. Benishay, "Familial Aggregation of Female Sexual Orientation", em *American Journal of Psychiatry 150*, 1993, pp. 272-277; Bailey, J. Michel e Pillard, Richard, "A Genetic Study of Male Sexual Orientation", em *Archives of General Psychiatry 48*, 1991, pp.1089-1906; 1991; Bailey, J. Michel; Pillard, Richard e Agyei, Yvonne, "Heritable Factors Influence Sexual Orientation in Woman", em *Archives of General Psychiatry 50*, 1993, pp. 217-223; Bailey, J. Michael e Zucker, Kenneth J., "Childhood Sex Typed Behavior and Sexual Orientation: a Conceptual Analysis and Quantitative Review", em *Developmental Psyschology 31*, 1995, pp. 43-55; Banks, Amy e Gartrell, Nanette, "Hormones and Sexual Orientation: a Questionable Link", em *Journal of Homosexuality 28* (3/4), 1995, pp. 247-268; Barinaga, Marcia, "Bisexual Fruit Flies Point to Brain Courtship Centers", em *Science 67*, 1995, pp. 791-792; Barstone, Willis, *Sappho and the Greek Lyric Poets*, N. York: 1988; Bell, Alan e Weinberg, Martin, *Homosexualities: a Study of Diversity among Men and Women*, N. York: Simon and Schuster, 1978; Bem, Sandra, "The Measurement of Psychological Androgyny", em *Journal of Consulting and Clinical Psychology 42*, 1974, pp. 155-62; Blasius, Mark, *Gay and Lesbian Politics*, Filadélfia: Temple University Press, 1994; Burke, Phyllis, *Gender Chock: Exploding the Myths of Male and Female*, N. York: Anchor Books, 1996; Byne, William, "Science and Belief: Psychobiological Research on Sexual Orientation", em *Journal of Homosexuality 28* (3/4), 1995, pp. 393-394; Colapinto, John, *As Nature Made Him: the Boy Who Was Raised as a Girl*, N. York: Perennial, 2001; Frye, Marilyn, *Lesbian Sex In Willfun Virgin: Essays in Feminism 1976-1992*, Freedom, C. A.: Crossing Press, 1992; Gallup, George, Jr., *The Gallup Poll: Public Opinion*, Wilmington, D. E.: Scholarly Resources, 1998; Kitzinger, C. e Wilkinson, S., "Transitions from Heterosexuality to Lesbianism: the Discursive Production of Lesbian Identities", em *Developmental Psychology 31*, 1995, pp. 95-104; Law, Sylvia, "Homosexuality and the Social Meaning of Gender", em *Wisconsin Law Review*, 1988, pp. 187-235;

Money, John, Gay, *Straight and In-Between: The Sexology of Erotic Orientation,* N. York: Oxford University Press, 1988; Stein, Edward, *The Mismeasure of Desire: the Science, Theory, and Ethics of Sexual Orientation,* N. York: Oxford University Press, 1999; Trevisan, João Silvério, "O espetáculo do desejo: homossexualidade e crise do masculino", em *Homens,* São Paulo: Senac, 1997; Trevisan, João Silvério, *Seis balas num buraco só: a crise do masculino.* Rio de Janeiro: Record, 1998.

18. A fabricação do inconsciente

Resta-nos agora enfocar a relação entre a sexualidade e o sistema econômico.

Tudo o que a criança percebe no seu primeiro ano de vida – sensações, emoções, abandono ou aceitação etc. – permanece para o resto da vida. Fica mesmo impresso não só nas camadas mais profundas do inconsciente, mas também no corpo, tornando-se parte estrutural do seu ser. Muito dificilmente essas impressões podem ser apagadas ou modificadas. A nossa pesquisa *Sexualidade da mulher brasileira* entrevistou 1.259 homens e mulheres das diversas classes sociais no Brasil: os mais ricos (a burguesia), que são os donos do poder e do dinheiro, os operários e camponeses (os pobres e oprimidos) e também a classe média moderna urbana (intermediária). E o seu resultado concretamente mostrou que o econômico abre e fecha os caminhos do desejo de acordo com os seus interesses.

Desde que a criança nasce, há atributos que são compartilhados tanto por meninos quanto por meninas na classe social a que pertencem. Esta afirmação ficará mais clara se dermos alguns exemplos. Vamos começar pelas classes sociais mais ricas: a burguesia.

Como se fabrica o opressor

Desde que nascem, meninos e meninas são cuidadosamente alimentados e têm sua fome satisfeita à saciedade. São cuidados por babás e governantas que, além de satisfazer a sua fome, os submetem, na maioria dos casos, a uma rígida disciplina. As mamadas são dadas nas horas certas, o treinamento dos esfíncteres é feito de maneira mais disciplinada possível e com especial vigilância. Dessa forma, desde tenra idade isso torna tanto meninos quanto meninas obsessivamente preocupados com a própria higiene, com a ordem e também com a aparência física, e, assim, aprendem cedo a acompanhar os padrões de beleza da burguesia.

Ora, essa preocupação tem uma importância muito maior do que possamos pensar. Em *O mal-estar da civilização*, Freud afirma que a civilização burguesa é obcecada pela limpeza, pela ordem e pela beleza.[1] E, segundo ele, estas são as características de uma fase específica da sexualidade infantil, a fase anal, em que, na sua opinião, ficou fixada a nossa civilização ocidental, tão centrada na manipulação do controle e no dinheiro. A nossa experiência confirmou, no campo, essa afirmação teórica.

As mulheres[2] dessa classe social, por exemplo, colocam sobre seus corpos, com o fim de embelezá-los segundo os padrões internacionais, uma carga de disciplinas e de saberes que quase nenhuma mulher de outra classe social consegue, por não ter tempo livre nem dinheiro para imitar. São massagens, cabeleireiros, dietas, esportes, ginásticas, dança e muitos outros itens da mais avançada tecnologia – colágeno, placenta, lipos, plásticas etc. – para embelezar, emagrecer e retardar a velhice. De fato, quase todas são magras, conservadas e belas. Quando falam dos seus corpos fazem afirmações com o "Gosto do meu corpo quando sou bonita e não gosto quando sou feia. E é só. Esse negócio de política de corpo é coisa moderna, coisa do Gabeira, dessa juventude maluca"...

Já os homens[3] se preocupam mais com a saúde que com a aparência física estereotipada, porém o fazem com a mesma obsessividade das mulheres. E falam também desenvoltamente sobre o sexo. Para eles o sexo se localiza apenas nas zonas genitais e o corpo nada mais é que um prolongamento do pênis. E se o pênis torna-se o instrumento do prazer, o corpo passa a ser o instrumento do poder. E, por isso, precisa estar sempre bem cuidado, porque sobre esse tipo de homens pairam constantemente as doenças cardiovasculares típicas dos executivos, que eles precisam controlar a qualquer custo. "Temos sempre essa espada sobre a cabeça", dizia um deles.

Com toda essa disciplina, tanto sobre os homens quanto sobre as mulheres,[4] cada um deles aprende inconscientemente a ter controle sobre si e sobre os outros. Desde cedo aprendem a obedecer para depois serem obedecidos, a se controlar para depois saberem controlar toda a sociedade. "Tudo sob controle, não tem problemas" foi uma das frases mais ouvidas de homens e mulheres dessa classe social.

Então, desde que nascem, acham "natural" que todos os seus desejos sejam satisfeitos,[5] pois assim que choravam eram logo atendidos. Na criança, o choro tem por função ser um sinal de necessidade a ser atendida, seja emocional seja física. E nessa classe social, embora com disciplina, o choro é sempre atendido. Por isso, inconscientemente, acham que deve ser assim pelo resto da vida. E também como sabem manejar os controles conscientes e inconscientes, acham "natural" manipular a sociedade inteira em seu benefício, se não individual — em alguns casos —, ao menos de classe, em todos eles.

E quando os mais ricos nascem, nascem com eles também os embriões dos fundamentos da psicologia da classe dominante, como mostramos a seguir:[6]

- o autoritarismo, a centralização, pois se habituaram a se considerar os donos do mundo desde que nascem; por isso, na idade adulta, se acham "naturalmente" os possuidores da economia e do Estado;
- a manipulação das instituições a seu favor, principalmente o Estado, a Igreja, a família e o sistema econômico, que vêm como consequência "natural" de se sentirem os senhores de tudo;
- a resistência à mudança, o conservadorismo, pois "não se deve mexer em time que está ganhando";
- a visão circular e exclusiva de classe. Para eles "nós", "os bons", "todo mundo", é a classe a que pertencem, por menor que ela seja numericamente, e os outros, os ignorantes, os sujos, os feios, a ralé, são os outros, a quase totalidade da população que eles marginalizam. E os frutos dessa exclusão são o elitismo, o etnocentrismo, o machismo, com todos os seus mecanismos de exploração econômica e política.

Como se fabrica o oprimido

No entanto, uma opressão assim tão completa em todos os âmbitos não teria possibilidade de ser exercida por essa classe se não houvesse na sociedade outras classes que, inconscientemente, a aceitam como "natural". Portanto, a partir do inconsciente, tais classes oprimidas seriam formadas de seres humanos complementares. Este é o caso do nosso segundo exemplo: o campesinato.

Desde que nascem, meninos e meninas já se acostumam a não ter os seus desejos satisfeitos e a achar isso "natural".[7]

Em geral, os pais são pobres e têm muitos filhos. Assim, não têm tempo de cuidar adequadamente das crianças recém-nascidas nem de alimentá-las. O Dr. Nélson Chaves, já falecido, um dos maiores nutrólogos do mundo, descobriu que as mães nordestinas são subnutridas e, por isso mesmo, não produzem a mesma quantidade de leite que aquelas que não passam fome. Nos piores casos, produzem um terço do leite produzido por uma mulher bem nutrida.

Então, desde que nasce, essa criança pobre tem de se acostumar a receber apenas parte do alimento de que necessita e achar "natural". Isso porque a mãe, além de mal-alimentada, executa uma dupla jornada de trabalho, na roça e em casa, onde, em meio aos afazeres domésticos, ainda cuida dos outros filhos. Por isso, essa criança, mesmo que chore, só pode ser atendida na hora das mamadas e, assim mesmo, quando isso é possível. Nas nossas entrevistas com camponesas mais pobres, muitas vezes a mãe conversava conosco muito tempo, enquanto a criança chorava sem ser atendida.

Portanto, essa criança pobre tem dois trabalhos: chorar e parar de chorar, pois o seu choro não é mais o sinal de uma necessidade a ser satisfeita, já que ela raramente é atendida.

Desde que nasce, a criança aprende que ela é cuidada por uma vontade onipotente e cruel, que é como compreende a mãe. Nessa idade, a criança não percebe que a mãe não pode cuidar dela, mas a vê como não querendo cuidar. Isto é, vê uma vontade que só cuida dela (criança) quando ela (vontade) quer, e não quando ela (criança) precisa.

Dessa maneira, desde que as crianças camponesas nascem, nascem com elas aquelas características que serão a base da psicologia da classe camponesa:

- a fome – é natural passar fome e não ter os desejos satisfeitos;
- o fatalismo – a vontade humana não se pode opor à vontade do destino todo-poderoso. Tudo vem quando tem de vir e não quando queremos que venha. Os desejos não são para serem satisfeitos e, mais ainda, desestabilizam a ordem eterna;

- a passividade – nada adianta fazer para mudar essa vida de sofrimento;
- o clientelismo – o homem pobre crê que o patrão, em geral cruel e controlador, que lhe satisfaz apenas parte dos desejos e das necessidades, é aquele que deve ser amado e honrado, mesmo que o explore de forma desumana: "O homem ajuda o patrão, a mulher ajuda o homem e as crianças ajudam a mulher", e com isto escamoteia as duras relações de opressão e exploração que há entre homem, mulher, criança e patrão.
- o machismo – a mulher ama o homem que a maltrata e não lhe satisfaz os desejos. O conceito de felicidade das camponesas é completamente diferente daquele das burguesas: "Sou feliz quando o meu marido não bebe, não tem outra, não me bate e traz o dinheiro para casa..." Para a mulher do campo, a proteção é mais importante que o afeto.
- a religiosidade popular – vivendo nessa realidade cotidiana tão dura, os camponeses criam o caldo de cultura perfeito para as concepções tradicionais da Igreja. Se souberem se sacrificar, carregar a sua cruz, isto é, não ter seus desejos satisfeitos, e se submeterem a Deus, que tudo vê e tudo controla com a sua vontade – a mais soberana e cruel de todas –, terão a recompensa depois da morte. No céu, todos os seus desejos serão satisfeitos, enquanto o patrão arderá no inferno, com todos os sofrimentos concebíveis e inconcebíveis.

Encontramos o corpo de camponeses e camponesas como complementares ao corpo da burguesia.[8] Quando perguntávamos às mulheres do campo sobre os seus corpos, elas não se referiam à beleza, mas, sim, à força e à gordura. Gostavam do seu corpo quando eram gordas e fortes e não gostavam quando eram magras e fracas. Até os homens preferiam para companheiras as mulheres mais fortes, as que pudessem resistir melhor a uma vida de miséria e superexploração no trabalho.

"Gosto do meu corpo porque é esperto e trabalhador", dizia uma das camponesas, com isso explicitando o discurso de todas as outras – princípio da transversalidade. E os homens, além de verem o corpo como prolongamento do pênis, o viam também como prolongamento da terra: "O meu corpo é sujo como um saco de batatas." E um dos ritos de passagem em que o menino se percebia adulto era quando tomava o primeiro banho sozinho, isto é, quando ficava fisicamente independente da mãe ou das mulheres.

Apontam, portanto, aqui, dois tipos de corpos: o primeiro, o corpo da burguesia, é feito para o prazer, para o consumo e para o poder, e o segundo, o corpo do campesinato, é aquele feito para o sofrimento, para a fome e para a produção.

Já esses dois exemplos podem nos dar uma ideia de quanto os seres humanos estão enraizados na sua classe social. Faz uma grande diferença ser educado numa classe rica ou numa classe pobre, isto é, faz uma grande diferença ter mãe rica ou mãe pobre.[9] Por isso, não concordamos com os psicólogos quando dizem que a relação primária é a relação mãe/filho. Há, antes desta, uma outra relação: a da criança com o lugar que a mãe ocupa no sistema produtivo, isto é, com o próprio sistema econômico e social em que nasce.

E isso fica mais claro ainda quando enfocam a maneira como burgueses e camponeses responderam às nossas entrevistadoras. Homens e mulheres ricos davam a impressão de estarem fazendo um favor à pesquisadora, enquanto os camponeses, depois de responder, perguntavam: "Será que respondi direito? Eu não tenho letras..."

Eles se anulavam, anulando o seu saber, isto é, se viam com os olhos que os seus opressores os viam: ignorantes, incompetentes, sem saber próprio, sujos, feios, desdentados... Ao passo que os mais ricos se supervalorizavam, os mais pobres se anulavam.

Mas já nesse ponto podemos começar a perceber como o ambiente em que nasce a criança forja o ser humano a partir do seu inconsciente. Por isso, já podemos afirmar que é muito difícil erradicar a sociedade de classes. Se cada classe tem um tipo de autopercepção, dificilmente os seus membros mudarão psicologicamente de classe social: é assim que um camponês que fica rico tende, em geral, a voltar a ser pobre, enquanto um rico empobrecido, se não for um retardado mental, tem todas as oportunidades e os contatos que lhe permitem pouco a pouco voltar à antiga posição de poder.

Um rico que perde o seu dinheiro é sempre um rico empobrecido, ao passo que um pobre que enriquece é sempre um pobre enriquecido. Evidentemente há casos em que a mudança de classe acontece, mas não são tão frequentes quanto possamos pensar. Os mecanismos inconscientes funcionam muito como raízes que nos pregam à nossa classe social. São eles que tornam a erradicação da sociedade de classes no âmbito econômico e macropolítico, sem essa transformação do inconsciente, muito mais demorada porque as classes sociais tendem a reaparecer com o correr das gerações.

Vemos assim que o substrato do inconsciente é dado, mas o imaginário profundo é fabricado. Tal qual macho e fêmea são dados, homens e mulheres são fabricados. Tal qual o organismo é dado, o corpo é produzido pelo sistema.

E vemos também que as relações corpo/sistema e imaginário/sistema são determinadas pelo econômico, mas que mantêm com ele uma relação dialética, ou melhor, se influenciam mutuamente.

Vamos ver agora como o sistema econômico fabrica a sexualidade de todos nós e a coloca a serviço da sua perpetuação. Assim como fabrica a sexualidade primária da criança, a sexualidade adulta é consequência diretamente determinada por ela. A uma sexualidade infantil de classe sucede-se uma sexualidade adulta também de classe.

Notas

1. Cf. Freud, *Mal-estar da civilização*, ESB, vol, XXI, p. 114.
2. Muraro, Rose, *Sexualidade da mulher brasileira*, Rio de Janeiro: Rosa dos Tempos, 1996, p. 319.
3. Id., ibid., p. 72.
4. Id., ibid., p. 321.
5. Id., ibid.
6. Id., ibid., pp. 66ss.
7. Id., ibid., p. 247.
8. Id., ibid., p. 151; comparando com o das burguesas, p. 58.
9. Deleuze, Guattari, *O Anti-Édipo*, Rio de Janeiro: Imago, 1997, pp. 625-684.

19. A fabricação da sexualidade

O nosso corpo é o instrumento — a máquina — que faz o sistema funcionar. A nossa sexualidade é o seu combustível. Essa intuição teve um operário quando nos revelou a sua percepção sobre o próprio corpo: "Meu corpo é uma máquina. Piso bem, ele funciona bem, respiro bem e ele tem um combustível que é o prazer sexual."[1] Não mais o apêndice da máquina e sim a própria máquina... Nem Marx chegaria a tanto.

A sexualidade de homens e mulheres das diversas classes sociais apareceu tão condicionada como o seu próprio corpo. Os homens ricos mostraram-se selvagemente opressivos. Achavam mesmo que o homem tem mais direitos que a mulher, mais desejo e, por isso, tem direito adquirido a uma vida sexual extraconjugal. Vários possuem confessadamente mais de uma família. Cultivam a própria virilidade acima de tudo e rejeitam a homossexualidade masculina. Para eles, curvar-se sexualmente diante de um homem é perder a competitividade. É morrer. E eles, os que veneram o poder, têm horror aos que assumem uma posição de fragilidade.[2]

Por isso mesmo, para esposa não querem uma mulher questionadora e inteligente. "Antigamente as mulheres eram menos inteligentes, mas mais charmosas." Mulher inteligente que compete com eles perde o charme. Fica feia. Desejam para esposa a mulher elegante, fina e charmosa, "uma *lady:* igual à que foi a nossa mãe". Uma mulher que funcione nas carreiras profissionais como um cartão de visitas e que desempenhe profissionalmente o papel de esposa.

Já as mulheres usam de subterfúgios para manter o *status* e os privilégios de que desfrutam.[3] Nas suas falas explícitas sobre sexualidade, afirmam ser a vida sexual delas maravilhosa, mas no decorrer da entrevista percebemos que muitas vezes fingem sentir orgasmo para segurar o marido. Não conversam com eles sobre os problemas do casal e sua *performance* é a mais convencional possível — "Não se deve fazer todas as posições com o marido". Contudo, tendem a praticar o sexo antes e fora do casamento, bem como o aborto.

Mais da metade delas confessou praticar aborto[4] e ter relações fora do casamento. Ora, isso quer dizer que, ao mesmo tempo em que têm uma relação convencional com o marido, "por debaixo dos panos" vivem uma sexualidade mais rica com outros homens. Com relação ao aborto, ao serem perguntadas se eram católicas, respondiam afirmativamente. Mas quando nós as lembrávamos que a Igreja proíbe o aborto, respondiam na sua maioria que neste ponto a Igreja estava errada.

Esses fatos, vistos em conjunto, mostram uma coerência interna nas atitudes da mulher burguesa. Elas manipulam ao mesmo tempo a Igreja e a família. O seu discurso explícito é moralista e conservador, mas, na prática cotidiana, são católicas, até onde vai o seu interesse pessoal, e fiéis ao marido, também até onde vão o seu interesse e o seu prazer. Assim, desde que nasciam, as suas filhas mulheres aprendiam a ter o mesmo comportamento e os filhos homens aprendiam, na sua condição masculina, a ter um comportamento estruturalmente semelhante ao de suas mães, isto é, se na área da sexualidade, onde eram os mais fortes, faziam jogo aberto, na área do trabalho aprendiam que era "natural" manipular o Estado e a economia em benefício próprio e da hegemonia da sua classe. E aprendiam a fazer todas as falcatruas sob a aparência de uma legalidade impecável.[5]

Ficam claros assim os mecanismos que mantêm a classe burguesa num estado de superioridade em relação às outras. Como é esta classe que faz as leis, ela as transgride "naturalmente", isto é, sem punição. Ou melhor, os ricos rompem, sem culpa alguma, as regras que eles próprios construíram para manter as classes inferiores dominadas a partir do próprio inconsciente.

Isso apareceu melhor quando analisamos a sexualidade de homens e mulheres camponeses. As mulheres aceitam[6] o sofrimento, o "carregar a cruz" como parte integrante das suas vidas. Casam-se virgens e não aceitam o adultério, por pior que seja o seu casamento, porque é pecado. Acham a masturbação e a homossexualidade uma sem-vergonhice. Preferem morrer antes de praticar um aborto, porque são católicas e isso seria assassinar um filho, o pior dos pecados mortais.

Já a sexualidade do homem camponês[7] é menos reprimida. Quando solteiros, frequentam a zona, mas, depois de casados, têm uma vida sexual esporádica fora de casa, porque a sua situação econômica não lhes permite sustentar essa vida dupla. Mas se esses homens têm a menor suspeita de que a mulher os traia, são capazes de matá-la sem serem punidos pela sociedade, pois o seu ato é "legítima defesa da honra". Por outro lado, dificilmente se revoltam contra os maus-tratos do patrão. "O homem ajuda o patrão, a mulher ajuda o homem e as crianças ajudam a mulher..."[8]

Ao mesmo tempo que se negam a ver a opressão que sofrem, oprimem rigidamente a família. Em suma: à medida que a classe social vai baixando de *status*, as punições são cada vez mais graves, tanto para homens quanto para mulheres, na área da sexualidade e do trabalho. E a mulher camponesa é a mais oprimida de todas, porque no campesinato as sanções para a mulher são as mais pesadas.

Por causa dessas sanções, a libido dessa mulher parece não ter nenhuma saída. Essa mulher se casa virgem, tende a ser inorgástica devido ao intenso trabalho na sua dupla jornada e não pode cometer adultério nem fazer aborto porque é pecado. A única saída que lhe resta, o único *status* de que pode gozar, é a procriação. No campesinato a mãe de muitos filhos e a mulher grávida são respeitadas mais que as outras. Filhos são ao mesmo tempo mão de obra barata e arrimo para a velhice. O homem que possui mais filhos encontra mais facilidade de conseguir uma meação ou uma parceria. O patrão paga quase o mesmo por um homem solteiro ou por um chefe de família, sendo que deste obtém mais lucro quanto mais filhos houver. Assim, no campo, quem não se casa é obrigado a migrar para as cidades.

Desse modo, surpreendentemente, tanto camponeses quanto burgueses tendem a não romper a família, mas por razões opostas. A família é muito forte na classe burguesa,[9] porque é o lugar da concentração do capital: assim, é preferível uma moral dupla que o rompimento do casamento. Nessa classe social, qualquer ruptura entre marido e mulher acarreta grandes consequências no plano financeiro, já que pode fragmentar, por exemplo, a posse de ações de uma grande indústria ou de um grande banco. E quando as mulheres querem realmente se separar dos maridos, elas o fazem quase sempre desistindo dos seus privilégios pecuniários, deixando tudo nas mãos do marido. Baixam assim de classe social: em geral passam da classe dominante, detentora do poder, para a alta classe média. Embora ganhem gordas pensões, perdem o direito à herança dos meios de produção e, por isso, muitas mulheres — e também muitos homens — preferem suportar um mau relacionamento dentro do casamento.

Na classe camponesa,[10] a família é o lugar da produção e da reprodução da força de trabalho. No seu pedaço de terra, o homem planta o que come ajudado pela família que vai criando. Daí serem muito pesadas as sanções sobre a mulher. É "natural" que ela tenha uma cruz mais pesada que a do homem. Ela trabalha em casa e na roça, mas o seu trabalho não é considerado produtivo, só o do marido. Ela própria vê o seu trabalho na roça como uma extensão da sua atividade doméstica. Assim foi e sempre será. Não há contra o que se revoltar.

Essas mulheres e esses homens têm noção das grandes transformações que estão se operando no mundo urbano, mas têm também a noção de que estas mudanças não são para eles. As mulheres dizem que só os seus filhos poderão gozar delas. Isso explica por que o campo no Brasil parece intocado pela aceleração tecnológica que afeta o mundo urbano: é um outro mundo que parou no tempo.

A importância dada, tanto à família burguesa quanto à camponesa, nos revela que a família toma um papel mais determinante na sociedade de classes do que se pensou até hoje, pois, como vimos, é dentro dela que homens e mulheres se enraízam na sua classe social. É também na família que as sociedades patriarcal e de classes se articulam no concreto cotidiano das nossas vidas, a cada momento e em cada gesto nosso: não só na família camponesa, mas também na burguesa ou mesmo em qualquer outra classe social o *status* da mulher dentro da família é inferior em relação ao do marido.

Este foi um dado que, na nossa pesquisa, não variou em nenhuma classe social. Isso quer dizer, concretamente, que, desde que nasce, o menino se identifica com o mais forte, o dominante, e a menina com a dominada, e daí para sempre ambos acharão "natural" esta primeira opressão e, depois dela, todas as outras. Acharão natural no âmbito inconsciente uma sociedade injusta concentradora de renda, centralizadora e autoritária, mesmo que no âmbito consciente lutem contra ela. E é assim que a sociedade de classes pode perpetuar-se, mesmo contra o nosso desejo, porque tem a sustentá-la a cada momento o sistema patriarcal — e também o racismo, que não é tratado aqui —, ou melhor: é o patriarcado que, pela família, perpetua a sociedade de classes.

Com isto aparece o dado teórico que ainda faltava: não basta erradicarmos a sociedade de classes sem erradicarmos aquilo que está subjacente a ela e que é a raiz dos preconceitos que tornam possível a dominação econômica — no caso, o patriarcado e o racismo.

Já é aceito consensualmente entre os cientistas sociais aquilo que as teorias feministas descobriram no início da década de 1970, ou melhor, que a dominação da mulher vem antes da sociedade de classes e é uma precondição essencial para esta, ou seja, a primeira condição para que aceitemos a relação de opressão econômica.

Ora, e os países socialistas que diziam defender os pobres não questionaram sequer a posição da mulher. Simplesmente a ignoraram. Ela foi feita cidadã de segunda classe, as profissões para onde se orientavam foram logo desvalorizadas — magistério, medicina, direito etc. —, mostrando que persistiam os preconceitos de sexo — e também de etnia. Por isso, por não ser questionado a fundo o processo de dominação, a sociedade de classes não é questionada a fundo e, assim, vai retornando no decorrer das gerações.

Dessa forma, pela fabricação da sexualidade podemos perceber as inter-relações concretas entre patriarcado e sociedade de classes e concluir que, para erradicar estas últimas, será necessário erradicar também o patriarcado.

Fica agora, ainda, uma última dúvida que enfeixa as duas primeiras: como se dá o funcionamento global do sistema a partir de classe e gênero?

Notas

1. Muraro, Rose, *Sexualidade da mulher brasileira,* 5ª ed., Rio de Janeiro: Rosa dos Tempos, 1996, p. 272.
2. Id., ibid., p. 127.
3. Id., ibid., p. 92.
4. Id., ibid., pp. 98-8.
5. Id., ibid., cap. XVIII.
6. Id., ibid., p. 171.
7. Id., ibid., p. 217.
8. Id., ibid., pp. 462-3.
9. Id., ibid., pp. 320-1.
10. Id., ibid.

20. Sexualidade, saber e poder

Parece-nos que até aqui vêm ficando claras as articulações entre a sexualidade e o poder. Mas, para que possamos entender melhor como se passam no concreto as relações entre os gêneros, cabe agora a comparação entre a maneira de perceber e de viver o corpo e a sexualidade de duas outras classes sociais, o operariado e a classe média moderna. Talvez, a partir dessa comparação, a relação que sexualidade e poder têm com o saber fique totalmente esclarecida...

As classes média moderna e operária são, além da classe dominante e do campesinato, os outros dois grandes pilares do sistema em que vivemos. A classe média moderna é um estrato social que só surge com o avanço tecnológico. Ela é composta de profissionais liberais, intelectuais, artistas, estudantes universitários, comunicadores, profissionais de informática e de serviços mais sofisticados, bem como por executivos médios das grandes empresas.

A classe média moderna não produz valor; é o "exército de reserva da burguesia". Ela é encarregada da reprodução das condições de produção. O engenheiro repara as máquinas; o médico, os nossos corpos; o advogado mantém o sistema funcionando mediante os seus limites (as leis); e os artistas dão condições de lazer etc. Nos tempos de expansão, a burguesia vai buscar nessa classe os seus quadros fundamentais e, quando não tem mais necessidade deles, os devolve a ela.

Pudemos perceber que a classe média moderna sente-se dividida entre a classe operária e a burguesia. Semelhantemente a esta, possui o saber, mas, como a classe operária, não detém o poder sobre os meios de produção. Assim, em relação à sua sexualidade, mulheres e homens apresentaram valores próprios à classe operária e valores burgueses, numa curiosa mistura.

Para a melhor compreensão desses encontros e desencontros, vamos primeiro aos operários. Os homens[1], como já relatamos, viam seus corpos como parte integrante das máquinas que manipulavam, considerando-se bons quando funcionavam bem e tendo como combustível o prazer sexual.

Já as mulheres, em geral, se consideravam charmosas e sexualmente atraentes.[2] Contudo, a sua aparência física era a de seres humanos maltratados por uma vida de trabalho duro e muitas apresentavam velhice precoce. Quando lhes perguntávamos como sentiam o corpo antes e depois de terem tido filhos, a sua resposta era surpreendente. Sabiam da devastação que a maternidade fizera nos seus corpos e que não podiam cuidar deles. Não tinham tempo nem dinheiro. Sabiam que haviam perdido dentes, ficado flácidas, adquirido estrias...

Ora, isso não estava coerente com a afirmação dos seus atrativos sexuais. Na sua obra, Freud conta a história do sonho de um menino cuja mãe o proibira de comer umas cerejas que ele queria muito. Quando acordou, Joãozinho muito contente contou: "Joãozinho comeu as cerejas..."

Em outra parte da sua obra, Freud repara como os pobres deliram da mesma forma que as crianças, quando privados dos seus desejos.

De certa maneira, as nossas operárias também negavam a dura realidade cotidiana dos seus corpos estragados e se julgavam bonitas como as artistas de televisão – em todas as casas, embora pobres, havia uma televisão. Muitas vezes não tinham dinheiro nem para a condução e, obviamente, não conseguiam chegar nem perto do padrão burguês de beleza. E assim se dividiam internamente. E a esse corpo chamavam corpo mistificado, pois sobre o corpo real elas colocavam um corpo imaginário.

Em relação à sexualidade, essa divisão de cabeça permaneceu o tempo todo. Metade da amostra é a favor do casamento virgem, metade contra. O mesmo acontece em relação ao adultério. Quando indagadas sobre orgasmo, procuram, mas não conseguem fingir uma sexualidade dentro dos padrões românticos da televisão. Muitas são obrigadas a fazer aborto por motivos econômicos, embora com grande culpa. Como as camponesas, rejeitam a masturbação e a homossexualidade.

Assim, embora estejam divididas entre os valores tradicionais das regiões de onde migraram e os urbanos, não conseguem ainda absorver os padrões dos meios de comunicação.

Os homens são convencionais na sua sexualidade, também adeptos da moral dupla, porém sem condições de manter uma vida dupla. Contudo, sentiam-se ameaçados pela entrada da mulher no mundo do trabalho. Para eles, as mulheres que usam métodos anticoncepcionais e trabalham fora não prestam.[3] São mais acomodados com a vida que levam as mulheres. Estas, por serem mais oprimidas, têm noção dos itens que compõem a libertação feminina, mas sentem que ainda não podem chegar lá: "Já não se ouvem mais os pais como antigamente", ou "A mãe já não fala tudo certo", ou ainda: "Já não é mais preciso sofrer tanto como antigamente" etc.[4]

Pelo seu lado, as mulheres da classe média moderna[5] são diferentes. Elas têm muito da sua sexualidade igual às burguesas.

Como estas, aceitam o sexo antes do casamento e, também, o aborto. Mas, diferentemente das mais ricas, têm diálogo com o marido sobre os seus problemas sexuais, não fingem prazer para segurar o marido — as operárias estão divididas quanto a este item — e acham que é com ele que devem viver uma vida sexual rica e satisfatória. Se acrescentarmos que a maioria das mulheres da classe média acha melhor a vida de casada que a de solteira, poderemos ter uma ideia do que representa o casamento para a classe média. Se pudesse, a maioria das burguesas, operárias e camponesas voltaria a ser solteira. Mas as mulheres da classe média, inclusive as mais jovens, gostam do casamento.

Foi nesse estrato que encontramos o maior número de mulheres e homens descasados — quase a metade — e também sem religião. Inúmeros ainda foram os segundos casamentos. Nessa classe social, homens e mulheres, para criarem os filhos, não precisam da família.

Na classe média moderna, a família[6] não tem função econômica: ela é apenas o espaço da realização afetiva e da educação dos filhos. Assim, essas mulheres querem — as mulheres das outras classes sociais, não — uma relação profunda e gratificante com o marido. Porque conseguem se separar com facilidade, a vida de casada é mais uma opção que uma necessidade. Por isso é desejada e vivida positivamente. Em contraponto das outras classes sociais em que a família possui uma função econômica, homens e mulheres da classe média moderna têm uma situação privilegiada.

Na classe operária, a família[7] tem também a função de ser o lugar da reprodução da força de trabalho. Um operário não pode viver solteiro. Precisa da mulher que lhe crie os filhos e trabalhe de graça, esticando até o fim do mês um salário irrisório e cada vez mais roído pela inflação. É pelo trabalho da mulher que os patrões podem pagar salários tão baixos aos seus empregados.

As pessoas da classe média moderna, dispondo de saber e liberdade em relação à família, são capazes, então, de assumir uma posição política independente. Em geral são de esquerda e apoiam a classe operária. Isto porque a única possibilidade de chegarem ao poder é aliando-se ao operariado, já que a classe burguesa manipula essa classe média moderna. E é mesmo esse saber e essa disponibilidade que fazem dessa classe um fenômeno específico no mundo atual.

É no seu seio que nasce a maioria dos movimentos de renovação da sociedade. Criadores, artistas, reformadores, revolucionários, grandes cientistas, quase sempre saem dela. Nas outras é mais difícil isso acontecer, pois um camponês de gênio geralmente vai ser um bom camponês, e só. Mas um patrão inteligente vai é reforçar o seu poder. É essa classe social que tem no final das contas uma grande influência na opinião pública devido, exatamente, a esse seu caráter inovador. Por exemplo: a ação dos intelectuais de esquerda é muito importante para ajudar os operários a adquirirem uma consciência de classe.

Operários e camponeses desqualificam o seu próprio saber, porque se veem com os olhos da classe dominante. Julgam-se incapazes de se governarem a si próprios. É a sua organização política, assessorada pela classe média moderna, que, pouco a pouco, os faz conscientes da força que possuem.

O operário normalmente não acredita que outro operário possa ser um bom governante: o operário vota no "doutor" de outra classe social que julga estar ao seu lado. Já os camponeses, ainda mais massacrados, votam diretamente no patrão que os oprime – o "coronel" –, e a classe dominante usa de todas as fraudes para se manter no poder, pois no âmbito inconsciente acha que tudo lhe pertence. Mas a ascensão dos políticos progressistas no nosso país é fruto da luta da classe média moderna, que começou com a resistência contra a ditadura militar, após 1964, luta esta em aliança com os operários.

Assim, um importante fenômeno foi acontecendo. Os movimentos sociais nascem da classe média moderna e, depois, migram para as classes oprimidas. Isso aconteceu, por exemplo, com o movimento de mulheres, com a Igreja progressista, com as associações de bairro, com os partidos de esquerda etc. E é nessas classes oprimidas que esses movimentos tomaram raízes. No nosso país, a modernização da nação — e não do Estado — está hoje passando pela ideologia da classe média moderna. E esse fenômeno tem muito a ver com o problema da passagem de uma identidade reflexa para uma identidade autônoma. E é justamente aqui que entra a articulação do saber com a sexualidade como elemento inovador do poder.

Assim, como a classe dominante produz e usa o saber para reforçar o seu poder, a classe média moderna, que não dispõe de poder mas de saber, usa-o para transformar a natureza do poder e dessa forma alcançá-lo. Vamos dar alguns exemplos:

Começamos pelo movimento das mulheres. É com o feminismo que a mulher aprende a adquirir uma identidade autônoma, isto é, deixa de se ver com os olhos do homem e passa a se ver com os próprios, tal como milenarmente faz o homem. Com o sindicalismo crítico, os operários passam a não mais se olhar com os olhos do patrão, a não mais se ver como ignorantes e incompetentes, mas pelos próprios, requalificando o seu saber, até então massacrado pelas classes dominantes, num projeto popular nacional. O mesmo se dá com os negros e outros segmentos da sociedade, que começam a não se enxergar mais com os olhos dos brancos dominadores.

Quando tomadas nas suas últimas consequências, essas identidades recuperadas podem levar a nação na sua totalidade a elaborar um pensamento e uma cultura próprios.

No caso do Brasil e dos outros países subdesenvolvidos, a visão deles, de si, passa pela concepção que o Primeiro Mundo faz desses países, como corruptos, incompetentes e atrasados. E com essa cultura reflexa, baseada em livros traduzidos, filmes estrangeiros e valorização da produção cultural e industrial internacional em detrimento da nacional, é que se forma um caldo de cultura propício para a dominação econômica. E as elites nacionais se aliam às internacionais para asfixiar ainda mais os países "inviáveis". Migram os capitais para os países ricos, diminuem os investimentos e, pouco a pouco, o colonialismo cultural vai dando lugar a esse colonialismo econômico sofisticado do fim do século XX.

À medida que as nações, pelos seus segmentos dominados, vão construindo uma cultura própria e valorizando as especificidades do seu saber é que cada país pode reagir às investidas econômicas. Como exemplo, citaremos o que acontece nos Estados Unidos, na indústria do livro: quase nunca existe nenhum *best-seller* estrangeiro na lista dos mais vendidos do *New York Times*. É dada prioridade absoluta à produção cultural própria. E à medida que os oprimidos se olham com os próprios olhos é que estes podem fazer o opressor recuar. Em duas décadas, as mulheres feministas transformaram a condição da mulher no nosso país, fazendo recuar o machismo; o sindicalismo novo está fazendo recuar a classe dominante; e uma cultura nacional autônoma poderá, sem dúvida, colocar os pensadores de nosso país no mesmo patamar dos melhores pensadores originais do nosso tempo. Isso contribuirá para a superação do subdesenvolvimento, como fizeram em pouco tempo outros países, antes pobres e hoje ricos, como é o caso da União Soviética, da Suécia etc.

Assim, como a sociedade patriarcal está subjacente à sociedade de classes, criar uma cultura original é o melhor meio de transformar o econômico. Os pobres, adquirindo identidade de classe, e as mulheres, adquirindo identidade de gênero — e os não brancos, de raça —, são capazes de produzir uma identidade nacional autônoma que pode dobrar as nações dominantes e superar o colonialismo.

Marx dizia que a cultura é uma espécie de superestrutura montada em cima das estruturas políticas e da infraestrutura econômica. Pelo que acabamos de ver, não é assim. A cultura é uma espécie de "criptoestrutura" que age sobre o econômico e o político. E aqui estamos definindo cultura como conjunto de gestos, atitudes, instituições e dispositivos que organizam a nossa vida cotidiana.

Notas

1. Muraro, Rose, *Sexualidade da mulher brasileira*, 5ª ed., Rio de Janeiro: Rosa dos Tempos, 1996, pp. 272 e 282ss.
2. Id., ibid., p. 257.
3. Id., ibid., p. 259.
4. Id., ibid., p. 254.
5. Id., ibid., p. 205.
6. Id., ibid., pp. 320-l.
7. Id., ibid.

21. Consciência e transformação

Até aqui apresentamos algumas sugestões para encontrar os nossos caminhos dentro de um sistema tão desigual. Entretanto, para que isso possa acontecer é necessário que façamos uma avaliação do que foi dito até agora.

Em primeiro lugar, ao escolhermos o modelo freudiano para a análise da parte inicial deste texto foi porque o consideramos o mais interessante de todos, pois se aplica de maneira bastante adequada à psique masculina e de forma alguma dá conta do feminino, o que permite às mulheres um excelente espaço de criatividade.

A seguir, mostramos como a criança onipotentemente quer controlar o mundo exterior, quando, ao contrário, é o mundo exterior que plasma a psique humana desde o seu nascimento.

O animal que transforma o mundo é ele próprio transformado por esse mundo, e, aparentemente, de maneira inexorável.

No mundo camponês, desde que nasce, a criança não pode viver o esquema freudiano de felicidade onipotente no seio materno, porque sua fome é frustrada e, com ela, todos os outros desejos desde o nascimento por ter uma mãe desnutrida. E já vimos como essa frustração modela o sistema econômico, construindo o oprimido e toda a classe dominada.

Freud, que viveu numa sociedade de abundância, jamais poderia supor a que ponto o econômico controla os desejos mais básicos.

Para a sociedade de classes necessitamos de um esquema mais amplo de análise: as fases freudianas da libido não são universais, mas funcionam apenas para os bem nutridos.

Os desnutridos vêm prejudicados desde a fase oral. Parece que a sua vida inteira será plasmada apenas pela luta entre Eros e o instinto de morte, com ênfase neste último — baixa estima, acomodação, pessimismo etc.

Já as classes dominantes parecem fixadas à fase anal, tal qual Freud descreve no *Mal-estar da Civilização*. Coincide também com a descrição, feita por Norman Brown em *Vida contra a morte,* da ética protestante e de como todo o sistema capitalista é uma grande fixação nas fezes e no dinheiro. Para a classe dominante o esquema funciona à perfeição.

Quanto à classe operária, ela em parte tem valores da sua origem camponesa e, em parte, copia os das sociedades de massas, chegando mesmo, como vimos, a identificar-se com as máquinas.

A classe média moderna parece também estourar esses esquemas. Possuindo saber e dinheiro necessários para viver, mas não estando no domínio do poder — e da sua disciplina —, vive o seu desejo de maneira mais solta — principalmente as mulheres —, mais plena, abrindo caminhos novos que lhe permitem superar as limitações do econômico. É ela mesmo a origem da criatividade, das novas teorias que explodem as antigas e das críticas ao sistema dominante. E por quê?

Em primeiro lugar, a classe média não produz valor, por isso é mais livre, procura libertar-se das suas neuroses e viver uma vida mais prazerosa, dentro do possível. É também ela que quer construir um mundo novo e implodir os atuais sistemas simbólicos e é nela onde se inicia a libertação do feminino, provavelmente pelo trabalho de transformação das consciências pessoal e coletiva.

Quanto à sua estrutura psíquica, cremos que vem se transformando aceleradamente devido às rápidas transformações por que o mundo está passando. E é preciso termos consciência desta rapidez para podermos entender a transformação da estrutura psíquica das pessoas da classe média moderna, no sentido de transformar-se de padronizadas em singulares.

Consciência, transformação e prazer

Toda vez que descobrimos uma coisa nova, seja no âmbito individual seja no coletivo, a pergunta que reflete a nossa perplexidade é: o que fazer com esse novo alargamento de consciência?

Freud, que era muito conservador, via – no caso das descobertas individuais – que os desejos da infância perdidos e agora reencontrados pelo consciente muitas vezes não podem ser realizados pela própria estrutura da realidade. E assim, "logicamente", têm de ser introjetados. Nunca passou pela cabeça dos conservadores que esses desejos pudessem se expressar externamente num projeto de transformar o mundo no sentido de se realizarem.

Se a sublimação sempre leva o mundo para um sentido destrutivo, nunca passou pela cabeça da classe dominante que fosse possível dar a este mesmo mundo um sentido erótico. Os conservadores são radicalmente pessimistas e, como pessimistas, são as pessoas que não têm coragem de colocar em prática aquilo que descobriram.

A descoberta do novo libera enorme quantidade de energias até então reprimidas e que agora querem se realizar. Por isso, caminhar no novo é tão difícil, Melhor não querer saber de nada, para não ter de devolver o desejo ora consciente à repressão. Porque doravante as repressões são construídas a partir de material mais sólido. Ou melhor: depois que descobrimos as linhas não vividas da nossa vida, temos de esquecê-las, já que não são compatíveis com os objetivos da sociedade estabelecida... pois os seus objetivos tornam-se imutáveis, porque sempre foi assim e sempre será...

E isso significa que a agressão se volta de novo para dentro de nós mesmos, que ela outra vez vai sendo subjetivada. E também a culpa. É isto que faz com que a insatisfação se instale e para sempre, tanto individual quanto coletivamente. E essa louca conclusão ocorre porquanto os conservadores tomam a cultura como inevitável — tal como ela é — e em duas direções características: primeiro, do robustecimento do intelecto, com um reforço do seu controle da vida dos instintos, e segundo, a da subjetivação dos impulsos agressivos de todos nós.

A única alternativa, pois, para essa verdadeira esquizofrenia do ser humano seria um projeto para a transformação da realidade diferente do atual projeto sublimador. Na concepção conservadora, o ego se alia ao princípio da realidade contra o inconsciente. Vencem as exigências morais contra as exigências instintivas do inconsciente. Assim, seria substituído sem crítica o princípio do prazer, que reina soberano no inconsciente, pelo princípio da realidade aceita sem discussão. Mas, evidentemente, há outra alternativa: aliar o ego e o inconsciente contra o princípio da realidade. Claro que o ego racional e maduro deve encarar os fatos como eles são e evitar o pensamento desejoso. E o reconhecimento do mundo tal qual ele é não exclui o desejo ou a atividade de modificá-lo, no sentido de torná-lo mais prazeroso, isto é, de transformar a realidade de acordo com o princípio do prazer, o que inclui, também e essencialmente, a justiça social e econômica.

Na psicose, o inconsciente vence o ego e cria para si um mundo próprio que tem a ver com a realidade. Na descoberta do novo, ele não ignora a realidade, mas, como a psicose, procura criar um mundo novo a partir da realidade, isto é, transforma esta realidade. Daí por que todo trabalho de transformação, seja a dos movimentos populares seja a individual ou política, deve ter como ferramenta o desejo de modificar o mundo de maneira a que ele possa vir a coincidir com o nosso desejo de prazer. Senão, esse trabalho de transformação vira também uma psicose, pois ignora o desejo do agente transformador, e o ego repressor volta a reinar soberano. Tanto as teorias como o trabalho, a menos que partam de um princípio de transformação da realidade, viram uma psicose, ao fazerem o desejo se introjetar em vez de se expandir. Em outras palavras, todas as pessoas que trabalham pela transformação coletiva não por prazer, mas por obsessão ou para fugir dos próprios problemas, trabalham em direção da fuga à morte, da sublimação e, em última análise, do instinto de morte, reforçando, assim, o sistema dominante. Não pode haver transformação no sentido da vida sem prazer.

Dessa forma, vemos por que só o desejo tem força suficiente para transformar a história que foi feita pela sublimação que serve ao poder. Só a entrada do desejo na história e na cultura é capaz de reunificar os instintos em luta inconsciente entre si. Assim e só assim a vida humana pode deixar de ser baseada na repressão e, portanto, não se autodestruir.

É esta a missão de todos nós que nos empenhamos em transformar isto que aí está.

O novo homem e a nova mulher

É na família nuclear patriarcal que se origina a reprodução do cuidado materno apenas pela mãe. As mães cuidam dos filhos e das filhas com consequências diferentes para uns e para outras. As meninas vão aprender com ela o seu papel de mães e os meninos se separam dela, criando identidade masculina, reconhecendo-se no pai de quem têm medo. Por isso, na cultura patriarcal a mãe é rejeitada tanto pelos meninos, porque ela é proibida, quanto pelas meninas, porque nasceram iguais a ela, isto é, inferiores.[1]

No entanto, com a recente ida da mulher para o mercado de trabalho, os homens começaram, por sua vez, a entrar no domínio do privado, da casa, principalmente nos países desenvolvidos e, nos países subdesenvolvidos, em alguns setores da classe média moderna. Eles passam, assim, a fazer o trabalho da casa junto com a mulher e a dividir o cuidado das crianças. Só no Brasil, devido ao desemprego, 22,5 milhões de homens cuidam da casa, enquanto a mulher que está empregada é obrigada a sair para trabalhar.[2]

E o que pode advir disso, ao menos a médio prazo, é muito importante, podendo vir a ser até a origem da mudança da estrutura psíquica de meninos e meninas. Em primeiro lugar, a relação simbiótica mãe/filho é dividida. A mãe já não seria a única doadora da vida; a ela se junta o pai. A dependência de meninos e meninas não fica mais à mercê apenas de uma pessoa do sexo feminino, mas também de outra do sexo masculino. Assim, meninos e meninas conseguem desenvolver uma intimidade com pessoas dos dois sexos.

A pesadíssima carga de ser a depositária do amor totalizante e do prazer imortal, que recai sobre a mãe na cultura patriarcal, passa agora a ser dividida com o pai.

A primeira barreira que isso rompe é a da desvalorização da mulher, isto é, ela não mais será vista como um ser castrado, sem o órgão do prazer. Em outras palavras: a divisão do cuidado com os filhos, antes só materno, iguala pai e mãe aos olhos das crianças e o pênis já não será mais supervalorizado. O pai torna-se tão doador da vida quanto a mãe, tão amoroso quanto ela. O pênis e a vagina passam, então, a ser complemento um do outro.

Por consequência, desaparece também a figura da mãe todo-poderosa, a única criadora de amor e de vida. Surge o casal andrógino que supera o segundo obstáculo, aquele que atormenta a psique imatura da criança no seu desejo infantil de totalidade: a separação dos sexos, a cisão entre homem e mulher.

Uma terceira separação que cai é a divisão de funções: para a mãe, o amor; para o pai, a rigidez — e isso muda fundamentalmente a natureza do superego.

Então, na fase da resolução edípica, o menino não tenderá mais a identificar-se com alguém que pode querer matá-lo, mas com um amigo. Ora, isso fará diminuir a fixação do menino na fase anal e o seu grau de sublimação. Ele não reprimirá mais a emoção nem sua inteligência será tão dissociada e impessoal. Assim, de certa forma, o menino poderia conservar mais o seu corpo, como faz a menina, e desenvolver um superego menos rígido e talvez semelhante ao superego feminino. Poderá até continuar perverso polimorficamente, como a menina, mas, acima de tudo, terá um medo menor da morte. E, para o futuro, o próprio complexo de Édipo e o de castração perderiam o seu sentido exclusivo, sendo substituídos, como nas sociedades primitivas, por um amor e uma união mais natural e diluída entre muitos.

E a menina? Esta não se identificará mais como um ser castrado e sim como um ser inteiro, pois a relação entre pai e mãe será de iguais e não a de opressor/oprimido. Não sentirá mais inveja do pênis certamente! E o menino sofrerá menos medo da "mutilação" da mulher. A mãe fará um pouco a figura do pai de hoje, pois esta, por estar inserida no mundo do trabalho, tornou-se, portanto, um modelo criativo com a inteligência mais desenvolvida. O pênis perderá o seu valor de falo e outros valores terão que ser encontrados para integrar a cadeia dos significantes...

Enfim, num futuro talvez próximo, os homens terão perdido o medo da entrega e da mulher e, por seu lado, as mulheres não serão, como são no patriarcado, tão dependentes do homem idealizado. Poderão exercitar mais a sua identidade pela autonomia integrada à relação. E os homens aprenderiam a ligar o amor à vida e não atrelá-lo à morte, por se relacionarem em melhores bases consigo próprios e com os outros.

As consequências disso no plano coletivo podem ser incalculáveis. Em primeiro lugar, meninos e meninas educados numa sociedade assim pluralista não achariam, desde o seu nascimento, "natural" uma sociedade em que a mulher é inferior ao homem e, portanto, não veriam como "natural" uma sociedade hierarquizada, autoritária e desigual, pois agora natural seria um mundo democrático, não competitivo e de partilha. Em suma: estaria superada a relação opressor/oprimido, fundamental para o sistema competitivo que dura há oito mil anos, e se iniciaria uma fase pós-patriarcal.

A partilha — e não a competição entre homens e mulheres — faria as sexualidades feminina e masculina convergentes e não mais divergentes — finalmente! A guerra surda, travada entre o homem e a mulher, que é fruto de uma sociedade patriarcal e de classes, teria o seu término.

E ainda mais: essa integração de homens e mulheres, cada um conservando a sua especificidade, poderia levar a uma reintegração com o meio ambiente e, principalmente, dentro de cada um, menino e menina, a uma reintegração do ego com o próprio corpo. Vemos assim que, como no início do patriarcado, foi a redução da mulher ao doméstico – cisão público/privado – que originou todas as cisões; agora, é a reintegração desta mesma mulher no público que está dando origem às outras reintegrações.[3]

Dessa forma, aceleraríamos a transformação da realidade não mais no sentido sublimatório, mas, sim, no sentido erótico. O princípio do prazer começaria, enfim, a se integrar com o princípio da realidade. Ao menos até onde estivesse ao nosso alcance, de homens e mulheres.

Cremos ainda que isso já esteja acontecendo, mas é preciso que essa integração tão simples possa ir se concretizando o mais rápido possível, caso contrário a destruição que se avizinha será inevitável.

Notas

1. Chodorov, Nancy, *Psicanálise da maternidade,* Rio de Janeiro: Rosa dos Tempos, 1991, último capítulo.
2. IBGE, Censo 2000.
3. Brennan, Teresa, *The Interpretation of the Flesh: Freud and Feminity,* N. York: Routledge, 1992; Brennan, Teresa, *Para além do falo: uma crítica a Lacan do ponto de vista da mulher,* Rio de Janeiro: Rosa dos Tempos, 1997; Browmiller, Susan, *Feminity,* N. York: Fawcett Columbine, 1984; Butler, Judith. *Gender Trouble: Feminism and the Subversion of Identity* (editado por Judith Butler), N. York e Londres: 1990; Butler, Judith, "Contingent Foundations: Feminism and the Question of 'Postmodernism', em *Feminists Theorize the Political* (editado por Judith Butler e Joan W. Scott), N. York e Londres: 1992; Butler, Judith, *Bodies That Matter: On the Discursive Limits of "Sex"* (editado por Judith Butler), N. York e Londres: 1993; Campbell, Joseph; Múses, Charles e outros, *Todos os nomes da deusa,* Rio de Janeiro: Rosa dos Tempos, 1997; Chodorow, Nancy, *Psicanálise da maternidade: uma crítica a Freud a partir da mulher,* Rio de Janeiro:

Rosa dos Tempos, 1990; Deutsch, H., "Der feminine Masochismus und seine Beziehung zur Frigitat", *IZP 16*, pp. 172-84; Deutsch, H., "The Significance of Masochism in the Mental Life of Women", *IJPA 11*, pp. 48-60; Deutsch, H., "On Female Homosexuality", *PQ 1*, pp. 484-510, 1932; Deutsch, H., "Motherhood and Sexuality'", *PQ 2*: pp. 476-88, 1933; Duhram, Eunice. "Família e reprodução humana", em *Perspectivas antropológicas da mulher (3)*, Rio de Janeiro: Zahar, 1983; Ericksen, Julia e Steffen, Sally A., *Kiss and Tell: Surveying Sex in the Twentieth Century*. Cambridge: Harvard University Press, 1999; Foucaul, Michel, *História da sexualidade*, vol. I – *A vontade de saber*, Rio de Janeiro: Graal, 1988; Freyre, Gilberto, *Casa Grande & Senzala*, Rio de Janeiro: Editora José Olympio, 1946; Friedan, Betty. *Mística feminina*, Petrópolis: Editora Vozes, 1971; Garcia, Carla Cristina, *Ovelhas na névoa*, Rio de Janeiro: Rosa dos Tempos, 1995; Gilligan, Carol, *Uma voz diferente*, Rio de Janeiro: Rosa dos Tempos, 1982; Goldenberg, Mirian, *Ser homem, ser mulher: dentro e fora do casamento*, Rio de Janeiro: Revan, 1991; id., *Toda mulher é meio Leila Diniz*, Rio de Janeiro: Record, 1995; id., *A outra: estudos antropológicos sobre a identidade da amante do homem casado*, Rio de Janeiro: Record, 1997; id., *Os novos desejos*, Rio de Janeiro: Record, 2000; Higonnet, A., "Mulheres e imagens: aparência, lazer, subsistência", em Perrot, M., Fraisse, G., *História das mulheres: o século XIX*, Porto: Afrontamento, 1994.

22. O andrógino

Como seriam os novos homens e mulheres trazidos pela transformação das relações familiares?

No sistema patriarcal a diferenciação sexual produz na criança — e lega ao inconsciente do homem adulto — a noção da fêmea como o sexo castrado e do homem como ser completo. Mas, como vimos, a dominação do macho não é universal, o que mostra que a inveja do pênis também não o é. Ela simplesmente expressa a revolta da fêmea contra os privilégios do macho. Mas quaisquer que sejam a biologia e a cultura, o imortal desejo dos dois sexos é sempre o mesmo. Ambos querem ser onipotentemente satisfeitos.

Porque a sexualidade da criança é infantil, esta se espalha por todo o corpo dela. E, sendo perversa e polimorfa, essa sexualidade é também, pansexual e portanto, ainda, bissexual. A criança, ao tomar conhecimento, repentinamente, de que os sexos são cindidos, de que há diferença entre eles, vê e sente isto, no inconsciente mais arcaico, como perda de integridade.

Como a sexualidade infantil ainda é vivida na família humana e na organização genital adulta, cada sexo reprime na heterossexualidade convencional aquilo que é próprio do sexo oposto. Porém, o inconsciente de cada sexo não aceita essa repressão e, em contrapartida, intenta restaurar a bissexualidade da infância.[1]

Freud viu essa rejeição fundamental da separação entre os sexos e da diferenciação sexual, por parte do inconsciente, como o mais profundo e mais obstinado motivo de conflito neurótico entre a libido e a realidade. E como Freud via a organização genital como um dado biológico, ele chegou à conclusão de que a neurose era incurável.

Mas, no patamar mais profundo do ideal andrógino ou hermafrodita do ser humano, no seu inconsciente, se reflete a aspiração do corpo humano de superar os dualismos que são a sua neurose. Em última análise, ele quer reunificar Eros com o instinto de morte. O dualismo masculino/feminino constitui a projeção, para a sexualidade biológica, do dualismo entre atividade e passividade. Estas nada mais são que instáveis fusões de Eros com o instinto de morte, em guerra um com o outro. É por isso que identificam comumente masculinidade com agressividade e sadismo e feminilidade com passividade e masoquismo.

Assim, o mito que mais incomoda a mente ocidental sobre a origem da humanidade é o do andrógino, em que homens e mulheres teriam sido criados pelo corte de um ser completo e inteiramente poderoso e feliz, com quatro braços, quatro pernas, duas cabeças, bissexual e que ameaçava os deuses. E desse corte em diante, homens e mulheres estariam para sempre procurando um ao outro e, por isso, deixariam os deuses governar o mundo em paz.

Por esse motivo, o nosso esforço inconsciente mais profundo e menos assumido seria o de restaurar a perdida unidade primeva, em que vida e morte estariam em completa harmonia.

Esse desejo vem de encontro ao primeiro relato bíblico da criação que descreve Deus como Andrógino, isto é, contendo em si macho e fêmea. Assim, deveria ser também a perfeição humana antes da queda. O ser humano constituiria um ser completo, masculino e feminino e, nesse caso, o pecado original, a queda, teria a ver, além do que já analisamos, com a divisão desse ser primevo em dois sexos — e a consequente desagregação do andrógino —, frutos ambos da desobediência à lei e da castração patriarcal.

E é assim que a grande procura da humanidade é não só a reunificação entre os sexos, mas também a reunificação dos sexos dentro de cada um de nós.

Nesse sentido, tanto a heterossexualidade convencional, que reprime os traços do outro sexo dentro de si, quanto a homossexualidade de homens e mulheres que imitam o sexo oposto, a fim de se verem livres dele, são desvios da androginia. A androginia é talvez a mais desejada e a mais difícil das condições humanas. Chegar a ela pode trazer consequências que até hoje só os artistas intuíram, como Rainer Maria Rilke, quando dizia: "E tal renovação do mundo talvez venha a consistir em que homem e mulher, livres do falso sentimento e da aversão, procurem um ao outro não como opostos, mas como irmão e irmã, como vizinhos, e se reúnam como seres humanos."[2]

O andrógino é aquele heterossexual que não reprime dentro de si as características que convencionalmente pertencem ao sexo oposto, como por exemplo a sensibilidade e a perda do medo do afeto no homem e a inteligência criativa na mulher. Só é andrógino aquele que é capaz de reunificar os opostos dentro de si: o homem e a mulher, a atividade e a passividade, mente e corpo... Isto é, aquele que tende com todas as suas forças à sexualidade polimorfa da infância na idade adulta. E é só nesse caso que Eros e o instinto de morte se reunificam em cada um de nós.

E é por isso que Rilke, no seu apelo a Deus para torná-lo um artista perfeito, implora-Lhe que o faça hermafrodita![3]

A ressurreição do corpo

Depois de tudo o que acabamos de falar do andrógino, parece que nada mais há para ser dito. Mas o problema permanece ainda obscuro. Fica sempre a pergunta: como é que podemos, no concreto cotidiano, reunificar vida e morte, Eros e instinto de morte, que parecem ser um o oposto do outro?

Já vimos que os animais, que não possuem o córtex e, portanto, não são capazes de simbolizar, percebem vida e morte da mesma maneira, isto é, estes animais usam o instinto de vida para viver e o instinto de morte para morrer. Eles não estão presos ao passado como os seres humanos, fixados à felicidade de uma infância prolongada e, por isso, com medo de morrer. Eles só são capazes de viver o aqui e agora, incorporando simplesmente todas as alegrias e todos os medos à medida que se apresentam e logo depois esquecendo deles. Eles vivem, pois, a vida peculiar às suas espécies.

Só o ser humano não é capaz disso. É como se ele não tivesse ainda encontrado esse tipo de vida, que só a espécie humana pode viver, e mais nenhuma outra. E o sinal disso é a contradição que existe, dentro dele, entre vida e morte, contradição esta que ele projeta na cultura posta para o mundo exterior. E neste mundo a destrutividade está sendo mais forte que a reunificação entre vida e morte. Então, como se daria essa reunificação? Como fazermos para o ser humano chegar à plenitude da sua vida, à plenitude da sua satisfação, e também como torná-lo menos destrutivo para o mundo?

Se pudermos imaginar um ser humano irreprimido, que tenha superado a culpa e a angústia e, dessa forma, esteja suficientemente forte para viver e para morrer, em primeiro lugar este ser teria um corpo isento de toda organização sexual e das fantasias sexuais oral, anal e genital de retorno ao útero materno. Este ser não teria em si o complexo do dinheiro nem os pesadelos da nossa cultura patriarcal.

Nesse ser haveria de cumprir-se na terra a esperança do cristianismo, da ressurreição do corpo. Seria um ser livre da imundície que é a hipersublimação da qual nos nutrimos hoje. Teria liberdade em relação à morte em vida que vivemos. Mas a libertação da morte, paradoxalmente, seria a mesma força para viver e morrer, porque o que se tornou perfeito, perfeitamente maduro, quer morrer.

Com um corpo assim transfigurado, a alma humana pode reconciliar-se com o ego humano e voltar a ser um ego-corpo, com uma superfície sensível que permita a total comunicação corpo/corpo que é a vida. E esse caminho que leva a essa comunicação não é uma dissolução, mas um robustecimento do ego humano.

O ego humano teria de ser suficientemente forte para desfazer-se da culpa. A consciência arcaica é bastante forte para que todos reconheçam a dívida da culpa. A consciência cristã é suficientemente vigorosa para reconhecer que a culpa era tão grande que só Deus poderia pagá-la; o homem moderno é extremamente capaz de conviver com a culpa, mas o corpo ressuscitado será o único capaz de cancelá-la, porque sabe que a culpa é uma fantasia infantil...[4]

Homem/mulher: o êxtase como resolução dos dualismos

Tudo isto que dissemos no plano da relação do ser humano com o seu próprio ser assume dimensões muito mais amplas nas relações entre homens e mulheres.

Quando a mulher adquire o *status* de sujeito da história a mesmo título que o homem, ela muda a estrutura da família e aparece um novo tipo de homens e mulheres. E o que acontece, então?

Desaparece a relação opressor/oprimido, primeira condição para o encontro de duas identidades autônomas a partir do fundo do ser, o que não é possível nas condições normais patriarcais em que, do fundo do seu ser, o homem foge da relação profunda com a mulher, só vindo a conhecê-la na contemplação e na ação isolada.

Então aí o homem não tem mais medo de perder, não tem mais medo da entrega, não tem mais medo do amor. São, assim, apenas duas as entregas. O instinto de morte não mais interfere aqui porque está unido com Eros. O princípio do prazer e o princípio da realidade agora são um só.

E isto por definição é o êxtase: mente e corpo reunidos finalmente. Nele saltamos da finitude e da fragmentação do tempo para o momento eternizado.

Um só momento desse êxtase consegue transformar a vida inteira — presente, passado e futuro —, pois, por superar o medo da solidão no futuro, quem já viveu já pode querer morrer. E, assim, supera o medo da morte em vida que é a sublimação. Dessa forma entendemos como é possível fazer o salto da emoção, do inconsciente, para o simbólico de maneira prazerosa e não num movimento de fuga da morte. A culpa e a morte agora estão canceladas nem que seja por um momento — e isto é para sempre, porque nele o instante e a eternidade se unem.

Se escolho a morte por amor, o instinto de morte agora é Eros. E o Deus que pune, Javé, o Deus dos exércitos, Ele mesmo que venha armado, porque homem e mulher assim unidos o ameaçam e são maiores do que Ele e todos os deuses. Ele se afundará no sentimento oceânico da união com o Todo.

Os filósofos e até os santos dissociaram o êxtase do corpo e, por isso, instituíram esse sistema que está aí. Criaram a transcendência porque não conheceram o êxtase a partir do corpo, que é a imanência e a transcendência reunificadas. Em outras palavras: a própria Bíblia, quando na mais perfeita metáfora fala do amor de Deus, a referência é o amor do homem e da mulher. A visão beatífica se encarna em dois corpos nus na cama. Basta ler o Cântico dos Cânticos.[5]

Notas

1. Cf, Freud, Sigmund, *O ego e o id,* ESB, vol, XIV, pp. 46-8.
2. Rilke, Rainer Maria, *Cartas a um jovem poeta,* Paris: Aubier, 1942.
3. Id., ibid.
4. Cf. Muraro, Rose, *Textos da fogueira,* Brasília: Letraviva, 2000, cap. "Uma breve história da culpa".
5. Jardine, Alice. *Gynesis, Ithaca,* N. York: Cornell University Press, 1985; Kaplan. L, *Female Perversions.* N. York: Anchor Books Doubleday, 1992; Kehl, M. R., *Ética,* São Paulo: Companhia das Letras, 1992; Kramer, Heinrich e Sprenger, J., *O martelo das feiticeiras,* Rio de Janeiro: Rosa dos Tempos, 1991; Lacan, J, *Escritos,* São Paulo: Perspectiva, 1978; Lobato, Josefina Pimenta, *Amor, desejo e escolha,* Rio de Janeiro: Rosa dos Tempos, 1998; Madeira, Felicia, *Quem mandou nascer mulher?,* Rio de Janeiro: Unicef/Rosa dos Tempos, 1997; Muraro, Rose Marie, *Os seis meses em que fui homem,* Rio de Janeiro: Rosa dos Tempos, 1991; id., *Mulher no Terceiro Milênio,* Rio de Janeiro: Rosa dos Tempos, 1992; id., *Sexualidade da mulher brasileira,* Rio de Janeiro: Rosa dos Tempos, 1996; id., *Memórias de uma mulher impossível,* Rio de Janeiro: Rosa dos Tempos, 1999; id., *Textos da fogueira,* Brasília: Letraviva, 2000; Nicholson, Linda J, *Feminism/Postmodernism,* N. York: Routledge, 1990; Ranke-Heinemann, Uta, *Eunucos pelo Reino de Deus,* Rio de Janeiro: Rosa dos Tempos, 1996; Saffioti, Heleieth I. B. e Muñoz-Vargas, Monica, *Mulher brasileira é assim,* Rio de Janeiro: Rosa dos Tempos, 1997; Sobrinho, Décio da Fonseca; *Estado e população: uma história do planejamento familiar no Brasil,* Rio de Janeiro: Rosa dos Tempos, 1993; Soler, C., "Position

machiste, position féminine", Málaga: 1993 (exposição apresentada na Jornada da E.E.P.); Toscano, Moema e Goldenberg, Mirian, *A revolução das mulheres,* Rio de Janeiro: Revan, 1992; Vaitsman, Jeni, *Flexíveis e plurais: identidade, casamento e família em circunstâncias pós-modernas,* Rio de Janeiro: Rocco, 1994.

23. O fim da história

Seria muito limitador da nossa parte afirmar que todos os problemas das relações humanas se transformariam automaticamente com a mudança da estrutura familiar e das relações homem/mulher. Obviamente, a reintegração do público/privado no âmbito individual é essencial para a reformulação da maior parte desses problemas.

Marx postula que todos os males humanos vêm da alienação dos frutos de trabalho. Ora, já vimos que isso começa a acontecer plenamente apenas no período histórico/patriarcal e que é fruto de alienações muito mais antigas provenientes das cisões, que, por sua vez, são fruto da repressão.

A primeira alienação, portanto, é a alienação da vida em relação à morte. Para diminuir essa repressão — evidentemente ela nunca poderá ser de todo erradicada — são necessárias mudanças profundas nas relações humanas e nas ações coletivas e institucionais perfeitamente possíveis, mas ainda em curso incipiente.

É a alienação do produto do trabalho que transforma o ser humano em coisa e, depois, em número. O mesmo acontece com toda a sociedade que se homogeneíza por baixo. A parafernália pós-moderna com os seus faxes e computadores, somada à falência do Leste Europeu, que não soube superar a alienação humana, é feita para nos fazer crer que no conforto, no conformismo, superamos a alienação. O primado do objeto sobre o sujeito está trazendo um gravíssimo processo de robotização que leva a alienação do ser humano às suas ultimíssimas consequências.

Aí estão os meios de comunicação de massa, sobretudo a televisão, homogeneizando eficazmente os seres humanos. Isso, ao mesmo tempo que bloqueia a consciência crítica e instala o reinado da mediocridade sobre a criatividade. O velho passa por novo e o caduco, por moderno. As novas gerações se tornam conservadoras, a partir do seu mais profundo inconsciente, porque não têm mais grandes problemas para resolver.

Assim seria se a história fosse exatamente o que os intelectuais pensam dela, mas ela é real, misteriosa, inescrutável. Aí está o efeito colateral máximo dessa hiper-robotização: a ameaça de destruição da natureza. E essa destruição está sendo feita justamente por esses seres humanos conformados, homogeneizados. Então, trabalhar apenas no âmbito individual para reunificar vida e morte não é suficiente.

A reunificação da vida e da morte, em cada um de nós, talvez seja a mais difícil e a última coisa que consigamos. Vai depender, também e fundamentalmente, do trabalho de reunificação da vida e da morte feito no ambiente externo ao mesmo tempo que de forma silenciosa e interna. Assim, nas derradeiras páginas deste livro, cabe-nos apontar alguns caminhos, que aliás já estão sendo trilhados, para isso, em várias partes do mundo e especialmente no Brasil.

Em primeiro lugar vimos como temos de trabalhar no âmbito teórico para criar uma epistemologia a partir da mulher nova e do homem novo que se encontram na relação e não na solidão. Toda ciência de hoje, a filosofia, a economia constituem ciências de confronto, de oposição, e não de integração e conciliação. Os seus métodos são os de destruir os adversários e não o de união com eles em contextos cada vez maiores. São jogos de força e não de atração.

Esse novo tipo de pensamento poderia dar origem a uma ciência que não fosse baseada na fragmentação e na caracterização ao infinito que caracterizam as ciências atuais, fundadas na epistemologia platônica que é a raiz da filosofia ocidental. Hoje precisamos de uma ciência que seja de união com a natureza e não da sua destruição. Uma teoria econômica que viabilize o que está invisível nela, isto é, a verdadeira condição humana que não tem matematicidade. Precisamos também de outro tipo de instituições, a começar pelo Estado, passando pelo dinheiro e pelo sistema produtivo.

O Estado

O Estado nasce com a sociedade escravista: começa, como vimos, com a pura e simples invasão de terras – e assassinatos –, guerras, e se fixa nos impérios da Antiguidade e nos modernos. Ainda hoje o Estado é imperial, mesmo na maior república do mundo. Os Estados Unidos são o mais violento e sofisticado império econômico que existe. Um Estado com poder mais integrado, como já foi descrito no quadro 3, seria um Estado em que a sociedade civil tomou, pouco a pouco, o seu controle de baixo para cima, por consenso, decidindo de maneira organizada o que fazer com o orçamento, quais seriam as obras públicas etc. No Brasil já começamos a fazer essas experiências nos âmbitos municipal e estadual, mas não no nacional. Ainda.

Pouco a pouco as seculares oligarquias, aliadas e "funcionárias" das oligarquias internacionais, vão sendo substituídas por líderes saídos das classes dominadas, inclusive do gênero dominado.

Um Estado assim controlado pela nação não pode ser corrupto e o dinheiro, até então roubado para perpetuar a classe dominante no poder, volta para a sua destinação primitiva que é toda a sociedade. O Estado muda, então, de natureza e passa a ser o gestor de desenvolvimento econômico e humano sustentáveis e, com a paulatina erradicação da pobreza — pela renda mínima, bolsa-escola, reforma agrária, saúde priorizada etc. —, não seria mais um Estado imperial patriarcal, mas um outro, um pós-Estado ou um anti-Estado, talvez.

Tudo isto depende da organização do oprimido não pela unidade, não de cima para baixo, mas pelo consenso assumido por (quase) todos.

O dinheiro

E, finalmente, num prazo maior, é preciso tirarmos do dinheiro a sua qualidade de ser a cristalização de exploração do ser humano. O Estado do bem-estar social tentou alocar dinheiro de maneira diferente daquele do capitalismo selvagem e quase conseguiu acabar com a luta de classes em favor do sistema vigente. Mas há que repensarmos o dinheiro na sua radicalidade.

No início, o dinheiro era apenas a medida de escambo da sociedade de troca. Pouco a pouco seu conteúdo passou a agregar a mais-valia do trabalho do oprimido, os impostos para sustentar o Estado e, hoje, contém também os juros imensos da dívida estatal, não só no âmbito nacional mas, principalmente, no internacional. Então, em termos sumários, cada real é composto de uma parte de medida de troca, uma de mais-valia, uma de impostos e uma de juros.

O sistema capitalista mundial não vive de compra e venda de mercadorias. Estas são apenas um pretexto para a obtenção de juros — lucros sem produção. Exemplificando: examinamos o orçamento do Brasil para 1998, que era de 438 bilhões de reais — naquela época o dólar era cotado a R$ 1,20, e nele 170 bilhões eram alocados para o pagamento dos juros das dívidas interna e externa. Esse é um sistema essencialmente avarento.

Assim, se criarmos um dinheiro que seja só de troca, o sistema explode. E é exatamente isto que já está sendo feito em 23 países do mundo e em especial nos subdesenvolvidos. É um dinheiro instável usado apenas nas feiras de trocas. Na Argentina, em 2000, no auge da crise econômica, os pobres movimentavam entre 1 e 2 bilhões de dólares. Lá o dinheiro criado na hora se chama Guarani.[1]

No Brasil, chama-se Tupi. Está sendo implantado ainda de maneira incipiente com apoio da poderosa e prestigiada CNBB. Este dinheiro alternativo e volátil está servindo como "gancho" para a organização dos oprimidos no mundo inteiro; não paga juros, impostos nem mais-valia. É só medida de troca.

O dinheiro oficial pouco a pouco vai sendo substituído no cotidiano e vai se concentrando nos grandes negócios. No sistema financeiro o novo dinheiro está criando uma diferente e solidária economia de partilha, embora ainda no seu grau mais incipiente.

O dinheiro assim entendido traria o fim do consumo como neurose compensatória da fuga à morte, porque nós consumiríamos apenas o essencial e, portanto, poderíamos verdadeiramente desfrutar a vida. O dinheiro não mais se ligaria às fezes, e, sim, à vida cristalizada.

O sistema econômico

Mexer no dinheiro é tocar o próprio centro do sistema econômico.

Para um sistema romper os princípios da sociedade patriarcal e de classes, este teria de ser substituído de acordo com o esquema alternativo constante do que podemos extrair do quadro 3 já visto por nós.

A rede – e não centralização – como esquema político de um novo Estado, da forma pela qual acabamos de descrever, deve tender à adoção de um dinheiro libertador e não opressor.

Entretanto estamos num mundo globalizado em que o sistema financeiro engoliu o sistema produtivo. Circulam pelas bolsas de valores US$ 1,5 trilhão por dia, enquanto na Organização Mundial do Comércio, como vimos em 1998, circularam apenas US$ 6 trilhões por ano em conta de compra e venda de mercadorias.[2]

Um sofisticadíssimo aparato informatizado, todo controlado pelo governo americano, por meio do Projeto Echelon, decodifica aproximadamente dois bilhões de telefonemas e *e-mails* por dia em cem línguas — a fim de ganhar as concorrências comerciais internacionais de grande porte. E ganha![3] Isto parece uma dominação apocalíptica e impossível de ser rompida, mas não.

Gostaríamos que os leitores nos permitissem uma digressão algo surpreendente. Trata-se do Império Romano. Quando os cristãos chegaram, começavam organizando os escravos, dando-lhes autoestima e sentido de vida. Na geração seguinte os ensinaram a ler para que pudessem entender a Bíblia. Com isso, no correr das gerações, foram conseguindo os cargos subalternos e, depois, os mais importantes do Império. E quando o Imperador Domiciano fez a última perseguição aos cristãos, o império caiu e o cristianismo se tornou a religião hegemônica.

É o que temos de fazer agora, só que numa única geração, se não quisermos que a espécie se destrua.

Contudo, é difícil pensarmos de chofre numa economia mundial não competitiva, mas sim em países que possam se tornar projetos-piloto dessa intervenção de baixo para cima, de dentro para fora, por consenso, na economia mundializada, sistemática e hegemônica, no sentido de valorizar a vida. E o Brasil pode concretamente se tornar um desses países de ponta. Só assim, com a organização do oprimido em larga e crescente escala, conseguiremos enfrentar esse gigantesco fruto da sublimação!

O papel da mulher no novo mundo

Tudo que acabamos de dizer sobre Estado, dinheiro e sistema produtivo tem a ver estruturadamente com a entrada da mulher na história a partir da segunda metade do século XX.

É ela quem está levando concretamente as lutas populares. É ela quem entra na contramão da história. Segundo Leonardo Boff, elas constituem 70% dos que levam essas lutas à frente.

E, por tudo o que acabamos de descrever, o novo Estado, o novo dinheiro e o novo sistema produtivo estão estreitamente ligados à estrutura psíquica da mulher. Pela primeira vez, nos últimos oito mil anos, as mulheres, ao entrarem nos sistemas simbólicos masculinos, começam a modificá-los de dentro para fora.

O seu corpo, que não se separou das fontes arcaicas do prazer, traz as emoções e a subjetividade para dentro dessas estruturas "racionais" dissociadas das suas raízes e, portanto, filhas do instinto de morte.

Basicamente isto consiste na vitória do mais forte sobre o mais fraco e na aplicação da lei do matar ou morrer que rege a estrutura psíquica masculina. O patriarcado é uma grande vitória do instinto de morte sobre a vida.

A resistência dos dias de hoje, ao usar o instinto de morte a favor da vida e não da destruição, está virando esse jogo. E como? As lutas populares no mundo inteiro não são pacíficas. Elas usam agressividade em favor da justiça, transgridem o sistema, lutam pelos excluídos e fazem protestos generalizadores e ações afirmativas cada vez mais amplos e acelerados.

Mas não há negociação possível com o opressor. Só o uso criativo da correlação de forças a favor das maiorias oprimidas por consenso, em rede etc., é que dará certo contra uma unidade autoritária. Muitas vezes essas lutas levam a confrontos violentos, mas esses não são rotina como os do sistema competitivo. A reunificação de Eros com o instinto de morte não é fácil nem pacífica, mas Eros é ativo e criador e rompe a passividade do oprimido.

No nosso livro *Memórias de uma mulher impossível* mostramos como esse sistema gigantesco se alimenta da insatisfação sexual e afetiva dos povos — principalmente dos americanos do norte, o povo hegemônico, mediante uma ética protestante —, de onde tira a sua vitalidade ao forçar essas pessoas ao trabalho compulsivo, obsessivo e sem recompensa nesta vida — a própria definição do sadismo anal.

Já o nosso modelo é governado por uma utopia. Por uma ira sagrada e por um desejo de justiça que formam outro tipo de comunidade e dão sentido à vida. Incluídas, aí, a desrepressão sexual e as atividades não exploradas, mas libertadoras, que, como os problemas de gênero, estão essencialmente ligadas à economia. Assim, este novo comportamento possibilitará a homens e mulheres um relacionamento integral e realmente igualitário.

O fim da história

O fim da história só pode ser admitido como o término da oposição vida/morte que vivemos e por meio de uma sociedade regulada por todos e não pelo mais forte. E isto tem consequências prazerosas.

Se a repressão fosse ao menos em parte abolida, a inquietação do homem faustiano também terminaria, porque ele estaria satisfeito. Sublimaria menos, teria menor obsessão pelo trabalho e se comunicaria mais com os outros, erotizando a realidade como um todo. Assim poderíamos superar a alienação eu/outro, sujeito/objeto, homem/mulher e, finalmente, a alienação mente/corpo. A alma, assim, teria de ser devolvida plenamente ao seu corpo. E a atividade seria prazerosa, quer na ação prática, quer apenas na intelectual.

Os seres humanos não precisariam se unir em hordas para escapar à verdadeira independência, à verdadeira identidade. E poderiam ser fortes o bastante para viver e para morrer. Começariam a ficar contentes com tudo, como dizem os zen-budistas.

O animal irreprimido não traz em si qualquer intenção de alterar a natureza, e a humanidade deve superar a repressão nos âmbitos individual e coletivo se quiser experienciar uma vida não governada pela intenção inconsciente de concordar com outra espécie de vida. Depois que houver terminado a busca do seu adequado modo de ser — após o fim da história —, cada indivíduo humano poderá corporificar a plena essência da sua espécie, em que vida e morte são simultaneamente afirmadas, porque vida e morte juntas constituem a individualidade de cada um de nós — e amadurecer é tudo.

Notas

1. Cf. Guattari, Felix, *A revolução molecular*, São Paulo: Brasiliense, 1980.
2. Trocas: contatos pelo *site:* www.redesolidaria.com.br
3. Muraro, Rose, *Memórias de uma mulher impossível*, 4ª ed., Rio de Janeiro: Rosa dos Tempos, 1999, p. 345.

24. Enfim, por uma nova ordem simbólica

Nestes oito mil anos em que os sistemas simbólicos masculinos se solidificaram e se enraizaram, destruímos mais a natureza que nos outros 2 milhões de anos, principalmente a destruição ocasionada nos últimos trezentos anos da Revolução Industrial. Mais ainda: a grande destruição acelerou-se explosivamente nos últimos cinquenta anos – os da Segunda Revolução Industrial –, a ponto de ameaçar seriamente a espécie humana e o planeta.

Neste início de século XXI podemos listar alguns desses elementos de destruição, que deverão ser vistos com preocupação:

1) a explosão populacional subiu de 1 bilhão de habitantes em 1850 para 6 bilhões em 2000. Cresceu mais em 150 anos do que no resto do tempo de vida da nossa espécie;
2) o progresso da tecnologia no século XX foi maior que em todo o resto do tempo somado;
3) já não há mais água em oitenta países;
4) de acordo com os cálculos dos ecólogos da Rio-92, não haverá mais petróleo em 2050;

5) por esse ano de 2050, o aquecimento global terá derretido grande parte das calotas polares. Muitas ilhas da Micronésia terão desaparecido e aquelas mais ao sul do Pacífico serão inundadas;
6) o número dos excluídos do mundo tecnológico já é de 20% nos países da Europa e o desemprego na América Latina chega a 17% da força de trabalho. E na última década do século XX o PIB mundial cresceu duas vezes e a miséria dez vezes!

Isto sem falar no buraco de ozônio, no lixo nuclear, nas crises de energia etc.

E tudo está acontecendo pela simples razão que apontamos exaustivamente neste texto: os sistemas simbólicos masculinos têm como princípio organizador o poder — o falo, no jargão lacaniano —, que por sua vez é filho da maneira violenta pela qual o menino é introduzido na ordem simbólica. Esperamos ter deixado claro que a capacidade de sublimar — isto é, de simbolizar, de falar, portanto, de redirigir parte do desejo para objetos não corpóreos — é função do córtex cerebral próprio de homens e mulheres. E, também por isso mesmo, a sublimação não é necessariamente baseada no "matar ou morrer" a fuga perversa à morte.

Ela pode e está começando a incorporar um desejo de mais vida, que erotize a realidade, tornando-a menos brutal e mais próxima do princípio do prazer. Isto precisa acontecer principalmente nos âmbitos político e econômico, para torná-la mais justa e solidária. A sublimação como os homens a vivem para nada serve a não ser para possibilitar a instauração da lei do mais forte.

Para desconstruirmos a sociedade atual é preciso passar por uma família em que mulheres e homens se completem ao invés de serem incompatíveis.

Os homens e as mulheres que saírem dessa família nova terão menos medo do afeto, viverão — ou começarão a viver — mais amplamente todas as linhas do seu corpo e do seu ser e, por isso, criarão outro Estado, outro sistema produtivo. E, desta vez, tendo a vida como princípio organizador. Não mais matar ou morrer, mas viver e fazer viver.

Está mais que na hora dessa outra ordem simbólica começar a funcionar. Só esperamos que não seja tarde demais.

CONCLUSÃO

Tarefas culturais em face de um novo paradigma de relações de gênero

O grande desafio proposto à humanidade e a cada uma das pessoas é de ordem prática. Como passar das visões às ações – às ações fundadoras do novo – que deixem definitivamente para trás a história da dominação entre os gêneros e inaugure o alvorecer da cooperação e da solidariedade na diferença?

Aqui cabe o engajamento e a introdução das revoluções moleculares no sentido que Felix Guatarri lhes conferia, revoluções paradigmáticas que se iniciam nos sujeitos pessoais e em seguida se abrem às demais esferas da sociedade – lembremos o famoso *slogan* "o político é pessoal e o pessoal é político". Estes sujeitos não esperam o advento da grande aurora anunciando a viragem para todos. A viragem não ocorrerá se os atores pessoais, homens e mulheres concretos, não começarem, onde quer que se encontrem, a viver a partir do novo e a consolidar alternativas implementadas. Não se alcançam os dez mil passos desejados, sentenciava Mao-Tsé-Tung, se não se der o primeiro passo. Pelos primeiros passos e pelas revoluções moleculares começa o acúmulo de energia, capaz de, no tempo oportuno, propiciar a irrefreável revolução. Sob estas condições, vale o adágio: "só se fazem as revoluções que se fazem".

Agora, à luz do exposto, como deveremos agir de forma concreta e imediata para levar à frente nossa proposta? Simplesmente levando em conta a seguinte enumeração.

1) A médio prazo, criando condições eficazes para a entrada total do homem no setor privado que, como vimos, ao dar cuidados maternos às crianças, pode reverter a relação dominante/dominado, origem de toda a violência do patriarcado.
2) Levando em conta algumas considerações das Nações Unidas contidas no relatório oficial para 2001 do FNUAP – Fundo das Nações Unidas para a População. Os trechos deste relatório reconhecem tudo aquilo que, intuitivamente, os movimentos de mulheres vêm insistentemente repetindo desde a década de 1970. Este reconhecimento agora é feito pelas mais altas instâncias das organizações mundiais e os trechos foram publicados pelo *Jornal do Brasil* em 8 de novembro de 2001:

Estamos olhando o mundo de cima de um rochedo. É uma crise global de vastas proporções e que merece ser enfrentada com urgência.

Em 1960 a população mundial já estava em 1,6 bilhão de pessoas, a maioria em países pobres. Até 2050 serão 9,3 bilhões. O gasto com o consumo mais que dobrou desde 1970, com o aumento significativo nos países mais ricos. Ainda assim, metade do mundo sobrevive com menos de US$ 2 ao dia.

Durante toda a sua vida, um recém-nascido de um país industrializado vai consumir e poluir mais do que entre trinta e cinquenta recém-nascidos de um país em desenvolvimento.

À medida que a população aumenta e a globalização prossegue, surgem perguntas cruciais: como utilizar os recursos disponíveis de água e solo para produzir alimento para todos? Como promover o desenvolvimento econômico e pôr fim à pobreza de forma que todos tenham o que comer? Como enfrentar as consequências humanas e ambientais da industrialização e os temores do aquecimento global, da mudança climática e a perda da biodiversidade?

As mulheres representam mais da metade da força de trabalho agrícola mundial e sabem administrar os recursos domésticos de alimentos, água e energia.

Remover os obstáculos ao exercício do poder econômico e político das mulheres é também uma das formas de pôr fim à pobreza.

A igualdade de direitos entre os dois sexos, o direito à saúde reprodutiva, incluído o direito de determinar o tamanho da família, ajudará a diminuir o crescimento da população, reduzir o seu tamanho e reduzir a pressão sobre o meio ambiente.

A raça humana vem saqueando a Terra de forma insustentável; e dar às mulheres maior poder de decisão sobre o seu futuro pode salvar o planeta da destruição.

O ser humano, um ser de criatividade

A mediação necessária para essa revolução é o engajamento. O engajamento implica decisão. E a decisão é em função de uma obra construtora do novo. O engajamento-obra são atos fundadores. São expressão da criatividade (*poiesis*).

A criatividade representa uma energia cósmica. O inteiro processo da evolução, especialmente o caminho da vida, se organizou por três causas concomitantes: a mutação genética, a seleção natural e a criatividade (*autopoiesis*). O universo é fruto da força criadora, misteriosa e carregada de propósito.[1] Um dia, um peixe primitivo "decidiu", num ato criador e fundador, deixar a água e explorar a terra firme. Dessa "decisão" vieram os anfíbios, em seguida os répteis, depois os pássaros e por fim os mamíferos, dentro dos quais, nós, humanos, nos situamos. Essa criatividade produziu mudanças fundamentais no processo cosmogênico e biogênico.

O que caracteriza o ser humano, portador de espírito e de liberdade, é a criatividade. Por mais que as incrustações cósmicas, biológicas e culturais determinem a natureza humana, nunca, entretanto, chegam a destruir a sua criatividade intrínseca. Por isso, o ser humano, homem e mulher, possui um futuro aberto, ainda não ensaiado, que pode ser trazido para o presente pela sua criatividade, expressada no engajamento e na decisão de agir. Em outras palavras, ele não é definitivamente refém das instituições do passado, especialmente do patriarcado, que marcaram a história de sofrimento e de opressão de milhares de gerações e de metade da humanidade que são as mulheres. O que foi construído historicamente pode ser também historicamente desconstruído. Essa é a esperança subjacente nas lutas das mulheres oprimidas e dos seus aliados — e dos homens desumanizados pelo patriarcalismo —, esperança de um novo patamar de civilização não mais estigmatizado pela dominação de gênero.

Devemos, porém, ser também realistas: estruturas opressivas e repressivas de larga duração, que penetraram no inconsciente coletivo das pessoas e das instituições, são difíceis de serem desalojadas. Mas isso não é impossível. A força das práticas alternativas vai, aos poucos, invalidando e, lentamente, desmontando essas estruturas.

Pessoa — cooperação — democracia

Na busca de alternativas às atuais práticas de gênero, três valores são de capital importância: a pessoa, a cooperação e a democracia como valor universal.

Mais e mais homens e mulheres são definidos não a partir do seu sexo biológico ou cultural, mas a partir do fato de serem pessoas livres, críticas, participativas e cidadãs. Entendemos aqui por pessoa todo indivíduo que possui a sua relativa autonomia, que se sente dono de si e que exercita a liberdade para plasmar a sua própria vida junto a outros no mundo. Ser pessoa é um estar em si e para si; mas simultaneamente é também um estar para os outros e com outros. Pessoa é um ser de relações, um nó de relações em todas as direções. Ao plasmar-se a si, emerge a diferença sexual, a realização, seja como homem, seja como mulher. Essa capacidade de autoprodução em liberdade (*autopoiesis*) é a suprema dignidade do ser humano que a ninguém deve ser negada.

O segundo valor reside na cooperação e na solidariedade. A sua ausência instaurou a dominação do masculino sobre o feminino e a subordinação histórica das mulheres. Hoje, é pela cooperação de ambos, numa ética da solidariedade e do cuidado mútuos, que se construirão relações inclusivas e igualitárias.

Essa mutualidade entre os sexos só será possível à medida que exorcizemos o machismo e superemos o patriarcalismo, as principais fontes de desigualdade, de injustiça e de opressão histórico-social. Esta luta está tornando possível, pela primeira vez e de forma coletiva, que os seres humanos possam efetivamente tornar-se livres.

É nessa cooperação e na solidariedade que se realiza a singularidade humana em distinção de outros seres da evolução. Sabemos hoje, pela biologia e etologia, que os seres humanos se constituíram em humanos ao desenvolverem sistematicamente formas de cooperação com os seus coiguais. Compartilhavam os alimentos e a palavra os reunia em sociedade. Eram seres de enternecimento e de amor em todas as idades e em todos os momentos. As relações, originalmente, eram de solidariedade e de parceria.

Embora, em termos dos ácidos nucleicos, nos diferenciemos dos chimpanzés em menos de 2%, essa pequena diferença faz toda a diferença. As relações interindividuais destes últimos são de sujeição e dominação, enquanto nos humanos são de cooperação e solidariedade. A mão de ambos já revela a diferença. No chimpanzé a mão é fundamentalmente um instrumento de manipulação, enquanto nos humanos, além de ser também isso, é o órgão da carícia. Por isso, a mão humana pode distender e dobrar completamente todos os dedos, permitindo acomodar-se perfeitamente sobre todas as superfícies do corpo, ao contrário do chimpanzé, que não consegue distender os dedos totalmente.

A cooperação e a solidariedade supõem confiança e respeito mútuo numa atmosfera onde a coexistência se funda no amor, na proximidade, na conversação reflexiva e na consensualidade.

Como o notou com perspicácia Humberto Maturana, um dos grandes biólogos do nosso tempo, a instauração e permanência do patriarcalismo representam a tentativa de regressão a um estágio pré-humano.

A cultura patriarcal está caracterizada por uma maneira de viver na apropriação, desconfiança, controle, domínio, sujeição, na discriminação sexual e na guerra. Na cultura patriarcal as relações interpessoais são vistas, na maioria das vezes, como instrumentos para ganhar superioridade numa luta contínua pelo poder e são vividas, na maioria das vezes, como tais. Esta maneira política de viver, no entanto, não é primária nos seres humanos, não é uma característica da história que nos deu origem como seres humanos, é uma característica da nossa cultura patriarcal, um desenvolvimento cultural de uma maneira de viver própria de outras espécies como os chimpanzés.[2]

A luta, pois, pela superação do patriarcalismo é uma luta por hominização, por resgate da nossa verdadeira humanidade, negada ou distorcida pela dominação dos homens sobre as mulheres e das instituições dissimétricas e discricionárias que daí se originaram.

O quadro social que encerra o conjunto dos avanços já conseguidos e ainda por conseguir é a democracia participativa, como valor universal. Ela resulta da colocação na prática dos valores da pessoa-relação e da cooperação-solidariedade. Democracia, fundamentalmente, quer dizer participação, sentido do direito e do dever e senso de corresponsabilidade. Antes de ser uma forma de organização do Estado, a democracia é um valor a ser vivido sempre e em todo o lugar onde seres humanos se encontram em convivência: na família, na escola, nos pequenos grupos, nas comunidades, nas associações de trabalho e na sociedade civil. Essa democracia não se restringe apenas aos humanos, mas se abre aos demais seres vivos da comunidade biótica, pois reconhece e acolhe a subjetividade da Terra e de todos os demais seres da natureza, agora incorporados como novos cidadãos, convivendo com os cidadãos humanos. A democracia integral possui, pois, uma característica sociocósmica.[3] Todos devem sentir-se sujeitos e atores, construindo em comum o bem comum de todos os viventes, humanos e não humanos.

A superação da ancestral guerra dos sexos e das políticas opressivas e repressivas dos gêneros se dá na mesma proporção em que introduzimos e praticamos a democracia participativa, de baixo para cima, respeitadora das diferenças, cósmica e aberta a permanentes aperfeiçoamentos. Assim, o sonho civilizatório que emerge das lutas libertárias de gênero é o triunfo da democracia como valor. E, como todos os demais valores derivados dela, potenciadores da criatividade das pessoas, ela favorece a cooperação e alarga o espaço da liberdade.

Este é um programa que ultrapassa as culturas, tomadas em separado. Postula as bases para a reconstrução de relações de gênero mais inclusivas e justas, capazes de originar outro tipo de civilização. Foi em nome desta bandeira que a grande escritora e feminista Virgínia Wolff (1882-1941) pôde proclamar: "Como mulher não tenho pátria, como mulher não quero pátria, como mulher minha pátria é o mundo inteiro."

O reengendramento do homem a partir do novo feminismo

A luta contra o patriarcado não é apenas das mulheres, mas de todos os homens. Ambos foram desumanizados por esse tipo de relação fundada no uso do poder como dominação de uns sobre os outros, principalmente a mulher, de forma mais brutal, cabe sempre lembrarmos. Mais que tudo, entretanto, o homem, depois de séculos de socialização machista e patriarcal, deve ser reengendrado. A crise do masculino hoje reside exatamente na dificuldade que o homem tem de integrar em si o feminino, recalcado por milênios.[4] Seguramente nessa tarefa de autorregeneração ele não pode ser deixado sozinho; não conseguiria dar o salto de qualidade por si. Daí ser importante a presença da mulher ao seu lado. Ela poderá evocar nos homens o feminino escondido sob cinzas seculares. Ela poderá ser coparteira de uma nova relação humanizadora.

Num primeiro momento, mais importante que considerarmos o homem e a mulher tomados à parte, tratamos de privilegiar os laços de interação mútua e a cooperação igualitária entre eles. Aqui se impõe um processo pedagógico, tão bem estudado por Paulo Freire na sua *Pedagogia do oprimido,* segundo a qual ninguém liberta ninguém, mas, juntos, homens e mulheres se libertarão num exercício partilhado de liberdade criadora.

Simultaneamente a esse jogo interativo, devemos expandir o conceito do feminino como princípio, para que os homens se sintam nele incluídos, descubram a sua dimensão feminina junto às mulheres e se decidam por mudanças de atitudes e de comportamentos menos competitivos e mais cooperativos, menos subordináveis e mais igualitários.

Nesse contexto, é de fundamental relevância mostrarmos em detalhes como o paradigma patriarcal e machista está se tornando cada vez mais destrutivo, especialmente com relação à Terra, como Gaia, aos ecossistemas, planificadamente esbulhados, às culturas menos desenvolvidas e tecnologicamente retardatárias, submetidas a uma brutal espoliação e barbarização nos processos produtivos, e aos cuidados necessários na preservação do patrimônio comum da biosfera. A prevalecer ainda esse tipo de civilização machista e falocêntrica, sem freios que lhe limitem a voracidade e sem alternativas eficazes que promovam outra esperança de vida, esse tipo de civilização poderá pôr em risco a experiência planetária da espécie do *Homo sapiens* e *demens*.

A partir deste novo contexto e somente a partir dele devemos recuperar aqueles valores considerados antigos e próprios da socialização feminina, mas que agora precisam ser gritados aos ouvidos dos homens e junto às mulheres – o que não se fazia antes –, procurar vivê-los. Trata-se de um ideal humanitário para homens e mulheres, alguns a seguir resgatados.

- As pessoas são mais importantes que as coisas. Cada uma é um fim e nunca um meio. Cada pessoa deve ser tratada humanamente e com respeito.
- A violência jamais é um caminho aceitável para a solução dos problemas.
- É melhor ajudar do que explorar as pessoas, com atenção especial aos pobres, aos idosos, aos doentes, aos marginalizados, aos excluídos e às crianças.

- A cooperação, a parceria e a partilha são preferíveis à concorrência, à autoafirmação e ao conflito.
- Nas decisões que afetam a todos, cada pessoa tem o direito de dizer a sua palavra e ajudar na decisão coletiva.
- Devemos amar este nosso esplendoroso planeta, pois é a nossa única casa comum. Devemos também tratar com compaixão e respeito a cada ser da criação.
- Precisamos nos convencer profundamente de que o certo está do lado da justiça, da solidariedade e do amor e de que a dominação, a exploração e a opressão estão do lado do errado.

Outrora, estes valores, tidos por femininos e altamente positivos, foram manipulados pela mentalidade patriarcal para manter as mulheres subordinadas e dóceis. Hoje, com a mudança do quadro do mundo e da sociedade, eles são os únicos que nos poderão salvar.[5] Esta é a razão por que todas as relações devem ser mais feminilizadas, especialmente no que diz respeito aos homens.

A partir desta plataforma comum, cabem diferenciações. É importante reconhecermos o valor dos grupos de reflexão-ação composto só de mulheres. Elas se propõem extrojetar o patriarcalismo e os valores machistas que lhes foram introjetados por séculos de socialização e por instituições, bem como por símbolos poderosos que as tornaram, por dentro, cativas. Uma vez criticamente livres, podem desenvolver e potenciar a sua singularidade como mulheres, estudar formas de realizar o seu masculino tão duramente negado por milênios, em articulação com o feminino que vivem explicitamente por serem mulheres. A partir daí verão as formas culturais, políticas, religiosas e pessoais de estabelecer um novo tipo de relação de gênero, instaurador de um novo tempo.

O mesmo vale para os homens.[6] Os grupos compostos somente de homens se propõem ao desafio de se autocriticarem e de submeterem a um juízo severo a inflação da masculinidade e o patriarcalismo histórico, do qual são os principais atores e mantenedores. Em seguida entendem resgatar o feminino neles, afogado sob cinzas seculares que deslegitimaram o valor e a capacidade de humanização inerente ao feminino. A partir daí, podem emergir ações mais harmônicas e integradoras entre os gêneros.

Por fim, cabem aos grupos mistos de homens e de mulheres que, juntos e diferentes, se confrontam nos seus problemas, impasses, possibilidades e práticas, apontando para a superação do conflito histórico de gênero e para o estabelecimento de novos padrões de parceria, cooperação, solidariedade e de convergência na diversidade em todos os âmbitos da vida humana.

Esses processos ganham força histórica caso se transformem em caldo cultural, imbuindo a atmosfera da sociedade, das instituições e especialmente das escolas de tal forma que a busca por uma relação nova de gênero seja causa coletiva, de toda a sociedade e não apenas de grupos de vanguarda, conscientizados, de homens e mulheres.

A importância da espiritualidade para o novo paradigma de gênero

A problemática de gênero é onerada por um peso negativo de milhares de anos. Os processos de mudança que atinjam a estrutura desta situação, pela sua natureza, são lentos. Apesar de todos os avanços, vítimas continuam a ser feitas – e gritam. O sofrimento não se estanca e reabre chagas ancestrais. Os motivos da rebeldia, da resistência e da libertação continuam atuais como nunca. As transformações são sempre insuficientes.

Em face da perpetuidade desse quadro, precisamos mais que paciência histórica. Faz-se necessário bebermos de uma fonte de sentido e de esperança que ultrapasse as nossas próprias biografias. É condão da espiritualidade ser a geradora dessa esperança maior. Por espiritualidade entendemos aquele momento da consciência em que esta sente-se ligada e religada a um todo maior, em que percebe um sentido derradeiro do universo e vive a existência no mundo com os outros como valor, como construção coletiva do justo e do honesto, como corresponsabilidade pelo futuro pessoal e de toda comunidade de vida, como amor que se lança para além dos limites deste mundo. Pela espiritualidade se capta Deus como presença inefável que se revela e vela em todos os processos e que fala na profundidade humana sob a forma de entusiasmo, de capacidade de amor, de perdão, de compaixão e de veneração ante o mistério do universo. A espiritualidade não é exclusiva das religiões; antes, todas as religiões pressupõem uma experiência espiritual fundante que elas tentam traduzir por mil códigos, sem jamais esgotar a sua riqueza infinita. Essa espiritualidade pertence ao processo de personalização de cada um, confere centralidade à vida e fornece as bases para a paz e a serenidade necessárias para a vida pessoal e social.

Essa espiritualidade impede que a amargura tenha a última palavra e que o espírito de vingança, diante de tantas estações de padecimentos, produza novas vítimas. A espiritualidade propicia o perdão e a integração das sombras do passado cruel. Este não deixa de ser cruel, mas a sua força negativa pode ser limitada e a sua memória perigosa será mantida viva para impedir que esse passado sinistro jamais volte a se repetir.

A consciência de que, apesar de toda a paixão, o ser humano, homem e mulher, já foi divinizado e já se encontra no coração mesmo do Mistério faz com que exorcizemos todo medo da morte. Ele deixa de ser o superego castrador do sentido e das relações fraternas e sororais entre os humanos. Sem a visão espiritual, o medo da morte produz, sabidamente, violência, acumulação de poder e de meios de vida, ânsia de consumo e autoafirmação desproporcionada. Superado o medo pelo amor e pela transfiguração de nos sabermos mergulhados no mistério de Deus, podemos viver a vida com serenidade e peregrinar para o fim com a jovialidade de quem retorna à casa e vai beber na fonte de água fresca.

A espiritualidade nos faz entender a morte como parte da vida, como o seu momento alquímico de transmutação — já que tudo no universo está em transformação —, estendendo-se para outras condições, para além do espaço e do tempo em que a vida pode continuar a vicejar e a se desenvolver rumo à sua plenitude no Mistério.

Essa espiritualidade está no âmbito das possibilidades humanas.[7] O seu alcance antropológico e o seu potencial humanizador não foram suficientemente explorados e incorporados à cultura. A espiritualidade ficou restrita às religiões e aos caminhos espirituais, ou entregue às subjetividades individuais. Mas não se restringe a essas instâncias, pois o seu lugar de realização e irradiação é o próprio universo, entendido como o conjunto das relações de todos os seres entre si e com a sua Fonte originária, ganhando uma densidade consciente na existência humana, quando tomada na sua última radicalidade.

Tempos virão — e estamos entrando neles — em que a espiritualidade ganhará o seu direito de cidadania ao lado da estrutura do desejo, da libido, do cuidado, da consciência da dignidade humana, da sacralidade de toda vida e da subjetividade da Terra. Então iremos brilhar e irradiar. O homem será mais feminino, a mulher mais masculina e, juntos, mais humanos e mais cósmicos, cada um, na sua diferença, aparecendo como parábola do Mistério e lugar de realização e de revelação de Deus dentro da nossa história.

A guerra dos sexos pertencerá ao passado. Uma outra história poderá começar.

Notas

1. Sobre a importância da criatividade na cosmogênese, veja: Berry, T. e Swimme, B., *The Universe Stuty*, San Francisco: Harper San Francisco, 1992, pp. 125ss.
2. Veja Maturana, H., "A origem do humano", em *Formação humana e capacitação*, Petrópolis: Vozes, 2000, pp. 59-86.
3. Cf. Boff, L., "O que é uma democracia ecológico-social", em *Ecologia, mundialização, espiritualidade*, São Paulo: Ática, 1996, pp. 83-94.
4. Veja Gutiérrez, R., *O feminismo é um humanismo*, Rio de Janeiro: Antares-Nobel, 1986, pp. 41-85; cf. o meu trabalho "O masculino no horizonte do novo paradigma civilizacional", em *A voz do arco-íris*, Brasília: Letraviva, 2000, pp. 97-116.
5. Veja nesta mesma linha as dramáticas palavras de Doris W. Ewing e Steven P. Schacht, em *Feminism and Men: Reconstructing Gender Relations*, N. York e Londres: New York University Press, 1998, pp. 1-17, esp. 11-12.
6. Veja os sugestivos textos de Dirani, Z., *O despertar da mulher é o despertar do homem*, Rio de Janeiro: Editora Espaço e Tempo, 1986; Paris, G., *Meditações pagãs*, Petrópolis: Vozes, 1994, pp. 243-255; Berger, M., Wallis, B., Watson, S. (org.) *Constructing Masculinity*, N.York/London: Routledge, 1995; McMahon, A., *Taking Care of Men*, Cambridge: Cambridge University Press, 1999; Bly, R. e Iron, John, *A Book about Men*, N. York: Vintage Books, 1991; Schacht, S. P. e Ewing, D. W, *Feminism and Men*, op. cit.; Nolasco, S., (org.), *A desconstrução do masculino*, Rio de Janeiro: Rocco, 1995; Judy, D. H., *Curando a alma masculina*, São Paulo: Paulus, 1992; Bolen, J. S., *As deusas e a mulher: nova psicologia das mulheres*, São Paulo: Paulus, 1990; Bonaventure, J., *Variações sobre o tema mulher*, São Paulo: Paulus, 2000.
7. Para toda esta parte veja o meu livro *Espiritualidade, um caminho de transformação*, Rio de Janeiro: Sextante, 2001, e também *A voz do arco-íris*, Brasília: Letraviva, 2000, especialmente a parte: "O resgate da mística e da espiritualidade", pp. 145-204; cf. também Kau-

fer, N., e Newhouse, C.O., *Guia do crescimento espiritual da mulher*, São Paulo: Agora, 1994; Caldecott, L., e Leland, S., *Reclaim the Earth. Women Speak about for Life on Earth*, Londres: The Women's Press, 1983; Voss-Goldstein, C., *Aus Ägypten rief ich meine Töchter*, Düsseldorf: Patmos, 1988; id., *Abel, wo ist deine Schwester?* Düsseldorf: Patmos, 1987; Arana, J. M., *Rescatar lo feminino para reanimar la Tierra*, Barcelona: Cristianisme y Justicia, 1987.

OUTRAS OBRAS DO AUTOR

Jesus Cristo libertador. 19ª edição. Petrópolis: Vozes, 1972.
Die Kirche als Sakrament im Horizont der Welterfahrung. Paderborn: Verlag Bonifacius-Druckerei, 1972 (edição esgotada).
A nossa ressurreição na morte. 10ª edição. Petrópolis: Vozes, 1972.
Vida para além da morte. 23ª edição. Petrópolis: Vozes, 1973.
O destino do homem e do mundo. 11ª edição. Petrópolis: Vozes, 1973.
Atualidade da experiência de Deus. Petrópolis: Vozes, 1974 (edição esgotada). Reeditado sob o título *Experimentar Deus hoje.* 4ª edição. Campinas: Verus, 2002.
Os sacramentos da vida e a vida dos sacramentos. 26ª edição. Petrópolis: Vozes, 1975.
A vida religiosa e a igreja no processo de libertação. 2ª edição. Petrópolis: Vozes/CNBB, 1975 (edição esgotada).
Graça e experiência humana. 6ª edição. Petrópolis: Vozes, 1976.
Teologia do cativeiro e da libertação. Lisboa: Multinova, 1976. Reeditado pela Vozes em 1998 (6ª edição).
Natal: a humanidade e a jovialidade de nosso Deus. 4ª edição. Petrópolis: Vozes, 1976. Edição atualizada em 2000 (7ª edição).
Paixão de Cristo, paixão do mundo. 6ª edição. Petrópolis: Vozes, 1977.
A fé na periferia do mundo. 4ª edição. Petrópolis: Vozes, 1978 (edição esgotada).
Via sacra da justiça. 4ª edição. Petrópolis: Vozes, 1978 (edição esgotada).
O rosto materno de Deus. 10ª edição. Petrópolis: Vozes, 1979.
O Pai-Nosso. A oração da libertação integral. 11ª edição. Petrópolis: Vozes, 1979.
Da libertação. O teológico das libertações sócio-históricas. 4ª edição. Petrópolis: Vozes, 1976 (edição esgotada).
O caminhar da Igreja com os oprimidos. Rio de Janeiro: Codecri, 1980 (edição esgotada). Reeditado pela Vozes em 1998 (2ª edição).
A Ave-Maria. O feminino e o Espírito Santo. 8ª edição. Petrópolis: Vozes, 1980.
Libertar para a comunhão e participação. Rio de Janeiro: CrB, 1980 (edição esgotada).
Vida segundo o Espírito. Petrópolis: Vozes, 1981. Reedição modificada pela Verus em 2002, sob o título *Crise, oportunidade de crescimento* (3ª edição).

Francisco de Assis — ternura e vigor. 11ª edição. Petrópolis: Vozes, 1981.
Via-sacra da ressurreição. Petrópolis: Vozes, 1982. Reeditado pela Verus em 2003 sob o título *Via-sacra para quem quer viver* (2ª edição).
Mestre Eckhart: a mística do ser e do não ter. Petrópolis: Vozes, 1983. Reeditado sob o título *O livro da Divina Consolação* (6ª edição).
Do lugar do pobre. 3ª edição. Petrópolis: Vozes, 1984. Reedição revista pela Verus em 2003 sob os títulos *Ética e eco-espiritualidade* (2ª edição) e *Novas formas da Igreja: o futuro de um povo a caminho* (2ª edição).
Teologia à escuta do povo. Petrópolis: Vozes, 1984 (edição esgotada).
Como pregar a cruz hoje numa sociedade de crucificados. Petrópolis: Vozes, 1984. Reeditado pela Verus em 2004, sob o título *A cruz nossa de cada dia* (2ª edição).
Teologia da libertação no debate atual. Petrópolis: Vozes, 1985 (edição esgotada).
Francisco de Assis. Homem do paraíso. 4ª edição. Petrópolis: Vozes, 1985.
A Trindade, a sociedade e a libertação. 5ª edição. Petrópolis: Vozes, 1986.
Como fazer Teologia da Libertação? 9ª edição. Petrópolis: Vozes, 1986.
Die befreiende Botschaft. Herder: Freiburg, 1987.
A Santíssima Trindade é a melhor comunidade. 10ª edição. Petrópolis: Vozes, 1988.
Nova evangelização: a perspectiva dos pobres. Petrópolis: Vozes, 1990 (edição esgotada).
La missión del teólogo en la Iglesia. Verbo Divino: Estella, 1991.
Leonardo Boff. Seleção de textos espirituais. Petrópolis: Vozes, 1991 (edição esgotada).
Leonardo Boff. Seleção de textos militantes. Petrópolis: Vozes, 1991 (edição esgotada).
Con la libertad del Evangelio. Madrid: Nueva Utopia, 1991.
América Latina: da conquista à nova evangelização. São Paulo: Ática, 1992.
Mística e espiritualidade (com frei Betto). 4ª edição. Rio de Janeiro: Rocco, 1994. Reedição revista e ampliada pela Garamond em 2005 (6ª edição).
Nova Era: a emergência da consciência planetária. 2ª edição. São Paulo: Ática, 1994. Reeditado pela Sextante em 2003 sob o título *Civilização planetária, desafios à sociedade e ao cristianismo*.
Je m'explique. Paris: Desclée de Brower, 1994.
Ecologia — grito da terra, grito dos pobres. 3ª edição. São Paulo: Ática, 1995. Reeditado pela Sextante em 2004.
Princípio Terra. A volta à Terra como pátria comum. São Paulo: Ática, 1995 (edição esgotada).

Igreja: entre norte e sul (org.). São Paulo: Ática, 1995 (edição esgotada).

A Teologia da Libertação: balanços e perspectivas (com José Ramos Regidor e Clodóvis Boff). São Paulo, Ática, 1996 (edição esgotada).

Brasa sob cinzas. 5ª edição. Rio de Janeiro: Record, 1996.

A águia e a galinha: uma metáfora da condição humana. 46ª edição. Petrópolis: Vozes, 1997.

Espírito na saúde (com Jean-Yves Leloup, Pierre Weil e Roberto Crema). 7ª edição. Petrópolis: Vozes, 1997.

Os terapeutas do deserto. De Filon de Alexandria e Francisco de Assis a Graf Dürckheim (com Jean-Yves Leloup). 11ª edição. Petrópolis: Vozes, 1997.

O despertar da águia: o dia-bólico e o sim-bólico na construção da realidade. 20ª edição. Petrópolis: Vozes, 1998.

Das Prinzip Mitgefühl. Texte für eine bessere Zukunft. Herder: Freiburg, 1998.

Saber cuidar. Ética do humano — compaixão pela Terra. 15ª edição. Petrópolis: Vozes, 1999.

A oração de São Francisco: uma mensagem de paz para o mundo atual. 9ª edição. Rio de Janeiro: Sextante, 1999. Reeditado pela Vozes em 2009.

Depois de 500 anos: que Brasil queremos? 3ª edição. Petrópolis: Vozes, 2000 (edição esgotada).

Voz do arco-íris. 2ª edição. Brasília: Letraviva, 2000. Reeditado pela Sextante em 2004.

Tempo de transcendência. O ser humano como um projeto infinito. 4ª edição. Rio de Janeiro: Sextante, 2000 (edição esgotada).

Espiritualidade. Um caminho de transformação. 3ª edição. Rio de Janeiro: Sextante, 2001.

Princípio de compaixão e cuidado (em colaboração com Werner Müller). 3ª edição. Petrópolis: Vozes, 2001.

Globalização: desafios socioeconômicos, éticos e educativos. 3ª edição. Petrópolis: Vozes, 2001.

O casamento entre o Céu e a Terra. Contos dos povos indígenas do Brasil. Rio de Janeiro: Salamandra, 2001.

Fundamentalismo: a globalização e o futuro da humanidade. Rio de Janeiro: Sextante, 2002 (edição esgotada).

Feminino e masculino: uma nova consciência para o encontro das diferenças (com Rose Marie Muraro). 5ª edição. Rio de Janeiro: Sextante, 2002. Reeditado pela Record em 2010.

Do iceberg à Arca de Noé: o nascimento de uma ética planetária. 2ª edição. Rio de Janeiro: Garamond, 2002.

Terra América: imagens (com Marco Antonio Miranda). Rio de Janeiro: Sextante, 2003 (edição esgotada).
Ética e moral: a busca dos fundamentos. 4ª edição. Petrópolis: Vozes, 2003.
O Senhor é meu pastor: consolo divino para o desamparo humano. 3ª edição. Rio de Janeiro: Sextante, 2004. Reeditado pela Vozes em 2009.
Ética e eco-espiritualidade. 2ª edição. São Paulo: Verus, 2004 (edição revista de *Do lugar do pobre e da Igreja se fez povo*, Vozes, 1984 e 1986, respectivamente).
Novas formas da Igreja: o futuro de um povo a caminho. 2ª edição. São Paulo: Verus, 2004 (edição revista de *Do lugar do pobre e da Igreja se fez povo*, Vozes, 1984 e 1986, respectivamente).
Responder florindo. Rio de Janeiro: Garamond, 2004.
Igreja, carisma e poder. Rio de Janeiro: Record, 2005.
São José: a personificação do Pai. 2ª edição. Campinas: Verus, 2005.
Virtudes para um outro mundo possível vol. I – Hospitalidade: direito e dever de todos. Petrópolis: Vozes, 2005.
Virtudes para um outro mundo possível vol. II – Convivência, respeito e tolerância. Petrópolis: Vozes, 2006.
Virtudes para um outro mundo possível vol. III – Comer e beber juntos e viver em paz. Petrópolis: Vozes, 2006.
A força da ternura. Pensamentos para um mundo igualitário, solidário, pleno e amoroso. 3ª edição. Rio de Janeiro: Sextante, 2006.
Ovo da esperança: o sentido da festa da Páscoa. Rio de Janeiro: Mar de Idéias, 2007.
Masculino, feminino: experiências vividas (com Lucia Ribeiro). Rio de Janeiro: Record, 2007.
Sol da esperança. Natal: histórias, poesias e símbolos. Rio de Janeiro: Mar de Idéias, 2007.
Eclesiogênese. A reinvenção da Igreja. Rio de Janeiro: Record, 2008.
Ecologia, mundialização e espiritualidade. Rio de Janeiro: Record, 2008.
Evangelho do Cristo Cósmico. Rio de Janeiro: Record, 2008.
Homem: satã ou anjo bom. Rio de Janeiro: Record, 2008.
Mundo eucalipto (com José Roberto Scolforo). Rio de Janeiro: Mar de Idéias, 2008.
Ethos mundial. Rio de Janeiro: Record, 2009.
Ética da vida. Rio de Janeiro: Record, 2009.
A opção Terra. Rio de Janeiro: Record, 2009.
Cuidar da Terra, proteger a vida. Como evitar o fim do mundo. Rio de Janeiro: Record, 2010.

Este livro foi composto na tipografia
Rotis Serif, em corpo 11/15,6, e impresso em
papel off-white no Sistema Digital Instant Duplex
da Divisão Gráfica da Distribuidora Record.